Bez rąk, bez nóg, **bez ograniczeń!**

NICK **VUJICIC**

Bez rąk, bez nóg, **bez ograniczeń!**

Przekład: Piotr Kwiatkowski

aetos

This translation published by arrangement with Doubleday Religion, an imprint of the Crown Publishing Group, a division of Random House, Inc.

Tytuł oryginału: *LIFE WITHOUT LIMITS: Inspiration for a Ridiculously Good Life by Nick Vujicic*

Przekład: *Piotr Kwiatkowski / piotr.kwiatkowski@wp.pl*

Redakcja i korekta: *Paweł Pomianek*

Skład: *Marek Kryston / Akapit.pl*

Cover photo and design: *Fred Lopez, Jamie Ezra Mark / Akers Media Group*

Wydawca: Aetos Media Sp. z o.o.
Krzywoustego 1/11
51-165 Wrocław
tel. (+48) 71 75 01 700
e-mail: aetos@aetos.pl
www.aetos.pl

Druk i oprawa: *Drukarnia Arka, Cieszyn / Arkadruk.pl*

ISBN: 978-83-61097-22-8

BOGU: Ojcu, Synowi i Duchowi Świętemu.

Chciałbym również dedykować tę książkę Rodzinie Tothów z San Diego w Kalifornii. Phil Toth położył w mym życiu kamień węgielny wiary, którego nigdy nie zapomnę. Swym zaraźliwym zapałem ewangelizacyjnym rozniecił we mnie podobny płomień.

Spis treści

Wstęp

Nazywam się Nick Vujicic i mam dwadzieścia siedem lat. Urodziłem się bez kończyn, ale – na przekór okolicznościom – żyję pełnią życia! Podróżuję po całym świecie, mobilizując miliony napotkanych ludzi do odważnego stawiania czoła przeciwnościom, tak by z wiarą, nadzieją i miłością realizowali marzenia. W książce, którą trzymasz w ręku, opowiadam o swoich przeżyciach, o tym, jak radzę sobie z różnymi wyzwaniami. Niektóre z nich muszę podejmować ze względu na swoją niepełnosprawność, ale większość ma uniwersalny charakter – z podobnymi problemami zmagamy się wszyscy. Dzieląc się swoją historią, chcę zainspirować Cię do pokonywania przeszkód, przed którymi stajesz. Pragnę pomóc Ci odnaleźć własną drogę prowadzącą do życia, które z chęcią opiszesz jako *obłędnie* szczęśliwe!

Często czujemy, że życie jest niesprawiedliwe. Przytłoczeni przeróżnymi problemami tracimy pewność siebie i ogarnia nas uczucie rezygnacji. Znam to aż za dobrze. Jednak w Biblii napisano: „Za pełną radość poczytujcie to sobie, ilekroć spadają na was różne doświadczenia". To prawda, której uczyłem się przez długie lata. Zapoznając się z moją historią, przekonasz się, że większość życiowych przeciwności to niepowtarzalne okazje do odkrycia naszego prawdziwego powołania. To doświadczenia, które nas kształtują i wyposażają do tego, by wywierać pozytywny wpływ na otaczający świat.

Moi rodzice są pobożnymi chrześcijanami, ale kiedy urodziłem się bez rąk i bez nóg, zastanawiali się, o co właściwie Bogu chodzi. Dlaczego postanowił mnie stworzyć? Początkowo zakładali, że dla kogoś takiego jak ja nie ma nadziei ani perspektyw, że nigdy nie będę w stanie prowadzić normalnego, owocnego życia.

Dzisiaj okazuje się jednak, że rozwój wydarzeń przekroczył ich najśmielsze oczekiwania. Setki nieznajomych osób codziennie kontaktują się ze mną przez telefon, e-mail, wiadomości tekstowe lub za pośrednictwem Twittera. Obcy ludzie podchodzą do mnie na lotniskach, w hotelach i restauracjach. Mówią mi, że poruszyłem ich i w jakiś sposób wpłynąłem na ich życie. Uznaję to za wielkie błogosławieństwo i czuję się *obłędnie* szczęśliwy!

Rodzice nie mogli przewidzieć, że moja niepełnosprawność – moje „brzemię" – okaże się niezwykłym darem, który stwarza wyjątkową płaszczyznę porozumienia z innymi ludźmi, który pozwala mi okazywać współczucie cierpiącym i pocieszać strapionych. Wyzwania, z którymi przychodzi mi się mierzyć, mają wprawdzie szczególny charakter, ale z drugiej strony dostałem też od Boga wiele dobrego – kochającą rodzinę, bystry umysł i głęboką, nieprzemijającą wiarę.

Jednak chcę też być szczery, zarówno tutaj, jak i w dalszej części książki, dlatego muszę przyznać, że nim moja wiara w pełni dojrzała i nim odnalazłem życiowy cel, przebrnąłem przez chwile mroczne i przerażające. Gdy wszedłem w trudny okres nastoletni, kiedy wszyscy próbujemy znaleźć swoje miejsce na ziemi, i uświadomiłem sobie, że nigdy nie będę „normalny", przeżyłem załamanie. Nie dało się ukryć, że moje ciało nie przypomina ciał kolegów z klasy. Choć bardzo się starałem, przekonywałem się, że pływanie czy jazda na deskorolce należą do umiejętności, których nigdy nie zdobędę.

Co gorsza, kilku złośliwych kolegów znalazło sobie świetną zabawę w wymyślaniu dla mnie przezwisk takich jak „wybryk natury" czy „kosmita". Oczywiście chciałem być taki jak inni, ale miałem na to niewielkie szanse. Zależało mi na akceptacji ze strony otoczenia, lecz czułem się odrzucony. Chciałem się jakoś dopasować, ale mi nie wychodziło. W końcu znalazłem się pod ścianą.

Moje serce cierpiało. Przeżywałem depresję, zmagałem się z negatywnymi myślami i poczuciem bezsensu. Byłem osamotniony, mimo że otaczali mnie członkowie rodziny i przyjaciele. Martwiłem się, że już na zawsze będę ciężarem dla tych, których kocham.

Tak bardzo się wówczas myliłem! Opisami wspaniałych przeżyć, o jakich w tamtych mrocznych dniach nie śmiałbym nawet marzyć, mógłbym wypełnić całą książkę – i wypełniam właśnie tę książkę, którą trzymasz w ręku. Na kolejnych stronach podzielę się wskazówkami, które pomogą Ci odzyskać nadzieję nawet w najtrudniejszych chwilach. Podpowiem, jak przedostać się bezpiecznie na drugi brzeg przez odmęty smutku i cierpienia, jak odnaleźć siłę, determinację i inspirację do życia, jakiego pragniesz – do życia, które przerasta wyobrażenia!

Jeśli masz w sobie pragnienie i pasję, żeby coś zrobić, i nie jest to sprzeczne z wolą Bożą, osiągniesz to. To mocne stwierdzenie. Szczerze mówiąc, sam nie zawsze w to wierzyłem. Jeśli widziałeś jedno z moich wystąpień zamieszczonych w Internecie, wiedz, że radość promieniująca z tych filmów to efekt długiej podróży, którą odbyłem. Nie od razu miałem wszystko, czego potrzebowałem – kilku ważnych rzeczy musiałem nauczyć się po drodze. Przekonałem się, że do życia bez ograniczeń konieczne są następujące czynniki:

- wyraźne poczucie celu,
- niezachwiana nadzieja,
- wiara w Boga i w Jego nieograniczone możliwości,
- miłość i samoakceptacja,

- dewiza „postawa to podstawa",
- odważny duch,
- gotowość na zmiany,
- ufne serce,
- głód okazji,
- umiejętność oceny ryzyka i poczucie humoru,
- misja, która pozwala służyć innym.

Każdy rozdział tej książki poświęciłem jednemu z tych czynników, starając się opisać go w taki sposób, aby ułatwić Ci skorzystanie z przedstawionych wskazówek w Twej własnej podróży do spełnionego, owocnego życia. Dzielę się tymi przemyśleniami, ponieważ noszę w sercu cząstkę miłości, jaką Bóg Cię kocha. Chcę, żebyś doświadczył poczucia radości i spełnienia, które On zamierzył dla Ciebie.

Jeśli jesteś jedną z wielu osób codziennie borykających się z poważnymi życiowymi trudnościami, niech mój przykład doda Ci otuchy. Zmagając się z przeciwnościami, odkryłem swój życiowy cel, który przerasta moje najśmielsze wyobrażenia.

W Twoim życiu mogą przyjść trudne dni. Możesz się załamać i poczuć, że nie masz już siły, by wstać. Znam to uczucie, Przyjacielu. Wszyscy je znamy. Życie nie jest łatwe, ale gdy pokonujemy przeciwności, stajemy się silniejsi i doceniamy możliwości, jakie nam zaoferowano. Zaczynamy lepiej rozumieć, że w ostatecznym rozrachunku najważniejsze jest to, jaki wpływ wywrzemy na innych ludzi oraz w jaki sposób zakończymy naszą podróż.

Możemy razem przezwyciężyć nasze ograniczenia i przeżyć niesamowitą przygodę! Co Ty na to? Spróbujemy?

1

Jeśli sam nie doświadczasz cudu, bądź cudem dla innych!

Jeden z najbardziej popularnych filmów z moim udziałem prezentowanych na YouTubie przedstawia sceny, na których jeżdżę na deskorolce, uprawiam surfing, gram na instrumencie, uderzam piłeczkę golfową, upadam, powstaję, przemawiam przed publicznością i – to najlepsze! – odbieram uściski od przytulających mnie osób.

No cóż, to zupełnie zwykłe zajęcia i czynności, które może wykonać niemal każdy, prawda? A zatem jak myślisz, dlaczego to nagranie zaliczyło już *miliony* odsłon? Mam pewną teorię: internauci chętnie je oglądają, ponieważ widać na nim, że pomimo niepełnosprawności żyję tak, jakbym nie miał żadnych ograniczeń.

Ludzie często wyobrażają sobie, że osoba z wysokim stopniem niepełnosprawności jest bierna, przygnębiona i wycofana. Lubię przełamywać ten stereotyp, pokazując, że prowadzę ekscytujące życie i jestem człowiekiem spełnionym.

Spośród setek komentarzy zamieszczonych pod tym nagraniem chcę tutaj przytoczyć jedną, typową uwagę: „Kiedy widzę, że taki facet może być szczęśliwy, zastanawiam się, dlaczego tak często użalam się nad sobą, dlaczego nie czuję się wystarczająco atrakcyjny, inteligentny itp., itd. Jakim prawem pozwalam sobie na takie myśli, skoro ten gość żyje bez kończyn, a mimo to jest SZCZĘŚLIWY?!".

Wszyscy nieustannie zadają mi to pytanie: „Nick, jak ty to robisz, że udaje ci się być tak szczęśliwym?". Najkrótsza odpowiedź – którą podzielę się od razu, bo może będzie ona dla Ciebie zachętą w Twoich zmaganiach – brzmi następująco:

Odnalazłem szczęście, gdy zdałem sobie sprawę, że pomimo wszelkich ułomności jestem doskonałym Nickiem Vujicicem. Jestem Bożym stworzeniem, zaprojektowanym zgodnie z Jego planem względem mnie. Nie chcę przez to powiedzieć, że nie ma już miejsca na pracę nad sobą i poprawę. Staram się być lepszy, żeby lepiej służyć Bogu i ludziom. Jednak wierzę mocno, że moje życie nie jest skrępowane żadnymi ograniczeniami. I pragnę, żebyś poczuł to samo na myśl o swoim życiu – niezależnie od tego, z jakimi przeciwnościami musisz się jeszcze zmierzyć.

Na początku naszej wspólnej podróży poświęć kilka chwil, żeby pomyśleć o ograniczeniach, które sam sobie narzuciłeś lub które narzuciło Ci otoczenie. I pomyśl też, co by było, gdybyś uwolnił się od tych ograniczeń. Jak wyglądałoby Twoje życie, gdyby *wszystko* było możliwe?

Oficjalnie jestem niepełnosprawny, lecz czuję się pełnowartościowym człowiekiem, brak kończyn zaś uznaję za okazję do zrobienia czegoś dobrego dla tego świata. Niepełnosprawność daje mi wyjątkową szansę dotarcia do wielu potrzebujących. Pomyśl tylko, jakie możliwości otwierają się przed Tobą!

Zbyt często wmawiamy sobie, że nie jesteśmy wystarczająco inteligentni, atrakcyjni lub utalentowani, żeby realizować swe marzenia. Bezkrytycznie przyjmujemy to, co mówią o nas inni, i pozwalamy zamknąć się w klatce najróżniejszych ograniczeń. Co gorsza, kiedy uznajemy się za niepełnowartościowych i niegodnych, w pewnym sensie ograniczamy Boga, dyktując warunki, na jakich pozwalamy Mu przez nas działać. A przecież jesteśmy Jego dziełami – On powołał nas do istnienia w określonym celu. Dlatego nie wolno nam akceptować narzuconych ograniczeń i krępować Bożej miłości.

Mam wybór – i Ty też masz wybór. Możemy skupić się na rozczarowaniach i brakach, możemy wybrać zgorzknienie, złość lub smutek. Ale możemy też postanowić, że nawet gdy przeżywamy trudne chwile lub stykamy się z niesympatycznymi ludźmi, wyciągniemy z tego doświadczenia jakąś naukę i pójdziemy dalej, biorąc w swoje ręce odpowiedzialność za własne szczęście.

Jeśli jesteś Bożym dzieckiem, jesteś też piękny i drogocenny, a Twoja wartość przewyższa wszelkie skarby i kosztowności tego świata. Zostałeś ukształtowany tak, by idealnie odpowiadało to Twemu życiowemu powołaniu. Jednocześnie powinieneś stale dążyć do tego, by być lepszym człowiekiem, przełamywać ograniczenia i odważnie realizować marzenia. Chcę Ci powiedzieć, że niezależnie od warunków i okoliczności, w jakich żyjesz, możesz zmienić ten świat na lepsze – masz misję, która może wypełnić Twoje życie do ostatniego tchnienia.

Nie mogę położyć ręki na Twoim ramieniu, żeby dodać Ci otuchy, ale mogę mówić szczerze, prosto z serca: nawet jeśli dziś nie widzisz dla siebie żadnych perspektyw, jest nadzieja! Nawet jeśli obecnie przeciwności wydają się przytłaczające, nadejdą jeszcze pogodne dni. Możesz przezwyciężyć wszelkie przeszkody! Samo pragnienie zmiany jeszcze niczego nie zmieni, ale jeśli postanowisz działać, Twoja decyzja doprowadzi do pozytywnych zmian!

Wszystko współdziała dla dobra – jestem tego pewien, ponieważ przekonałem się o tym osobiście. Czy z życia bez kończyn może wyniknąć coś dobrego? Wystarczy na mnie spojrzeć, żeby zrozumieć, że zmierzyłem się z ogromnymi wyzwaniami i pokonałem liczne przeszkody. Właśnie dlatego ludzie inspirują się moim przykładem i chętnie mnie słuchają, gdy dzielę się wiarą i przekonuję ich, że są kochani, podtrzymując w nich nadzieję.

To jest mój wkład. Ty też musisz docenić swoją wartość, musisz uświadomić sobie, że masz do zaoferowania coś cennego. Jeśli dziś przeżywasz frustrację, nie martw się. Poczucie frustracji oznacza, że oczekujesz czegoś więcej. Bardzo dobrze. Nierzadko to właśnie problemy i trudności, z którymi się borykamy, pokazują nam, do czego naprawdę powinniśmy dążyć i jacy winniśmy się stawać.

Wartość życia

Dostrzeżenie pozytywów w tym, jaki się urodziłem, zajęło mi dużo czasu. Kiedy mama zaszła w ciążę, miała dwadzieścia pięć lat – byłem pierwszym dzieckiem. Mama pracowała jako położna i pielęgniarka na izbie porodowej, opiekując się setkami matek i noworodków. Wiedziała, jak dbać o siebie w ciąży, przestrzegała odpowiedniej diety, uważała na przyjmowane lekarstwa, nie piła alkoholu i nie zażywała aspiryny ani innych środków przeciwbólowych. Konsultowała się z najlepszymi lekarzami, którzy zapewniali ją, że ciąża przebiega wzorowo.

Mimo to mama odczuwała jakiś niepokój. Kiedy zbliżał się termin porodu, kilkakrotnie rozmawiała z tatą o swoich obawach, powtarzając: „Mam nadzieję, że nasze dziecko rozwija się prawidłowo".

Lekarze przeprowadzili dwa badania ultrasonograficzne, które nie wykazały żadnych nieprawidłowości. Poinformowano rodziców, że będą mieli chłopca, ale nikt nie wspomniał o braku kończyn!

Gdy 4 grudnia 1982 roku przyszedłem na świat, mama początkowo nie mogła mnie zobaczyć. Dlatego pierwsze pytanie, które zadała lekarzom, brzmiało: „Czy dziecko jest zdrowe?". Zapadło kłopotliwe milczenie. Mijały kolejne sekundy, a nikt nie chciał pokazać jej noworodka. Mama wyczuwała coraz wyraźniej, że coś poszło nie tak. Lekarze nie pozwolili jej wziąć mnie na ręce, lecz wezwali pediatrę i przeszli do przeciwległego rogu sali, żeby mnie zbadać i odbyć naradę. Kiedy mama usłyszała donośny płacz nowo narodzonego dziecka, poczuła ulgę. Ale wtedy tata zauważył, że nie mam ręki. Zasłabł i wyprowadzono go na korytarz.

Zszokowane pielęgniarki szybko zawinęły mnie w becik. Matka, która asystowała przy setkach porodów, nie dała się oszukać. Zauważyła niepokój na ich twarzach i wiedziała, że stało się coś niedobrego.

– Co się dzieje? Co jest nie tak z moim dzieckiem? – dopytywała się natarczywie.

Lekarz prowadzący początkowo odmawiał udzielenia jakichkolwiek informacji, ale kiedy mama nalegała, zdobył się tylko na podanie specjalistycznego terminu medycznego:

– To fokomelia…

Jako doświadczona pielęgniarka mama od razu wiedziała, co znaczy ten fachowy termin. Określa się w ten sposób wrodzoną wadę organizmu dzieci, które przychodzą na świat ze zdeformowanymi lub niewykształconymi kończynami.

Mama nie mogła uwierzyć, że to prawda.

Tymczasem tata w osłupieniu czekał na korytarzu. Zastanawiał się, czy rzeczywiście zobaczył to, co zobaczył, czy tylko mu się wydawało. Gdy pediatra wyszedł, żeby z nim porozmawiać, tata zawołał:

– Mój syn... On nie ma ręki!

– Właściwie – lekarz starał się zakomunikować to najdelikatniej, jak potrafił – pański syn nie ma ani rąk, ani nóg...

Ojcu znów zrobiło się słabo.

Zastygł w bezruchu i nie mógł wydobyć z siebie słowa. Jednak po chwili odezwał się w nim instynkt obronny. Pobiegł na salę porodową, żeby przygotować mamę, nim usłyszy wiadomość o moim stanie. Kiedy zobaczył ją zapłakaną, zorientował się, że jest już za późno.

Zaproponowano mamie, by wzięła mnie na ręce, ale odmówiła i kazała wynieść mnie z pokoju.

Pielęgniarki i położna płakały, ja też zanosiłem się płaczem. W końcu ułożono mnie w beciku obok mamy, ale ona nie mogła znieść widoku swojego dziecka – bez kończyn...

– Zabierzcie go stąd! – powiedziała. – Nie chcę go dotykać ani oglądać.

Ojciec do dzisiaj żałuje, że personel medyczny nie dał mu czasu na rozmowę z żoną i jej właściwe przygotowanie. Później, gdy mama spała, tata odwiedził mnie na oddziale noworodków, a potem wrócił do mamy i stwierdził z dumą:

– Nasz syn jest piękny!

Zapytał mamę, czy nie chce mnie zobaczyć, ale odmówiła. Nadal była zbyt roztrzęsiona. Ojciec zrozumiał jej uczucia i uszanował je.

Zamiast świętować moje narodziny, rodzice wraz z przyjaciółmi ze wspólnoty kościelnej, do której należeli, pogrążyli się w żałobie. Jeśli Bóg jest Bogiem miłości – pytali – dlaczego do tego dopuścił?

Mama pogrążona w żalu

Byłem pierworodnym dzieckiem moich rodziców. O ile w zwykłych okolicznościach krewni i znajomi uznaliby to za szczególny powód do świętowania, w tym przypadku nikt nie przesłał mamie kwiatów z gratulacjami. Mama czuła się zraniona i upokorzona. Spytała tatę ze łzami w oczach:

– Czy nie zasługuję na kwiaty?

– Przepraszam – powiedział, gdyż i on dotąd nie wręczył żonie kwiatów. – Oczywiście, że zasługujesz.

Poszedł do szpitalnej kwiaciarni, a po chwili wrócił z bukietem.

Nie byłem tego wszystkiego świadomy aż do momentu, gdy skończyłem trzynaście czy czternaście lat. Zacząłem wtedy wypytywać rodziców o moje narodziny i o ich pierwszą reakcję. Pamiętam, że pewnego razu miałem w szkole zły dzień. Kiedy poskarżyłem się mamie, starała się mnie pocieszyć. Stwierdziłem wówczas z płaczem, że nie chcę już dłużej żyć bez rąk i nóg. Mama płakała razem ze mną. Powiedziała mi, że zarówno ona, jak i tata wierzą, iż Bóg ma wobec mojego życia plan i pewnego dnia ów plan ujawni. W kolejnych tygodniach i miesiącach zadawałem rodzicom wiele pytań – czasami rozmawiałem z jednym z nich, czasami wspólnie z mamą i tatą. Moje poszukiwania wynikały po części z naturalnej ciekawości, a po części były reakcją na pytania, którymi zasypywali mnie ciekawscy koledzy z klasy.

Początkowo obawiałem się tego, co mogą powiedzieć rodzice. Widziałem, że jest to dla nich trudny temat, więc nie chciałem przypierać ich do muru. Podczas pierwszych rozmów byli bardzo ostrożni i uważali, żeby mnie nie zranić. Ale kiedy byłem już nieco starszy i pytałem o kolejne szczegóły, otwierali się coraz bardziej, szczerze dzieląc się ze mną swoimi uczuciami. Wiedzieli, że będę w stanie to przyjąć.

Niemniej, gdy dowiedziałem się, że po porodzie mama nie chciała wziąć mnie na ręce – mówiąc oględnie – nie było mi lekko. I bez tego miałem problemy z samoakceptacją, a świadomość, że moja własna matka nie mogła znieść mojego widoku, była... no cóż, chyba nie muszę tego tłumaczyć. Czułem się zraniony i odrzucony, ale z drugiej strony pamiętałem też o wszystkim, co rodzice zrobili dla mnie od tamtej pory. A przecież okazywali mi miłość na tysiące sposobów.

Chcę też zaznaczyć, że kiedy zaczęliśmy rozmawiać na temat ich pierwszej reakcji, byłem już wystarczająco dojrzały, żeby umieć postawić się na miejscu mamy. Oprócz złych przeczuć podczas ciąży mama nie zauważyła żadnych sygnałów ostrzegawczych. Po porodzie była więc zszokowana i przerażona. W jaki sposób ja jako rodzic zareagowałbym w analogicznej sytuacji? Szczerze mówiąc, nie mam pewności, czy poradziłbym sobie tak dobrze, jak mama i tata. Podzieliłem się z nimi tą refleksją i z biegiem czasu rodzice coraz swobodniej mówili o swoich przeżyciach.

Cieszę się, że zaczekaliśmy z tą rozmową do momentu, gdy byłem już na nią gotowy i w głębi serca wiedziałem, że rodzice mnie kochają. Mama i tata pomogli mi zrozumieć, w jaki sposób ich wiara pozwoliła im dostrzec w moim życiu Boży zamysł.

Pomijając momenty kryzysowe czy chwile załamania, byłem dzieckiem rezolutnym i optymistycznie nastawionym do życia. Nauczyciele, rodzice innych dzieci, a nawet nieznajomi ludzie często dawali mi do zrozumienia, że moja postawa jest dla nich źródłem inspiracji. Poza tym docierało do mnie coraz wyraźniej, że wiele osób zmaga się z jeszcze większymi brzemionami niż moje.

Podróżuję po całym świecie i mam świadomość ogromu cierpienia, które dotyka tysięcy ludzi. Dlatego też chętniej doceniam to, co sam posiadam, i staram się nie koncentrować na tym, czego mi brakuje. Widziałem osierocone dzieci borykające się z wyniszczającymi chorobami. Widziałem młode kobiety przymuszane do niewoli seksualnej. Widziałem mężczyzn, którzy trafili do więzienia, bo nie byli w stanie spłacić długów.

Cierpienie jest uniwersalne i często niewiarygodnie okrutne, ale nawet w najgorszych slumsach, pośród najstraszniejszych tragedii spotykałem ludzi, którym nie tylko udawało się przetrwać, ale którzy czuli się spełnieni i szczęśliwi. Radość była z pewnością ostatnią rzeczą, którą spodziewałem się znaleźć w miejscu znanym jako „Miasto Śmieci" – w obskurnych slumsach na peryferiach Kairu w Egipcie. Dzielnica Manszijet Nasser leży u podnóża skalistego urwiska. Na swą niechlubną, choć trafną nazwę zapracowała sobie tym, że większość spośród pięćdziesięciu tysięcy mieszkańców Miasta Śmieci utrzymuje się z przeczesywania śmietnisk Kairu. Codziennie selekcjonują oni tony odpadków wyrzucanych przez osiemnastomilionową metropolię w poszukiwaniu przedmiotów, które można jeszcze sprzedać, przetworzyć lub wykorzystać w inny sposób.

Widząc stosy cuchnących śmieci zalegające na ulicach, zapuszczone chlewy i prowizoryczne chaty, można by się spodziewać, że mieszkający tu ludzie będą pogrążeni w rozpaczy. Jednak gdy odwiedziłem to miejsce kilka lat temu, odkryłem, że jest zupełnie inaczej. Mieszkańcy Miasta Śmieci żyją w opłakanych warunkach, ale ci, których spotkałem, byli życzliwi, szczęśliwi i pełni wiary. Mimo że Egipt jest w dziewięćdziesięciu procentach krajem muzułmańskim, Manszijet Nasser to dzielnica chrześcijańska – niemal wszyscy mieszkańcy wyznają chrześcijaństwo obrządku koptyjskiego.

Przebywając w różnych zakątkach świata, miałem okazję odwiedzić wiele spośród miejsc zaliczanych do najbiedniejszych. Miasto Śmieci jest jednym z najgorszych, jeśli chodzi o warunki zewnętrzne, jednak jest to również miejsce przesiąknięte ciepłem i serdecznością. Podczas spotkania udało nam się upchnąć prawie sto pięćdziesiąt osób w małym betonowym baraku służącym za budynek kościelny. Kiedy zacząłem mówić, uderzyła mnie radość widoczna na twarzach zgromadzonych. Ci ludzie po prostu promienieli szczęściem! Nieczęsto zdarza mi się, że reakcja publiczności podnosi mnie na duchu w sposób tak odczuwalny. Podziękowałem im za wiarę, dzięki której potrafią wznieść się ponad trudne okoliczności, i opowiedziałem im, w jaki sposób Jezus Chrystus zmienił moje życie.

Później rozmawialiśmy z przywódcami wspólnoty o tym, jak Boża moc wpływa na życie mieszkańców dzielnicy. Daje się odczuć, że ludzie ci nie pokładają nadziei w tym świecie, lecz w wieczności. Wierzą w cuda i dziękują Bogu za to, kim jest i co dla nas zrobił. Przed odjazdem przekazaliśmy niektórym rodzinom trochę ryżu, herbaty oraz niewielką kwotę na zakup żywności na najbliższe tygodnie. Rozdaliśmy też dzieciom sprzęt sportowy, piłki i skakanki. Dzieciaki natychmiast zaprosiły naszą grupę do wspólnej zabawy – graliśmy w piłkę, śmiejąc się w głos i ciesząc się swoim towarzystwem pomimo otaczającej nas nędzy. Nigdy nie zapomnę tych dzieci i ich uśmiechów. Dla mnie było to jeszcze jedno potwierdzenie, że szczęście nie zależy od warunków zewnętrznych, jeśli tylko całą naszą ufność pokładamy w Bogu.

Jak to możliwe, że ubogie dzieci potrafią się śmiać? Jak to się dzieje, że więźniowie śpiewają z radości? Ludzie wznoszą się ponad okoliczności, gdy godzą się z tym, że nie na wszystko mają wpływ i że nie wszystko są w stanie zrozumieć. Zamiast tego skupiają się raczej na tym, co rozumieją i co zależy od nich.

Tak właśnie postąpili moi rodzice. Postanowili zaufać Słowu Bożemu, które mówi, że „Bóg z tymi, którzy Go miłują, współdziała we wszystkim dla ich dobra, z tymi, którzy są powołani według Jego zamiaru".

Rodzinna wiara

Zarówno mama, jak i tata pochodzą z rodzin świadomie praktykujących wiarę chrześcijańską. Wychowywali się początkowo w Serbii – w tamtych czasach wchodzącej w skład Jugosławii – a w późniejszych latach ich rodziny wyemigrowały do Australii, uciekając przed represjami. Dziadkowie należeli do kościoła apostolskiego, który ze względów moralnych sprzeciwia się obowiązkowej służbie wojskowej. Komuniści prześladowali członków tej grupy wyznaniowej, dlatego nabożeństwa musiały odbywać się potajemnie. Dziadkowie odmówili też wstąpienia do kontrolującej każdy aspekt życia partii komunistycznej, co negatywnie odbijało się na ich sytuacji finansowej. Dzieciństwo mojego ojca naznaczyły bieda i głód.

Dziadkowie – zarówno ze strony mamy, jak i taty – postanowili dołączyć do tysięcy serbskich chrześcijan, którzy wyemigrowali do Australii, Stanów Zjednoczonych i Kanady. Zamieszkali w Australii – tutaj mogli swobodnie praktykować wyznawaną wiarę. Inni członkowie rodziny wyemigrowali do Stanów Zjednoczonych i Kanady, dlatego mam wielu krewnych w tych krajach.

Rodzice poznali się w jednej ze wspólnot kościelnych w Melbourne. Mama – Duszka – była wtedy na drugim roku studiów w szkole pielęgniarskiej przy Królewskim Szpitalu Pediatrycznym w Wiktorii. Tata – Borys – pracował jako urzędnik i księgowy. W późniejszych latach podjął się też dodatkowo służby w charakterze świeckiego pastora.

Gdy skończyłem siedem lat, rodzice zaczęli się zastanawiać nad przeprowadzką do Stanów Zjednoczonych. Sądzili, że miałbym tam łatwiejszy dostęp do nowych metod terapii i nowoczesnych technik protetycznych, które pomogłyby nam skuteczniej radzić sobie z moją niepełnosprawnością.

Nasz wujek Batta Vujicic mieszka w Agoura Hills w pobliżu Los Angeles, gdzie prowadzi firmę budowlaną i agencję zarządzania nieruchomościami. Wujek zapewnił tatę, że da mu pracę, jeśli tylko tata zdobędzie wizę. Ponadto w rejonie Los Angeles mieszka duże skupisko serbskich chrześcijan, w którym działa kilka wspólnot kościelnych. To był dla rodziców dodatkowy argument. Uzyskanie wizy wiązało się jednak ze skomplikowaną i czasochłonną procedurą. Ojciec złożył stosowne podanie. W międzyczasie, oczekując na wizę, przeprowadziliśmy się na północ Australii do Brisbane w Queensland, ponieważ panowały tam korzystniejsze warunki klimatyczne (oprócz innych problemów zdrowotnych cierpiałem też na alergię).

Miałem już dziesięć lat i uczęszczałem do czwartej klasy podstawówki, kiedy rodzice uznali, że ja i młodsze rodzeństwo – brat Aaron i siostra Michelle – jesteśmy już odpowiednio dojrzali i poradzimy sobie z adaptacją w amerykańskim systemie szkolnym. Po półtorarocznym pobycie w Queensland tata otrzymał wreszcie wizę z pozwoleniem na pracę w USA i w 1994 roku wyemigrowaliśmy na drugą półkulę.

Niestety, przeprowadzka do Kalifornii ostatecznie nie powiodła się z kilku powodów. Zanim opuściliśmy Australię, zacząłem już następną klasę. Rodzicom z trudem udało się zapisać mnie do nowej szkoły w Agoura Hills. Trafiłem do klasy z programem zaawansowanym, który pod wieloma względami różnił się od programu realizowanego w szkole australijskiej. Do tej pory byłem dobrym uczniem, jednak teraz musiałem nadrobić ogromne zaległości, które wynikały nie tylko z różnic programowych, lecz także z odmiennego kalendarza szkolnego. Na domiar złego, w odróżnieniu od systemu australijskiego, w Stanach lekcje z poszczególnych przedmiotów odbywały się w różnych salach, co dla mnie stanowiło kolejne wyzwanie do pokonania.

Wprowadziliśmy się do wujka Batty, cioci Rity i sześciorga kuzynów. Choć wujkowie posiadają duży dom w Agoura Hills, teraz zrobiło się w nim dość ciasno. Pierwotnie planowaliśmy przeprowadzić się jak najszybciej do własnego domu, jednak okazało się, że ceny nieruchomości są tutaj znacznie wyższe niż w Australii. Tata podjął pracę w firmie wujka Batty, zaś mama przerwała karierę zawodową, ponieważ jej priorytetem była teraz opieka nad dziećmi. Potrzebowaliśmy pomocy w dostosowaniu się do nowych szkół i nowego otoczenia, dlatego mama nie złożyła podania o licencję uprawniającą do wykonywania zawodu pielęgniarki na terytorium Kalifornii.

Po trzech miesiącach spędzonych z rodziną wujka Batty rodzice doszli do wniosku, że przeprowadzka do Ameryki była złym pomysłem. Miałem problemy z nauką. Rodzice próbowali załatwić mi ubezpieczenie zdrowotne, ale natknęli się na nieprzewidziane trudności. Do tego z powodu wysokich kosztów życia w Kalifornii z trudem wiązali koniec z końcem. Okazało się również, że istnieje realna obawa, czy kiedykolwiek uda nam się uzyskać pozwolenie na stałe zamieszkanie w USA. Dowiedzieliśmy się od jednego z prawników, że przeszkodą dla wydania stosownej zgody mogą być moje problemy zdrowotne, a ściślej mówiąc, koszty opieki medycznej i inne wydatki związane z moją niepełnosprawnością.

Biorąc pod uwagę wszystkie za i przeciw, zaledwie po czterech miesiącach pobytu w Stanach rodzice postanowili wrócić do Brisbane. Udało nam się nawet kupić dom przy tej samej alejce, przy której mieszkaliśmy przed wyjazdem, więc ja i rodzeństwo wróciliśmy do dawnej szkoły i dawnych kolegów. Tata zaczął ponownie wykładać na uczelni informatykę i zarządzanie, a mama została w domu, by opiekować się moim bratem i siostrą, a przede wszystkim mną.

Trudne dzieciństwo

Gdy dorastałem, rodzice w żaden sposób nie zdradzili się, że nie byłem dzieckiem ich marzeń, jednak teraz szczerze opowiadają o emocjach, jakie towarzyszyły im po moim przyjściu na świat. Mama bała się, że nie będzie w stanie odpowiednio się mną zaopiekować. Tata nie widział dla mnie nadziei na szczęśliwą przyszłość. Uważał, że skoro nie mogę w pełni cieszyć się życiem i będę na zawsze skazany na pomoc innych ludzi, byłoby lepiej, gdyby Bóg zabrał mnie do siebie. Rodzice rozważali różne możliwości – w tym oddanie mnie do adopcji. Dziadkowie, zarówno jedni, jak i drudzy, zaproponowali, że chętnie mnie przyjmą i otoczą opieką. Jednak ostatecznie mama i tata odmówili – uznali, że ta odpowiedzialność spoczywa na nich i że sami muszą wychować mnie najlepiej, jak potrafią.

Postanowili zrobić wszystko, żeby zapewnić swemu niepełnosprawnemu synowi „normalne" życie. Oboje są ludźmi silnej wiary, dlatego pocieszali się myślą, że Bóg musiał mieć jakiś szczególny cel, obdarzając ich takim dzieckiem.

Niektóre rany goją się szybciej, gdy jesteśmy aktywni i nie stoimy w miejscu. Podobna zasada odnosi się także do życiowych przeciwności. Na przykład jeśli straciłeś pracę i nie jesteś w stanie opłacić rachunków, mimo wszystko nie odkładaj życia na później i nie skupiaj się na tym, jak niesprawiedliwie Cię potraktowano. Spróbuj ruszyć z miejsca. Kto wie, może czeka na Ciebie o wiele lepsza i ciekawsza praca. Trudności finansowe mogą zmotywować Cię do poszukiwania pomysłowych rozwiązań, które pozwolą Ci uzyskać stabilną sytuację materialną.

Czasami po prostu nie masz wpływu na to, co się dzieje. Niektóre okoliczności nie wynikają wcale z Twoich błędów i pozostają poza Twoją kontrolą. Zawsze jednak masz pewien wybór – możesz albo się poddać, albo z nadzieją walczyć o lepsze życie. Jeśli chcesz posłuchać mojej rady, pamiętaj, że nic nie dzieje się bez powodu i że ostatecznie z każdego doświadczenia może wypłynąć jakieś dobro.

W pierwszych latach życia uznawałem za oczywiste, że jestem kochanym, zachwycającym bobasem i że w niczym nie różnię się od innych dzieci. Błoga nieświadomość była wtedy cudownym darem. Nie zdawałem sobie sprawy, że jestem inny i że czeka mnie w przyszłości wiele problemów. Uznaję zresztą za uniwersalną regułę, że trudności, których doświadczamy i które sobie uświadamiamy, są zawsze skrojone na naszą miarę. Każdej niemożności i „niepełnosprawności" towarzyszą w naszym życiu możliwości i „sprawności", które pozwalają nam podjąć nawet największe wyzwania.

Bóg złożył we mnie zdumiewające pokłady determinacji i obdarował mnie wieloma zdolnościami. Szybko okazało się, że nawet nie mając kończyn, jestem zwinny i zachowuję doskonałą koordynację. Choć miałem do dyspozycji sam tułów, byłem typowym chłopcem – ruchliwym, nieokiełznanym łobuzem. Nauczyłem się podnosić z pozycji leżącej, opierając się czołem o ścianę i podciągając się do góry centymetr po centymetrze. Mama i tata przez dłuższy czas usiłowali nauczyć mnie wygodniejszej metody podnoszenia się, ale byłem uparty. Rozkładali poduszki na podłodze, ale z jakiegoś powodu uznałem, że wolę szorować czołem o ścianę. Wykonywanie najróżniejszych czynności po swojemu, nawet jeśli tak było trudniej, szybko weszło mi w krew. Nie miałem zresztą wielkiego wyboru – głowa zawsze była moją najważniejszą podporą, co przyczyniło się do rozwinięcia ogromnego potencjału intelektualnego (żartuję!), a jednocześnie spowodowało, że mam mocarną szyję i czoło twarde jak głaz.

Rodzice nieustannie się o mnie martwili. Wychowanie dzieci jest ambitnym przedsięwzięciem, nawet gdy pociechy są w pełni sprawne. Świeżo upieczeni rodzice żartują, że pierwsze dziecko powinno być dostarczane z instrukcją obsługi. Co prawda nawet w najlepszych podręcznikach o pielęgnacji i wychowaniu dzieci nie ma rozdziału o fokomelii, ale ja, na przekór wszystkiemu, rozwijałem się zdrowo i byłem coraz silniejszy. Na etapie zbuntowanego dwulatka zapewniłem mamie i tacie bodaj więcej mocnych wrażeń niż gromada ośmioraczków. Rodzice nie znali jednak odpowiedzi na wiele pytań, które nurtowały ich w tamtym okresie: *Czy nasz syn kiedykolwiek nauczy się jeść? Czy pójdzie do szkoły? Kto się nim zaopiekuje, kiedy nas zabraknie? Czy Nick będzie w stanie żyć samodzielnie?*

Ludzkie zdolności umysłowe bywają zarówno błogosławieństwem, jak i przekleństwem. Podobnie jak moi rodzice, z pewnością martwisz się czasem o przyszłość. Ale nierzadko bywa tak, że to, czego się obawiamy, okazuje się o wiele mniejszym problemem, niż pierwotnie zakładaliśmy. Nie ma niczego złego w planowaniu i spoglądaniu w przyszłość, lecz powinniśmy też pamiętać, że nawet najgorsze obawy mogą okazać się zupełnie bezpodstawne, a życie, na przekór niesprzyjającym okolicznościom, ostatecznie może ułożyć się pomyślnie, pozytywnie nas zaskakując.

W pierwszych latach dzieciństwa jedną z największych niespodzianek tego rodzaju okazała się moja lewa stopa. Posługiwałem się nią instynktownie do przewracania się na drugą stronę, kopania, przesuwania się i podciągania. Rodzice i lekarze uznali, że w przyszłości będę potrzebował jej w jeszcze większym zakresie. Ze stopy wyrastały dwa palce, które od urodzenia były ze sobą złączone. Postanowiono rozdzielić je operacyjnie, tak bym w przyszłości mógł nimi chwytać przedmioty, trzymać długopis, przewracać strony w książce czy wykonywać inne czynności.

Mieszkaliśmy wtedy w Melbourne, gdzie mieliśmy dostęp do najlepszej opieki medycznej w Australii. Jednak mój przypadek był na tyle wyjątkowy, że stanowił szczególne wyzwanie dla służby medycznej. Gdy lekarze przygotowywali mnie do zabiegu chirurgicznego, mama zwróciła im uwagę, że łatwo się przegrzewam i że podczas operacji powinni monitorować moją temperaturę. Powiedziała to, ponieważ słyszała o przypadku innego dziecka bez kończyn, które w wyniku przegrzania w czasie operacji doznało porażenia i trwałego uszkodzenia mózgu.

Przeważnie jest mi gorąco, co stało się nawet inspiracją dla rodzinnego powiedzonka: „Gdy Nickowi jest zimno, kaczki zamarzają". Niemniej, mówiąc poważnie, do dzisiaj temperatura podnosi mi się do niebezpiecznego poziomu, gdy za dużo ćwiczę, przeżywam stres lub zbyt długo przebywam w świetle gorącej lampy lub reflektora. Unikanie przegrzania to jedna ze spraw, na które muszę stale uważać.

– Proszę, cały czas monitorujcie jego temperaturę – powtarzała chirurgom mama.

Choć lekarze wiedzieli, że mama jest pielęgniarką, nie potraktowali jej ostrzeżenia poważnie. Przeprowadzili udany zabieg rozdzielenia palców, ale stało się to, przed czym przestrzegała mama. Kiedy wywożono mnie z sali zabiegowej, byłem przemoczony do suchej nitki. Gdy lekarze zorientowali się, że moja temperatura wymknęła się spod kontroli, próbowali chłodzić mnie mokrymi prześcieradłami i okładali mnie lodem w celu zabezpieczenia przed porażeniem.

Mama wpadła w furię. Nie mam wątpliwości, że tego dnia lekarze poznali na własnej skórze, co znaczy gniew Duszki.

Niemniej, gdy temperatura opadła (dosłownie i w przenośni), dzięki oswobodzonym palcom moje życie nabrało rozmachu. Nie posiadłem wprawdzie dokładnie takiej sprawności, na jaką liczyli lekarze, ale udało mi się przystosować. To niezwykłe, ile dla kogoś pozbawionego rąk i nóg może znaczyć mała stopa wyposażona w parę palców! Posługując się zoperowanymi palcami i korzystając ze zdobyczy nowoczesnej techniki, mogę sterować elektrycznym wózkiem inwalidzkim, obsługiwać komputer, a nawet telefon komórkowy.

—

Nie wiem, z jakim ciężarem się zmagasz, nie twierdzę też, że przeszedłem przez kryzys podobny do Twojego, ale chcę Cię zachęcić, byś spróbował wczuć się w sytuację moich rodziców. Wyobraź sobie, co przeżywali, gdy się urodziłem? Co myśleli o przyszłości, kiedy byłem dzieckiem?

Mama i tata nie wyobrażali sobie nawet, jak wspaniałe życie będzie w przyszłości prowadził ich syn. Nie mieli pojęcia, że poradzę sobie samodzielnie, że zdobędę wykształcenie i pracę. Co więcej – nie liczyli na to, że będę szczęśliwy, że w codziennym życiu będzie mi towarzyszyć głębokie poczucie sensu i celu.

Większość obaw trapiących moich rodziców nigdy się nie sprawdziła. Wychowanie mnie z pewnością nie było łatwe, ale niezależnie od wyjątkowych zmagań przeżyliśmy też liczne chwile radości. Miałem zaskakująco normalne dzieciństwo, w którym nie zabrakło nawet chwil cichej satysfakcji starszego brata znęcającego się nad młodszym rodzeństwem – pozdrawiam Aarona i Michelle!

Być może na razie nie dostrzegasz jeszcze światła w swoich ciemnościach. Być może życie nie oszczędza Ci ciosów i zastanawiasz się, czy Twój los kiedykolwiek się odmieni. Zapewniam Cię, że nawet sobie nie wyobrażasz, jak wiele dobrego może Cię jeszcze spotkać – pod warunkiem, że się nie poddasz. Nie trać z oczu swego marzenia. Zrób wszystko co w Twojej mocy, żeby dążyć ku jego spełnieniu i nie zboczyć z właściwego kursu. Już dziś możesz zacząć zmieniać swoją życiową sytuację. Nie zniechęcaj się i realizuj pragnienia!

Moje życie to przygoda, do której ciągle dopisuję nowe rozdziały – podobnie jest z Twoim życiem. Już dzisiaj zacznij pisać kolejny rozdział. Wypełnij go przygodą, miłością i szczęściem. I niech treść tej opowieści staje się Twoją codzienną rzeczywistością.

W poszukiwaniu sensu

Muszę się do czegoś przyznać – przez długi czas nie wierzyłem, że mogę choćby w najmniejszym stopniu decydować o tym, jak potoczy się mój los. Dorastając, utwierdzałem się w przekonaniu, że moje zdeformowane ciało do niczego się nie nadaje. Co prawda w odróżnieniu od innych dzieci nigdy nie musiałem wstawać od stołu, żeby umyć ręce przed posiłkiem, i nikt nigdy nie nadepnął mi na nogę – lecz nieliczne korzyści tego rodzaju stanowiły wątpliwe pocieszenie.

Brat i siostra do spółki z szalonymi kuzynami nie pozwalali mi jednak użalać się nad sobą. Nigdy się ze mną nie patyczkowali. Akceptowali mnie takiego, jaki jestem, choć z drugiej strony hartowali mnie przez nieustanne żarty i docinki, pomagając mi reagować na nie z poczuciem humoru zamiast rozgoryczenia.

– Patrzcie na tego dziwaka na wózku inwalidzkim! To kosmita! – wrzeszczeli moi kuzyni w galerii handlowej, wskazując na mnie palcem.

Pękaliśmy ze śmiechu, obserwując reakcje nieznajomych, którzy nie mieli pojęcia, że dzieci dokuczające niepełnosprawnemu chłopcu są w rzeczywistości jego najwierniejszymi kompanami.

W miarę jak dorastałem, uświadamiałem sobie coraz wyraźniej, że bycie akceptowanym i kochanym w ten sposób jest cudownym darem. Nawet jeśli czasem czujesz się osamotniony, pamiętaj, że *Ty* również jesteś kochany. Bóg stworzył Cię z miłości i kocha Cię bezwarunkowo – nie jest to miłość uzależniona od jakiegoś „jeśli" czy „o ile". Bóg zawsze Cię kocha. Nie zapominaj o tym, gdy doskwiera Ci zwątpienie i poczucie osamotnienia. Pamiętaj, że to tylko emocje. Boża miłość zaś jest obiektywna i realna – tak realna, że aby to udowodnić, Bóg postanowił powołać Cię do istnienia.

Musimy stale przechowywać Jego miłość w naszych sercach, ponieważ każdy z nas doświadczy bólu i bezradności. Moi krewni nie mogli stale mi towarzyszyć i chronić mnie przed światem. Gdy poszedłem do szkoły, nie dało się ukryć, że różnię się od pozostałych uczniów. Tata przekonywał mnie, że Bóg nie popełnia błędów i że nie stworzył mnie przez przypadek, jednak nie mogłem się oprzeć wrażeniu, że jestem wyjątkiem od tej reguły.

– Dlaczego nie dałeś mi choć jednej ręki? – pytałem Boga. – Pomyśl tylko, co mógłbym zrobić, mając jedną rękę!

Jestem pewien, że czasem przeżywasz podobne momenty. Modlisz się o radykalną zmianę w swoim życiu lub po prostu o niej marzysz. Nie wpadaj w panikę, gdy nie otrzymujesz cudownej odpowiedzi na modlitwę lub gdy Twoje życzenie nie staje się rzeczywistością w jednej chwili. Nie czekaj na mannę z nieba – to na Tobie spoczywa odpowiedzialność, by swymi talentami i swą pracą przyczyniać się do realizacji wartościowych przedsięwzięć w otaczającym Cię świecie.

Przez długie lata pielęgnowałem w sobie przekonanie, że gdybym tylko miał „normalne" ciało, moje życie byłoby o wiele łatwiejsze.

Nie zdawałem sobie sprawy z tego, że wcale nie muszę być „normalny" – powinienem tylko być sobą, to znaczy dzieckiem mego Ojca w Niebie, które wypełnia Jego plan. Początkowo nie przyjmowałem do wiadomości, że moim głównym problemem nie jest niepełnosprawne ciało, ale ograniczenia, które sam sobie narzucam i którymi krępuję swój potencjał.

Jeśli nie jesteś dziś w miejscu, w którym chciałbyś się znajdować, lub nie osiągnąłeś wszystkiego, o czym marzysz, przyczyna najprawdopodobniej tkwi w Tobie, a nie w uwarunkowaniach zewnętrznych. Weź odpowiedzialność za swoje życie, a następnie podejmij konkretne działania. Jednak zanim to zrobisz, najpierw musisz uwierzyć w siebie i w swoją wartość. Nie czekaj, aż inni dostrzegą Cię w Twojej kryjówce. Nie czekaj na cud lub „właściwą okazję". Wyobraź sobie, że jesteś łyżką, a świat jest garnkiem, w którym przyrządzasz apetyczną potrawę – zamieszaj w nim!

W dzieciństwie wieczorami często modliłem się o kończyny. Kładąc się spać, płakałem i marzyłem o tym, że obudzę się rano i odkryję ręce i nogi, które przez noc cudownie mi wyrosną. Niestety, to nigdy się nie wydarzyło. Ponieważ nie umiałem zaakceptować siebie takim, jaki jestem, następnego dnia szedłem do szkoły i czułem, że trudno mi też uzyskać akceptację innych osób.

Jak większość dzieci, byłem szczególnie wrażliwy w okresie wczesnonastoletnim, gdy każdy młody człowiek próbuje odnaleźć swoje miejsce, zastanawia się, kim jest i co go czeka w przyszłości. Koledzy, którzy mnie ranili, nie robili tego celowo – po prostu byli szczerzy w sposób typowy dla dzieci w tym wieku. Pytali na przykład: „Dlaczego nie masz rąk i nóg?".

Tak jak większość rówieśników próbowałem dopasować się do otoczenia. Gdy miałem dobry dzień, udawało mi się zdobyć ich aprobatę przez błyskotliwe żarty, autoironiczne poczucie humoru i wygłupy na boisku. W gorszych chwilach zaszywałem się gdzieś w ustronnym miejscu, na przykład w pustej klasie, żeby uniknąć drwin i złośliwości. Mój problem po części polegał też na tym, że więcej czasu niż z rówieśnikami spędzałem z dorosłymi i z kuzynami, którzy byli ode mnie starsi. Jak na swój wiek byłem więc dojrzały, a poważniejsze podejście do życia skłaniało mnie też niekiedy do przygnębiających refleksji.

Żadna dziewczyna nigdy mnie nie pokocha. Nie mam nawet ramion, którymi mógłbym objąć swoją sympatię. A jeśli będę miał dzieci, nigdy ich nie przytulę. Czy zdobędę pracę? Kto chciałby mnie zatrudnić? W przypadku większości zawodów potrzebowałbym dodatkowego asystenta, który pomagałby mi w moich obowiązkach. A kto przyjmie do pracy jedną osobę, ponosząc koszty zatrudnienia dwóch pracowników?

Moje ograniczenia wynikały przede wszystkim z niepełnosprawności fizycznej, ale wyraźnie wpływały również na mój stan emocjonalny. W stosunkowo młodym wieku przeżyłem przerażający okres depresji. Jednak w okresie nastoletnim akceptowałem już samego siebie w zdecydowanie większym stopniu. Zdobyłem również akceptację otoczenia – ku swemu wielkiemu zdumieniu, ale też mając poczucie ogromnej wdzięczności wobec bliskich.

Chyba każdy ma w swoim życiu takie momenty, gdy czuje się nieakceptowany, wyobcowany lub niekochany. Od czasu do czasu wszyscy zmagamy się z poczuciem zagubienia i z brakiem pewności siebie. Większość dzieci obawia się, że zostanie wyśmiana za zbyt duży nos czy zbyt kręcone włosy. Dorośli boją się, że nie będą w stanie zapłacić rachunków lub że nie spełnią pokładanych w nich oczekiwań.

Prędzej czy później Ty też będziesz musiał zmierzyć się z wątpliwościami i strachem – jak każdy. Przygnębienie i zniechęcenie są wtedy naturalną reakcją. Uczucia te stają się niebezpieczne dopiero wówczas, gdy pozwalasz negatywnym myślom zakorzenić się głębiej, zamiast się z nich otrząsnąć.

Jeśli uwierzysz, że masz skarby – talenty, wiedzę, miłość – którymi możesz dzielić się z innymi, postawisz pierwszy krok na drodze prowadzącej do samoakceptacji i pokoju wewnętrznego, nawet jeśli Twoje dary nie są na razie widoczne na pierwszy rzut oka. A gdy już ruszysz do przodu, inni dołączą do Ciebie i pomaszerują razem z Tobą.

Przemówić własnym głosem

Próby nawiązania kontaktu z kolegami ze szkoły pomogły mi odkryć mój życiowy cel. Jeśli w dzieciństwie byłeś kiedykolwiek nowym uczniem w klasie, który samotnie wychodzi na przerwę i drugie śniadanie, z pewnością zrozumiesz, że sytuacja „nowego", który porusza się na wózku inwalidzkim, jest jeszcze trudniejsza. Ciągłe przeprowadzki naszej rodziny – z Melbourne do Brisbane, z Brisbane do Stanów Zjednoczonych, a potem z powrotem do Brisbane – oznaczały dla mnie konieczność ciągłego dostosowywania się do nowego otoczenia. Oprócz problemów wynikających z niepełnosprawności musiałem więc radzić sobie z dodatkowymi wyzwaniami.

Nowi koledzy w klasie często zakładali, że jestem także niepełnosprawny umysłowo, a nie tylko fizycznie. Trzymali się na dystans, chyba że ja sam zbierałem się na odwagę i nawiązywałem rozmowę w stołówce lub na korytarzu. Z czasem zauważyłem, że im bardziej zdecydowanie wychodziłem ku innym, tym łatwiej przyjmowali oni do wiadomości, że wbrew pozorom nie jestem przybyszem z obcej planety.

Czasami Bóg oczekuje, że wykażesz inicjatywę. Możesz oczywiście marzyć, pragnąć, pielęgnować nadzieję. Ale żeby naprawdę realizować marzenia i pragnienia, musisz też podejmować działania. Żeby dotrzeć z miejsca, w którym jesteś, do obranego punktu docelowego, musisz podjąć pewien wysiłek. Chciałem, żeby inni uczniowie w nowej szkole przekonali się, że w środku jestem taki jak oni, jednak w tym celu musiałem zadać sobie pewien trud, podjąć ryzyko.

Konsekwentne wychodzenie do innych w celu nawiązania kontaktu przyniosło zdumiewające owoce. Rozmowy z kolegami i koleżankami, którym opowiadałem o tym, jak daję sobie radę w świecie zaprojektowanym dla posiadaczy rąk i nóg, przerodziły się na pewnym etapie w wystąpienia publiczne. Zaczęły mnie na nie zapraszać kółka studenckie, kościelne grupy młodzieżowe i inne organizacje zrzeszające nastolatków.

Istnieje pewna cudowna prawda o absolutnie fundamentalnym znaczeniu. Dziwię się, że nie uczą jej w szkołach. Ta prawda brzmi następująco: każdy z nas ma pewien dar – talent, umiejętność, predyspozycję lub kompetencję – który angażuje nas i sprawia nam przyjemność. Z darem tym wiąże się ściśle nasza indywidualna droga do osiągnięcia szczęścia.

Jeśli nadal poszukujesz swego miejsca, jeśli zastanawiasz się, co daje Ci poczucie satysfakcji i spełnienia, zachęcam Cię do wykonania następującego testu. Weź długopis i kartkę (albo usiądź przed komputerem) i spisz listę swoich ulubionych zajęć. Co Cię pociąga? Co mógłbyś robić całymi godzinami, tracąc rachubę czasu, i zupełnie się nie nudzić? Co dostrzegają w Tobie inni ludzie? Czy chwalą Cię na przykład za talent organizacyjny lub zdolności analityczne? Jeśli nie masz pewności, spytaj rodzinę i przyjaciół, w czym według nich jesteś najlepszy.

Są to wskazówki, które pomagają nam odkryć własną drogę – ścieżkę, która w tajemniczy sposób została wpisana w nas samych. Wszyscy przychodzimy na ten świat nadzy, choć jednocześnie mamy w sobie ogromny potencjał. Nosimy w sobie różnorodne uzdolnienia niczym zapakowane prezenty oczekujące na otwarcie. Kiedy uda Ci się odkryć coś, co pochłonie Cię do tego stopnia, że chętnie robiłbyś to zupełnie za darmo, codziennie przez większą część dnia – jesteś na dobrym tropie. A jeśli spotkasz kogoś, kto będzie gotowy Ci za to zapłacić, właśnie znalazłeś swój zawód.

Przemówienia adresowane do innych młodych ludzi były dla mnie początkowo sposobem nawiązania kontaktu z rówieśnikami, pokazania im, że jestem taki jak oni. Robiłem to głównie dla samego siebie, ciesząc się, że mam okazję opowiedzieć o swoim świecie i zawrzeć nowe znajomości. Przemawianie sprawiało mi wiele satysfakcji, lecz upłynęło trochę czasu, zanim uświadomiłem sobie, że to, co mam do powiedzenia, może też wywrzeć ogromny wpływ na innych.

Odkrycie

Pewnego dnia przemawiałem do grona kilkuset nastolatków – nigdy wcześniej nie występowałem przed tak liczną grupą. Opowiadałem im o swoich przeżyciach i dzieliłem się swą wiarą, kiedy stało się coś zdumiewającego.

Przywykłem do tego, że od czasu do czasu uczniowie lub nauczyciele wzruszają się, słuchając o moich zmaganiach, jednak podczas tego wystąpienia pewna dziewczyna na sali po prostu zanosiła się płaczem. Nie wiedziałem, co się dzieje – pomyślałem, że być może nieświadomie obudziłem w niej jakieś przykre wspomnienia. W pewnym momencie dziewczyna zebrała się w sobie, podniosła rękę i odważnie spytała, czy może podejść i mnie przytulić. Tą niespodziewaną prośbą zupełnie mnie rozbroiła.

Kiedy zaprosiłem ją bliżej, otarła łzy i podeszła do przodu. Następnie przytuliła mnie mocno – był to jeden z najserdeczniejszych uścisków, jakich doświadczyłem w swoim życiu. W tym momencie większość słuchaczy miała łzy w oczach. Ja też byłem wzruszony. A już zupełnie straciłem panowanie nad sobą, gdy dziewczyna wyszeptała mi do ucha następujące słowa:

– Nikt nigdy nie powiedział mi, że jestem piękna, taka jaka jestem. Nikt nigdy nie powiedział mi, że mnie kocha – wyznała. – Swoim przemówieniem zmieniłeś moje życie. Ty też jesteś piękną osobą!

Do tej pory ciągle powątpiewałem w swoją wartość. Myślałem o sobie jako o nastolatku, który przez nieporadne przemówienia próbuje nawiązać kontakt z rówieśnikami. Jednak tego dnia coś się zmieniło. Wzruszona dziewczyna powiedziała mi, że jestem „piękny" (oczywiście cudownie usłyszeć coś takiego), ale przede wszystkim dzięki jej słowom po raz pierwszy poczułem tak namacalnie, że moje wystąpienia mogą pomóc innym. Jej wyznanie zmieniło mój punkt widzenia. *Może faktycznie mam coś wartościowego do zaoferowania?* – pomyślałem.

Doświadczenia tego rodzaju uświadomiły mi, że dzięki swojej „inności" mogę dać światu coś wyjątkowego. Odkryłem, że wielu ludzi jest gotowych wysłuchać mnie właśnie dlatego, że udało mi się przezwyciężyć szczególne wyzwania (co widać już na pierwszy rzut oka). Jestem dla nich wiarygodny. Słuchacze czują instynktownie, że to, co mam do powiedzenia, może pomóc im w przezwyciężeniu własnych problemów.

Bóg pozwolił mi dotrzeć z przesłaniem nadziei do ogromnej rzeszy ludzi w niezliczonych szkołach, kościołach, więzieniach, sierocińcach, szpitalach, salach konferencyjnych i na stadionach. Cieszę się w szczególności z tysięcy spotkań twarzą w twarz, podczas których mam w zwyczaju przytulać moich rozmówców, zapewniając ich jednocześnie o ogromnej wartości, jaką dostrzega w nich Bóg. Przekonuję spotykanych ludzi, że Bóg ma dla ich życia konkretny plan. Odwołuję się do własnego przykładu – Bóg posługuje się moim niezwykłym ciałem, żeby pocieszać serca i podnosić na duchu, jak mówi o tym w Biblii: „Wiem, jakie plany mam wobec was – zamiary pełne pomyślności, a nie szkody, aby zapewnić wam przyszłość i natchnąć nadzieją".

Siła sprawcza

Życie potrafi być okrutne – nie mam co do tego najmniejszych wątpliwości. Czasami niepowodzenia spadają na nas jedno po drugim i nie widzimy żadnego wyjścia z sytuacji. Jesteśmy tylko zwykłymi śmiertelnikami i mamy ograniczone pole widzenia, nie potrafimy przewidzieć, co nas czeka w przyszłości. Jest to jednak wiadomość zarówno zła, jak i dobra zarazem. Pamiętaj, że przyszłość może być o wiele lepsza niż Twoje najśmielsze wyobrażenia. To od Ciebie zależy, czy pozbierasz się, wstaniesz i ruszysz dalej!

Niezależnie od tego, czy prowadzisz dziś udane życie i chcesz je tylko trochę usprawnić, czy może masz poczucie, że jest tak źle, iż wolałbyś rano nie wstawać z łóżka – to, co stanie się od tej chwili, zależy od Ciebie i Twojego Stwórcy. To prawda, nie masz wpływu na wszystko. Zło spotyka nawet najlepszych i najszlachetniejszych z nas. Być może żałujesz, że nie urodziłeś się w warunkach zapewniających wygodne, spokojne życie, i uważasz, że to nie fair. Jednak nawet jeśli jesteś głęboko zawiedziony otaczającą Cię rzeczywistością, musisz zacząć od tego, co masz do dyspozycji.

Nie przejmuj się, jeśli na początku coś Ci nie wyjdzie lub jeśli inni będą w Ciebie wątpić. Gdy postanowiłem, że publiczne przemawianie będzie moim zawodem, nawet rodzice kwestionowali tę decyzję.

– Czy nie uważasz, że biorąc pod uwagę twoją niepełnosprawność, bardziej odpowiedni dla ciebie byłby zawód księgowego prowadzącego własną kancelarię rachunkową? Czy to nie zapewniłoby ci lepszej przyszłości? – pytał tata.

Tak, pod wieloma względami kariera w księgowości wydawała się w moim przypadku sensownym wyborem, ponieważ rzeczywiście mam głowę do rachunków. Jednak już w okresie nastoletnim odkryłem w sobie ogromne pragnienie dzielenia się z innymi wiarą i nadzieją na lepsze życie. Gdy udaje nam się znaleźć prawdziwy cel, powinna nam towarzyszyć tego rodzaju pasja. Czujemy, że chcielibyśmy poświęcić całe życie tej szczególnej sprawie lub idei.

Jeśli nadal szukasz swojej drogi, pamiętaj, że masz prawo czuć się odrobinę sfrustrowany. Owo poszukiwanie to bowiem bardziej maraton niż sprint. A tęsknota za wyraźniejszym poczuciem sensu i spełnienia to znak, że dojrzewasz, przełamujesz ograniczenia i rozwijasz talenty. Gdy już określiłeś swój kierunek, warto od czasu do czasu spojrzeć na miejsce, w którym się znajdujesz, i zastanowić się, czy aktualne zajęcia i priorytety przyczyniają się do realizacji obranego celu.

Światło na drodze

Kiedy skończyłem piętnaście lat, pojednałem się z Bogiem, prosząc Go o przebaczenie grzechów i pokierowanie moim życiem. Poprosiłem Go, by poprowadził mnie w poszukiwaniu życiowego celu. Cztery lata później przyjąłem chrzest i zacząłem dzielić się wiarą z innymi ludźmi. Wtedy poczułem, że odkryłem swoje powołanie. Wystąpienia w roli mówcy i ewangelizatora stopniowo przybrały charakter regularnej działalności, którą z biegiem czasu zacząłem prowadzić na skalę międzynarodową.

Kilka lat temu przeżyłem coś zdumiewającego – coś, co jeszcze bardziej podniosło mnie na duchu i utwierdziło w przekonaniu, że obrałem słuszną drogę. W pewien niedzielny poranek zjawiłem się na umówionym wystąpieniu w jednym z kalifornijskich kościołów. Wszystko miało się toczyć według utartego schematu. Jedyna różnica polegała na tym, że tym razem nie przemawiałem w jakimś odległym zakątku świata – Knott Avenue Christian Church w Anaheim znajduje się niedaleko mojego domu.

Gdy wjeżdżałem do kościoła na wózku inwalidzkim, chór zaczynał już pieśń otwierającą nabożeństwo. Zająłem miejsce w pierwszym rzędzie ogromnej sali, coraz szczelniej wypełniającej się wiernymi. W myślach zacząłem już przygotowywać się do przemówienia. To była moja pierwsza wizyta na Knott Avenue i nie sądziłem, by ktokolwiek mnie tutaj znał. Dlatego zdziwiłem się, gdy nagle usłyszałem dochodzące z tyłu wołanie „Nick! Nick!". Ktoś próbował przekrzyczeć chórzystów.

Nie rozpoznałem głosu osoby wołającej, więc założyłem, że chodzi zapewne o jakiegoś innego Nicka. Jednak kiedy się odwróciłem, zobaczyłem starszego pana, który wyraźnie machał właśnie do mnie.

– Nick! Popatrz tutaj! – krzyknął jeszcze raz.

To powiedziawszy, wskazał na młodszego mężczyznę stojącego obok niego w wypełnionej po brzegi ławce. Mężczyzna trzymał na rękach niemowlę. W pierwszej chwili dostrzegłem tylko kosmyk brązowych włosów, uśmiechniętą buzię i błyszczące oczy dziecka.

Ojciec chłopczyka uniósł go wyżej, nad głowami tłumu, tak bym mógł go lepiej zobaczyć. W tym momencie poczułem, jak przeszywa mnie fala emocji – tak potężna, że gdybym miał kolana, z pewnością by się pode mną ugięły.

Jasnooki chłopiec wyglądał zupełnie tak jak ja! Nie miał rąk ani nóg. Z tułowia wyrastała mu nawet mała lewa stopa – taka jak moja. Wyglądał identycznie! Teraz rozumiałem, dlaczego tym dwóm mężczyznom tak bardzo zależało na tym, żeby pokazać mi dziecko. Później dowiedziałem się, że chłopiec nazywa się Daniel Martinez i jest synem Chrisa i Patty.

Powinienem był skupić się na swoim wystąpieniu, ale kiedy zobaczyłem Daniela – kiedy zobaczyłem siebie w tym dziecku! – porwał mnie wir szalonych emocji i nie byłem w stanie jasno myśleć. Współczułem Danielowi i jego rodzinie. Odżyły we mnie bolesne wspomnienia dotyczące pierwszych lat życia. Domyślałem się, że ten chłopiec przechodzi teraz podobne doświadczenia.

Wiem, co on czuje – pomyślałem. *Przeżyłem to wszystko. Wiem, co jeszcze go czeka…* Patrząc na Daniela, miałem poczucie niezwykłej więzi pokrewieństwa pomiędzy nami. Dawne emocje – niepewność, frustracja i poczucie osamotnienia – ogarniały mnie z nową siłą. Nie mogłem zaczerpnąć powietrza i zakręciło mi się w głowie. Nie był to może napad paniki, ale widok tego malca z całą pewnością poruszył we mnie najczulszą strunę – obudził we mnie chłopca.

Nagle doznałem olśnienia, które pomogło mi odzyskać równowagę. *Kiedy dorastałem, nie miałem nikogo, kto znajdowałby się w podobnym położeniu i kto mógłby być moim przewodnikiem. Ale Daniel ma kogoś takiego – przecież mogę mu pomóc! Moi rodzice chętnie pomogą jego rodzicom. Ten chłopiec wcale nie musi przechodzić przez to samo, co ja. Może będę w stanie oszczędzić mu nieco bólu, który sam wycierpiałem?*

W tamtym momencie zrozumiałem wyraźnie, że niezależnie od tego, jak trudne jest życie bez kończyn, mogę podzielić się czymś wartościowym z drugim człowiekiem. Że o ile sam nie przestanę wytrwale dążyć do tego, by wywierać pozytywny wpływ na otaczający świat, nic mnie przed tym nie powstrzyma. Postanowiłem, że moją największą radością będzie inspirowanie innych ludzi i pomaganie im. I nawet jeśli u kresu dni stwierdzę, że nie udało mi się zmienić tego świata w takim stopniu, w jakim zamierzałem, będę miał pewność, że moje życie nie poszło na marne. Postanowiłem żyć tak, by zostawić po sobie coś cennego. Uwierz w to, że Ty też możesz podjąć taką decyzję!

Widok Daniela uniesionego nad głowami wiernych w kościele przy Knott Avenue w pierwszym momencie mną wstrząsnął, lecz po chwili uświadomiłem sobie, że mogę wywrzeć realny wpływ na wiele zgromadzonych na sali osób – zwłaszcza na tych, którzy, tak jak Daniel i jego rodzice, zmagają się z poważnymi życiowymi trudnościami. Kiedy wstąpiłem na podium, opowiedziałem o przeżyciu, jakie przed chwilą było moim udziałem, i zaprosiłem rodziców Daniela, żeby podeszli bliżej i przynieśli chłopca.

– W życiu nie ma przypadków – powiedziałem. – Każdy oddech, każdy krok wynika z Bożego prowadzenia. Nie jest dziełem przypadku, że na tej sali znalazł się inny chłopiec bez rąk i nóg.

Wskazałem na Daniela, który uśmiechnął się promiennie, przykuwając uwagę zgromadzonych. Ojciec chłopca uniósł go w górę i przybliżył do mnie. Widząc młodego człowieka i niemowlę połączonych brzemieniem identycznej niepełnosprawności, wierni stojący w najbliższych ławkach rozpłakali się ze wzruszenia.

Nie jestem przesadnie ckliwy, jednak widząc łzy na twarzach obecnych, nie potrafiłem powstrzymać płaczu. Gdy wracałem do domu, nieustannie rozmyślałem o Danielu. Zastanawiałem się, co będzie czuł, gdy zacznie więcej rozumieć, gdy zetknie się z okrutnymi reakcjami i odrzuceniem, jakiego sam doświadczyłem. Współczułem mu, choć z drugiej strony pocieszająca była dla mnie świadomość, że moi rodzice i ja osobiście będziemy mu w stanie pomóc. Nie mogłem się już doczekać, kiedy opowiem o wszystkim mamie i tacie. Byłem pewien, że przyjmą z entuzjazmem pomysł zapoznania się z Danielem i jego rodzicami i chętnie podzielą się z nimi swoim doświadczeniem.

Przełomowy moment

Spotkanie z Danielem było dla mnie niezwykłym przeżyciem. Oniemiałem z wrażenia (co rzadko mi się zdarza), a gdy chłopiec na mnie popatrzył, moje serce się rozpłynęło. Daniel był odpowiedzią na odzywające się we mnie od czasu do czasu dziecięce pragnienie, by w jakiś sposób odczuć, że nie jestem na tym świecie sam, że jest ktoś podobny do mnie. Do tej pory czułem, że nikt tak do końca nie rozumie, przez co przechodzę, nikt nie jest w stanie pojąć mego bólu i samotności.

Przypominałem sobie, jak bolesna była dla mnie w dzieciństwie już sama świadomość „inności". Gdy rówieśnicy naśmiewali się ze mnie lub unikali mnie, rana jeszcze się pogłębiała. Jednak pod wpływem przełomowego spotkania z Danielem doświadczałem teraz odczucia nieskończonego miłosierdzia Boga, Jego chwały i mocy. Mój ból wydał się nagle znikomy.

Przyszedłem na ten świat obciążony niepełnosprawnością fizyczną, ale nie doznałem cierpienia będącego na przykład wynikiem maltretowania czy zaniedbania. Nigdy nie musiałem borykać się z problemami typowymi dla dzieci z rozbitej rodziny, nie straciłem żadnego z rodziców, brata czy siostry. Oszczędzono mi wielu przykrych doświadczeń. Jestem pewien, że moje życie było pod wieloma względami łatwiejsze niż życie innych ludzi.

Jednak nie życzę nikomu podobnej niepełnosprawności, dlatego współczułem Danielowi. Z drugiej strony domyślałem się, że Bóg przyprowadził do mnie to dziecko, żebym uczynił jego brzemię nieco lżejszym. Czułem się tak, jakby Bóg mrugał do mnie porozumiewawczo, mówiąc: „A widzisz? Mam plan dla twojego życia!".

W tym przełomowym momencie, gdy obejrzałem się i zobaczyłem Daniela unoszonego nad głowami wiernych w sali kościelnej, uświadomiłem sobie, że oto sam stałem się cudem, o który się modliłem. Bóg nie uzdrowił mnie w cudowny sposób – ale za to uczynił mnie cudem dla tego chłopca.

Miałem wtedy dwadzieścia cztery lata. Kiedy matka Daniela, Patty, uściskała mnie po nabożeństwie, powiedziała, że czuje się tak, jakby na chwilę przeniosła się w przyszłość i przytuliła swego dorosłego syna.

– Nawet nie zdajesz sobie sprawy, jak gorąco modliłam się do Boga, by zesłał mi znak, że nie zapomniał o moim synu i o mnie – powiedziała. – Jesteś odpowiedzią na tę modlitwę. Jesteś naszym cudem!

Co ciekawe, tego dnia moi rodzice byli właśnie w drodze z Australii do Ameryki – akurat wtedy postanowili odwiedzić mnie po raz pierwszy od czasu mojej przeprowadzki do Stanów. Kilka dni później spotkaliśmy się w pełnym gronie z Danielem i jego rodzicami. Jak nietrudno się domyślić, obie rodziny szybko znalazły wspólny język.

Chris i Patty uznali mnie za błogosławieństwo dla Daniela, ale w rzeczywistości to przede wszystkim moi rodzice okazali się jeszcze większym błogosławieństwem dla nich samych. Któż mógłby lepiej pokierować nimi i przygotować ich do wychowania dziecka bez rąk i nóg? Oprócz nadziei i wsparcia emocjonalnego daliśmy im też żywy dowód na to, że Daniel może w przyszłości prowadzić całkiem normalne życie i że on też odkryje swoje powołanie. Cieszyliśmy się z okazji do podzielenia się doświadczeniem i do zademonstrowania, że życie bez kończyn może być życiem bez ograniczeń!

Daniel jest rozkosznym urwisem, który zaraża otoczenie swoją niepohamowaną energią i rozpierającą go radością. Kontakt z nim daje mi więcej motywacji, niż mogłem sobie wyobrazić – to dla mnie dodatkowa, zupełnie niespodziewana, nagroda.

Dar z siebie

Przed ukończeniem drugiego roku życia Helen Keller straciła wzrok i słuch w wyniku przebytej choroby. Jednak na przekór okolicznościom została później cenioną pisarką, mówczynią i działaczką społeczną. Ta wspaniała kobieta stwierdziła kiedyś, że prawdziwe szczęście osiąga się przez „wierną służbę godnej sprawie".

Co to znaczy? Dla mnie oznacza to rozwijanie swojego potencjału, wierne służenie posiadanymi talentami i radosne dzielenie się nimi z innymi ludźmi. To wzniesienie się ponad dążenie do osiągnięcia zadowolenia wyłącznie w wymiarze osobistym i podjęcie dojrzałego poszukiwania sensu i spełnienia.

Największą satysfakcję odczuwamy właśnie wtedy, gdy dajemy innym coś z siebie, gdy za cel stawiamy sobie poprawienie warunków życia innych ludzi, gdy przyłączamy się do jakiejś większej sprawy i staramy się wywrzeć pozytywny wpływ na otaczający świat. Do tego wcale nie trzeba być Matką Teresą. Nawet osoba „niepełnosprawna" może wnieść do życia innych swój cenny wkład. Posłuchaj pewnej młodej kobiety, która przysłała następującą wiadomość e-mail do założonej przeze mnie organizacji charytatywnej „Life Without Limbs":

Drogi Nicku!

Nie wiem, od czego zacząć. Może najpierw się przedstawię.

Mam szesnaście lat. Piszę do Ciebie, ponieważ obejrzałam Twój film DVD „Bez rąk, bez nóg, bez zmartwień". Ten film wywarł na moje życie ogromny wpływ i pomaga mi w powrocie do zdrowia. Piszę o „powrocie do zdrowia", ponieważ choruję na zaburzenie odżywiania – anoreksję. W ciągu ostatnich lat byłam kilkakrotnie pacjentką ośrodków terapeutycznych i jak do tej pory jest to najgorszy rozdział mego życia.

Ostatnio wypisano mnie z kliniki w Kalifornii. Właśnie tam miałam okazję obejrzeć Twój film. Nigdy w życiu nie czułam się tak zainspirowana i zmotywowana. Jesteś niesamowitym człowiekiem, a Twoje przesłanie pozytywnie nastraja i mobilizuje do zmian. Były takie chwile, gdy wydawało mi się, że to już koniec, ale teraz rozumiem, że życie każdego z nas ma ogromną wartość i że powinniśmy szanować siebie samych za to, kim jesteśmy. Nie potrafię nawet wyrazić słowami tego, jak bardzo jestem wdzięczna za nadzieję, jaką wlał w me serce Twój film. Wierzę, że kiedyś będzie mi dane spotkać Cię osobiście – to jedno z moich największych marzeń. Masz niezwykłą osobowość. Przy tym potrafisz rozśmieszyć do łez – a przecież nie jest wcale łatwo rozbawić osobę przechodzącą przez rehabilitację.

Dzięki Tobie jestem teraz znacznie silniejsza i bardziej świadoma samej siebie. Nie przejmuję się już tak bardzo tym, co sądzą o mnie inni ludzie, i przestałam się nieustannie zadręczać różnymi przykrymi myślami. Nauczyłeś mnie, jak przemienić słabość w siłę. Dziękuję Ci, że swoim przykładem i przesłaniem uratowałeś moje życie i zawróciłeś je na właściwy tor.

Jesteś moim bohaterem!

Pozwól z siebie skorzystać

Jestem wdzięczny za ten i wiele podobnych listów, jakie otrzymuję. Jako dziecko wątpiłem, czy sam kiedykolwiek nauczę się cieszyć życiem – tym bardziej nie liczyłem na to, że będę pomagał innym.

Jestem przekonany, że nie znajdzie prawdziwego spełnienia ten, kto nie służy innym ludziom. Każdy z nas w głębi serca ma nadzieję, że nasze talenty i wiedza pozwolą nam nie tylko zdobyć pieniądze na opłacenie rachunków, ale także przysłużyć się jakiejś większej sprawie.

W dzisiejszym świecie na ogół rozumiemy, że pogoń za rzeczami materialnymi prowadzi do duchowej pustki, a jednocześnie potrzebujemy, by stale przypominano nam o tym, że spełnienie nie ma nic wspólnego ze stanem posiadania. W poszukiwaniu poczucia spełnienia ludzie chwytają się najdziwniejszych rozwiązań. Niektórzy liczą na to, że satysfakcję osiągną po kilku piwach. Są też tacy, którzy narkotyzują się do nieprzytomności. Inni poddają się operacjom, by osiągnąć arbitralnie wyznaczony standard piękna. Jeszcze inni zapracowują się, goniąc za sukcesem, a gdy w końcu udaje im się wreszcie wspiąć na sam szczyt, wkrótce ich miejsce zajmują konkurenci. Większość myślących ludzi uświadamia sobie jednak, że trwałego szczęścia nie da się osiągnąć, idąc na skróty. Jeśli postawisz na chwilowe przyjemności, osiągniesz co najwyżej krótkotrwałe zadowolenie – dziś pocieszysz się tanią zabawką, a jutro nie będzie już po niej śladu.

Życie nie polega na tym, by „mieć" – chodzi raczej o to, by bardziej „być". Nawet jeśli otoczymy się najwspanialszymi przedmiotami, jakie można kupić, możemy nadal pozostać nieszczęśliwi. Znam osoby, które mają idealne ciała, a mimo to nie są nawet w połowie tak szczęśliwe, jak ja. Podróżując po świecie, więcej radości widziałem w slumsach Mumbaju i sierocińcach Afryki niż na wielu strzeżonych osiedlach bogatych miast w krajach Zachodu czy wśród właścicieli luksusowych posiadłości wartych miliony.

Jak sądzisz, dlaczego?

Spełnienie znajdziesz tylko wtedy, gdy poprzez swoje talenty i pasje zaczniesz służyć wyższym celom. Nie daj się zwieść pokusie łatwego samozadowolenia. Nie daj się porwać gonitwie za rzeczami materialnymi – doskonałym domem, modnymi ubraniami czy najnowszym modelem samochodu. Dewiza „gdybym tylko miał x, byłbym szczęśliwy" to urojenie, któremu ulegają miliony ludzi. Ten, kto szuka szczęścia w przedmiotach, nigdy nie poczuje się naprawdę zaspokojony.

Rozejrzyj się wokół. Wejrzyj w głąb siebie.

—

W dzieciństwie myślałem, że gdyby Bóg dał mi ręce i nogi, byłbym szczęśliwy już do końca życia. Nie kierowały mną samolubne motywacje – kończyny należą przecież do „standardowego wyposażenia". W późniejszych latach odkryłem jednak, że mogę być szczęśliwy i spełniony także bez rąk i nóg. Spotkanie z Danielem utwierdziło mnie w tym przekonaniu. Okazja do zaoferowania pomocy jego rodzinie przypomniała mi, po co żyję na tym świecie.

Jak już wspomniałem, kiedy moi rodzice przylecieli do Kalifornii, spotkaliśmy się z rodziną Daniela. To były niezapomniane chwile. Spędziliśmy długie godziny na rozmowach, porównując nasze doświadczenia. Dzieliliśmy się tym, w jaki sposób poradziliśmy sobie z różnymi wyzwaniami. Już od pierwszych dni nawiązaliśmy bliską przyjaźń, która trwa do dzisiaj.

Rok później, podczas jednego z kolejnych spotkań, rodzice Daniela powiedzieli nam, że opiekujący się ich synem lekarze nie sądzą, by Daniel był już gotowy na to, żeby zacząć poruszać się na przystosowanym dla niego wózku inwalidzkimi.

– Dlaczego nie? – spytałem. – Kiedy zacząłem jeździć na wózku, byłem w jego wieku.

Aby udowodnić, że mam rację, zeskoczyłem z wózka i pozwoliłem Danielowi zająć moje miejsce. Chłopiec szybko opanował obsługuję joysticka stopą i bez kłopotu wykonał kilka manewrów. Dzięki temu przekonał rodziców, że sobie poradzi. To tylko jeden z wielu przykładów wsparcia, jakie mogę zaoferować Danielowi, aby torować mu drogę. Służenie mu w roli przewodnika jest ekscytującą przygodą!

Daniel nieustannie odwzajemnia się jeszcze cenniejszym darem – pozwala mi cieszyć się swoimi postępami i czerpać ogromną satysfakcję z ważnej roli, jaką mogę odegrać w jego życiu. To znacznie więcej niż na przykład zadowolenie wynikające z posiadania luksusowego samochodu czy okazałej willi. Nic nie dorównuje świadomości, że w ten sposób wypełniam swoje powołanie i realizuję Boży plan dla mojego życia.

Nasze wzajemne obdarowywanie się ma swój dalszy ciąg. Podczas jednej z kolejnych wizyt moi rodzice opowiedzieli rodzicom Daniela, jak w początkowych latach bardzo się obawiali, bym nie utonął w wannie. Nie miałem przecież rąk i nóg, które pomogłyby mi utrzymać się na wodzie. Podczas kąpieli rodzice zachowywali więc niezbędne środki ostrożności. Kiedy już trochę podrosłem, tata podtrzymywał mnie delikatnie na powierzchni, pokazując mi, że mogę unosić się na wodzie. Z biegiem czasu czułem się coraz pewniej i przekonałem się, że nawet odrobina powietrza w płucach zabezpiecza mnie przed niekontrolowanym zanurzeniem. Nauczyłem się pływać, posługując się lewą stopą w charakterze specyficznej „śruby napędowej". Pamiętając o swych początkowych obawach, rodzice nie mogli uwierzyć, że zostałem znakomitym pływakiem. Dziś z przyjemnością wskakuję do każdego napotkanego basenu lub stawu.

Byliśmy zachwyceni, kiedy później dowiedzieliśmy się od rodziców Daniela, że jedno z pierwszych wyraźnie wypowiedzianych przez niego zdań brzmiało „Pływać jak Nick!". Teraz Daniel też jest świetnym pływakiem. Nie potrafię wyrazić, ile to dla mnie znaczy. Kiedy obserwuję, jak Daniel korzysta z moich doświadczeń, czuję, że nadaje to memu życiu głębszy sens. Nawet gdybym nie wywarł już pozytywnego wpływu na żadną inną osobę, determinacja Daniela, by „pływać jak Nick", byłaby wystarczającą nagrodą, dla której warto było żyć i zmierzyć się z różnymi przeciwnościami.

Określenie swego życiowego celu to sprawa o absolutnie kluczowym znaczeniu. Zapewniam Cię, że Ty też masz coś cennego do zaoferowania. Być może na razie tego nie dostrzegasz, ale nie byłoby Cię na tej planecie, gdyby to nie była prawda. Wiem z całą pewnością, że Bóg nie popełnia błędów – Bóg jest autorem cudów. Ja jestem jednym z nich – i Ty również!

2

Bez rąk, bez nóg, bez ograniczeń!

W swoich podróżach i w wielu sytuacjach z życia codziennego byłem wielokrotnie świadkiem niewiarygodnej mocy ludzkiego ducha płynącej z nadziei. Jak zdefiniować nadzieję? To stan, w którym rodzą się marzenia. To głos Twego życiowego celu. Głos, który mówi do Ciebie i zapewnia Cię, że to, co dzieje się wokół, nie powinno przesądzać o tym, jak się czujesz. Być może nie masz wpływu na okoliczności zewnętrzne, ale pamiętaj, że zawsze możesz zdecydować, jak na nie zareagujesz.

Martin Luther King powiedział kiedyś, że wszystko co wartościowe na tym świecie dokonuje się dzięki nadziei. Dopóki oddychasz, możesz zawsze uchwycić się nadziei. Nie znamy przyszłości, możemy jedynie wyobrazić sobie jej zarys. Ale Bóg wie, jak potoczy się nasze życie, zaś nadzieja jest Jego darem dla nas – jest oknem, przez które spoglądamy w przyszłość. Nie możesz wiedzieć, co On dla Ciebie zaplanował. Ale zaufaj Mu i nie trać nadziei – nawet pośród najtrudniejszych okoliczności pamiętaj, że najlepsze jeszcze przed Tobą!

Czasami choć modlimy się gorąco, nie otrzymujemy żadnej odpowiedzi. Czasami dochodzi do tragedii, które potrafią wstrząsnąć naszą wiarą. Dotkliwe ciosy dosięgają nawet najszlachetniejszych ludzi o najczystszych sercach. Niedawne trzęsienia ziemi na Haiti, w Chile, w Meksyku i w Chinach to tylko najnowsze przykłady klęsk żywiołowych, które nawiedzają nasz upadły świat. Tysiące ludzi zginęło pod gruzami i zwałami ziemi. Wraz z nimi umarły ich nadzieje i marzenia. Wiele matek i wielu ojców straciło swoje dzieci, niejedno dziecko straciło rodziców.

Jak zachować nadzieję w obliczu takiego ogromu cierpienia? Gdy słyszę o katastrofach i kataklizmach, dodaje mi otuchy świadomość, że takie wydarzenia zawsze wywołują odruch solidarności u innych ludzi. Setki bezinteresownych ochotników napływają do rejonów objętych klęską żywiołową. Studenci, lekarze, inżynierowie i ratownicy poświęcają się i angażują swoje talenty, żeby pomóc tym, którym udało się ocaleć.

Nadzieja pojawia się nawet w najgorszych chwilach, żeby przekonać nas o Bożej obecności i trosce. Moje osobiste cierpienia wydają się nieznaczne w porównaniu z dramatycznymi doświadczeniami wielu ludzi, których spotkałem, ale ja także opłakiwałem stratę bliskiej osoby. Nasza rodzina głęboko przeżyła śmierć kuzyna Roya. W wieku dwudziestu siedmiu lat mój kuzyn zmarł na raka pomimo żarliwej modlitwy wszystkich pobożnych chrześcijan z naszej rodziny, z kościoła, do którego należymy, i z lokalnej społeczności. Śmierć bliskiej osoby jest zawsze czymś tragicznym i niezrozumiałym, dlatego tak ważną rolę odgrywa wtedy nadzieja. Moja nadzieja wykracza poza doczesność – jej ostatecznym punktem odniesienia jest rzeczywistość nieba. Nasza rodzina znajduje wielkie pocieszenie w nadziei, że kuzyn – który wierzył w Jezusa Chrystusa – jest z Nim w niebie i już więcej nie cierpi.

Choć niektóre sytuacje wydają się nas przerastać, Bóg wie, ile mogą znieść nasze serca. Wierzę mocno, że nasze doczesne życie to tylko krótkie przygotowanie do wieczności. Niezależnie od tego, czy jest bardziej czy mniej udane, czeka na nas obietnica nieba. W najtrudniejszych chwilach kurczowo chwytam się nadziei, że Bóg pomoże mi wytrwać na przekór wszelkim przeciwnościom. Ufam, że jeszcze nadejdą lepsze dni – jeśli nie na tej ziemi, to na pewno w niebie.

Odkryłem, że jednym z najskuteczniejszych sposobów radzenia sobie z niesprzyjającymi okolicznościami czy niewysłuchanymi modlitwami jest niesienie pomocy innym cierpiącym ludziom. Jeśli zmagasz się z ciężarem cierpienia, wyciągnij rękę do innych osób, które przeżywają trudności, aby ulżyć im i dodać otuchy przez pokrzepiające słowo lub gest. Niech poczują, że nie są same. Gdy potrzebujesz współczucia, okazuj współczucie innym ludziom. Gdy potrzebujesz przyjaźni, bądź przyjacielem. Gdy potrzebujesz nadziei, stawaj się źródłem nadziei dla innych.

Jestem młody i nie uważam, że pozjadałem wszystkie rozumy, ale coraz wyraźniej uświadamiam sobie, że w chwilach zwątpienia, beznadziei czy strachu winniśmy szukać ratunku przede wszystkim w więziach z ludźmi oraz – zwracam się tutaj w szczególności do moich sióstr i braci chrześcijan – w więzi z Bogiem, polegając na Jego miłości i mądrości.

Niezwykły dar

Wiara w tryumf nadziei nad rozpaczą umocniła się we mnie podczas mej pierwszej podróży do Chin, którą odbyłem w 2008 roku. Miałem wtedy okazję podziwiać Wielki Mur, jeden z największych architektonicznych cudów świata, który zadziwia swym ogromem.

Jednak najbardziej poruszającym przeżyciem tego wyjazdu było dla mnie spotkanie w domu dziecka z pewną młodą Chinką. Razem z innymi dziećmi dziewczynka ta brała udział w przedstawieniu, którego nie powstydziliby się nawet twórcy artystycznej oprawy igrzysk olimpijskich. Moją uwagę przykuł radosny wyraz twarzy dziewczyny – nie mogłem oderwać od niej wzroku. Wraz z pozostałymi tancerkami poruszała się zwinnie w skomplikowanym układzie choreograficznym, jednocześnie podtrzymując na głowie obracający się talerz. Wykonywała poszczególne ruchy w maksymalnym skupieniu, lecz mimo to jej twarz promieniała szczęściem.

Wzruszyłem się, ponieważ uśmiechnięta tancerka i inne dzieci biorące udział w przedstawieniu należały do grupy czterech tysięcy młodych osób osieroconych w wyniku potężnego trzęsienia ziemi, które nawiedziło ten rejon kilka miesięcy wcześniej. Wraz z moim asystentem i koordynatorem podróży odwiedziliśmy sierociniec, do którego przyjęto te dzieci. Przywieźliśmy dla nich ubrania i zapasy żywności. Poproszono mnie też, żebym wygłosił przemówienie, które podniesie na duchu ocalałych z tragedii.

Gdy zmierzałem do sierocińca i rozglądałem się po okolicy, skala spustoszeń spowodowanych przez trzęsienie ziemi zrobiła na mnie wstrząsające wrażenie. Uświadamiając sobie ogrom tragedii, zastanawiałem się, co mógłbym powiedzieć tym biednym dzieciom. Przecież ziemia rozstąpiła się i pochłonęła ich najbliższych. Sam nigdy nie doświadczyłem czegoś równie przerażającego. Przywieźliśmy ze sobą ciepłe koce i ubrania, ale w jaki sposób miałbym tchnąć nadzieję w złamane serca?

Kiedy przybyliśmy na miejsce, obstąpiła mnie gromada dzieci. Przytulały mnie kolejno jedno po drugim. Nie rozumiałem ich języka, ale to nie miało znaczenia. Wszystko dało się wyczytać z ich twarzy. Pomimo tragicznych doświadczeń dzieci uśmiechały się do mnie pogodnie. Niepotrzebnie martwiłem się o to, co mam im powiedzieć. Wcale nie musiałem dodawać im otuchy – to raczej one podniosły mnie na duchu poprzez cudowne przedstawienie, które wystawiły dla nas tego dnia. Straciły rodziców i domy, a mimo to promieniowała z nich radość.

Powiedziałem im później, że podziwiam ich dzielną postawę. Zachęciłem je, by spoglądały w przyszłość, by odważyły się marzyć o lepszym życiu i dążyły do niego z całych sił.

Odważ się marzyć

Ty też zdobądź się na odwagę, by realizować marzenia. Nigdy nie trać wiary w to, że będziesz w stanie pokonać napotkane przeszkody. Widziałem wiele przykładów zdumiewającego tryumfu ludzkiego ducha nad okolicznościami – nie tylko w chińskich sierocińcach, lecz także w slumsach Mumbaju czy w rumuńskich więzieniach. Niedawno przemawiałem w ośrodku pomocy społecznej w Korei Południowej. Pensjonariusze – osoby niepełnosprawne i samotne matki – zaimponowali mi niezwykłą siłą i hartem ducha. W Republice Południowej Afryki odwiedziłem więzienie otoczone betonowym murem i żelaznymi kratami. Najgroźniejsi przestępcy nie mogli przyjść do kaplicy na nasze spotkanie, jednak w całym więzieniu dało się słyszeć głosy wtórujące muzyce gospel śpiewanej podczas nabożeństwa. Czułem się tak, jakby Duch Święty wypełnił to miejsce Bożą radością. Choć w wymiarze zewnętrznym więźniowie pozostawali zniewoleni, doświadczali wewnętrznej wolności dzięki wierze i nadziei, których się uchwycili. Opuszczając to miejsce, czułem, że wielu spośród tych ludzi żyje w większej wolności niż niektórzy „wolni" poza murami więzienia.

Nadzieja może odrodzić się także w Twoim sercu. Smutek ma w życiu swoje miejsce – to zupełnie naturalna emocja. Ale pamiętaj, że nie powinna ona dominować nad Twoim myślami w dzień i w nocy. Możesz panować nad reakcjami, celowo przekierowując uwagę na myśli i działania podnoszące na duchu.

Ponieważ jestem osobą religijną, w chwilach smutku zwracam się do Boga. I choć może się to wydać zaskakujące, równocześnie stosuję chłodną kalkulację, która wiąże się z moim wykształceniem ekonomicznym. Jeśli ktoś twierdzi, że nie ma dla niego żadnej nadziei, oznacza to, że prawdopodobieństwo zdarzenia się czegoś pozytywnego ocenia na *zero*.

Zero? To dość skrajna ocena, prawda? Osobiście skłaniam się ku przekonaniu, że kiedyś nastaną lepsze dni – wydaje mi się o wiele bardziej prawdopodobne, że sytuacja zmieni się na lepsze. Nadzieja, wraz z wiarą i miłością, jest jednym z filarów duchowości. Niezależnie od tego, w co wierzysz, nie powinieneś rezygnować z nadziei, ponieważ od niej zaczyna się wszystko co dobre w życiu. Czy ktokolwiek podejmowałby trud nauczenia się czegoś nowego, nie mając nadziei? Nadzieja to punkt wyjścia dla każdego działania i przedsięwzięcia. Pisząc tę książkę, mam nadzieję, że dzięki niej odkryjesz lepsze życie – życie bez ograniczeń!

Jeden z wersetów Biblii mówi, że „ci, którzy pokładają nadzieję w Panu, nabierają siły, wzbijają się w górę na skrzydłach jak orły. Biegną, a nie mdleją, idą, a nie ustają". Kiedy po raz pierwszy usłyszałem te słowa, uświadomiłem sobie, że do ich wypełnienia się w moim życiu nie potrzebuję rąk ani nóg. Pamiętaj: Bóg nigdy nie przestaje w Ciebie wierzyć! Dlatego nie zatrzymuj się, nie ustawaj – aktywność nadaje Twemu życiu rozmach i otwiera je na nowe, niespodziewane okazje.

Wszystko jest możliwe

Po tragicznym trzęsieniu ziemi na Haiti w 2009 roku cały świat pogrążył się w smutku. Jednak oprócz ogromu zniszczeń kataklizm ujawnił jednocześnie najlepsze ludzkie cechy. Mogliśmy na przykład podziwiać niezwykły hart ducha wśród ocalałych, którzy nie poddali się rezygnacji na przekór przytłaczającym okolicznościom.

Wszystko wskazywało na to, że Emanuel, syn Marii, zginął pod gruzami zawalonego budynku. W czasie trzęsienia ziemi młody mężczyzna przebywał w mieszkaniu wraz z matką. Kobieta zdołała się wydostać. Ale kiedy trzęsienie ziemi ustało, nie znalazła syna w ruinach domu. Szukała Emanuela w tymczasowym obozie dla osób, które straciły dach nad głową, lecz nie było go wśród ocalałych. Maria postanowiła zaczekać, mając nadzieję, że jeśli jej syn przeżył, uda mu się dotrzeć do obozu.

Po kilku dniach wróciła na rumowisko, żeby kontynuować poszukiwania. Pomimo ogłuszającego hałasu pracujących dźwigów i koparek Marii wydało się w pewnej chwili, że słyszy wołanie Emanuela.

– W tym momencie poczułam, że można go jeszcze uratować – powiedziała później reporterowi.

Maria zaczęła opowiadać wszystkim wokół, że jej syn woła o ratunek spod zwałów gruzu, jednak nikt nie był w stanie jej pomóc. Dopiero po przybyciu międzynarodowej grupy ratowników spotkała zespół doświadczonych inżynierów. Kobieta przekonała ratowników, że jej syn jeszcze żyje. Korzystając z nowoczesnego sprzętu, mężczyźni zaczęli przeczesywać stertę betonu i stali w miejscu, gdzie Maria usłyszała głos syna.

Kopali coraz głębiej, aż w pewnym momencie zobaczyli dłoń Emanuela. Po pewnym czasie udało im się uwolnić jego ramię, a następnie całe ciało. Emanuel spędził dziesięć dni przysypany gruzem. Był brudny, głodny i skrajnie odwodniony, ale przeżył.

Czasami zostaje nam już tylko wiara, że wszystko jest możliwe, że cuda się zdarzają. Podobnie jak miało to miejsce w życiu Marii, świat wokół nas może pogrążyć się w chaosie, ale nie wolno nam poddawać się rezygnacji. Zamiast tego powinniśmy uchwycić się nadziei i wiary, że Bóg zatroszczy się o to, czego nam brakuje. Właśnie to przekonanie zmotywowało Marię do działania. Podjęła kroki, które pozwoliły jej usłyszeć głos wołającego o pomoc syna. Nie będzie przesadą stwierdzenie, że nadzieja Marii ocaliła życie Emanuela.

Być może zmagasz się teraz z ogromnymi wyzwaniami, ale dopóki żyjesz, dopóki się nie poddajesz, dopóty *wszystko* jest możliwe.

Żyć z nadzieją w sercu

Słysząc, że wszystko jest możliwe dla tych, którzy nie tracą nadziei, być może reagujesz sceptycznie. Okoliczności przytłoczyły Cię do tego stopnia, że nie masz już siły, by wydostać się z pułapki rezygnacji i rozpaczy. Sam również przeżyłem chwile, gdy tak właśnie się czułem. Uznałem, że moje życie nigdy nie będzie miało żadnej wartości i że będę tylko ciężarem dla najbliższych.

Moi rodzice nie byli przygotowani na to, że ich dziecko urodzi się bez kończyn, dlatego przeżyli załamanie. Czy ktokolwiek mógłby ich za to winić? Każda matka i każdy ojciec próbują sobie wyobrazić, jaka przyszłość czeka ich ukochane dziecko. Moi rodzice martwili się o przyszłość, a kiedy nieco podrosłem, sam również nie widziałem dla siebie żadnych perspektyw.

Wszyscy znamy to uczucie, gdy marzenia i plany zderzają się z okrutną rzeczywistością niczym rozpędzony samochód wpadający na mur. Szczegóły związane z Twoim rozczarowaniem mogą się różnić, ale samo doświadczenie jest na wskroś ludzkie i uniwersalne. Otrzymuję e-maile od nastolatków, którzy piszą o rozbitych domach, przemocy w rodzinie i przypadkach wykorzystania seksualnego. Dorośli przyznają się do tego, że ich życie legło w gruzach z powodu narkotyków, alkoholu lub pornografii. Są też dni, gdy większość moich rozmówców stanowią osoby borykające się z rakiem lub innymi chorobami zagrażającymi życiu.

Jak nie stracić nadziei w takich okolicznościach? Ufaj Bogu, pamiętaj, że jesteś tutaj z konkretnego powodu, i poświęć się wypełnianiu swego powołania. Niezależnie od tego, z jakim wyzwaniem musisz się zmierzyć, wykorzystaj wszystko, co otrzymałeś od życia, aby znaleźć najlepsze wyjście z sytuacji. Niech zachętą dla Ciebie będzie przykład moich rodziców, którzy pomimo arcytrudnych okoliczności nie popadli w rezygnację.

Siła nadziei

Niewątpliwie nie tak łatwo zachować pozytywne nastawienie i silną motywację, gdy wydaje się, że nasze brzemię jest nie do uniesienia. Kiedy byłem już starszy i zacząłem lepiej rozumieć, z jakim trudnościami przyjdzie mi się zmierzyć w przyszłości, ogarnęło mnie zniechęcenie i nie potrafiłem uwierzyć, że spotka mnie jeszcze coś dobrego. Do dzisiaj pamiętam najczarniejsze dni z tego etapu dzieciństwa, kiedy świadomość „inności" była szczególnie doskwierająca. Jestem pewien, że znasz to uczucie. Wszyscy przeżywamy czasem takie chwile, gdy chcielibyśmy znaleźć swoje miejsce i dopasować się do otoczenia, ale czujemy się jak outsiderzy.

W moim przypadku brak pewności siebie wynikał z niepełnosprawności fizycznej – byłem dzieckiem bez rąk i nóg. Twój problem może mieć zupełnie inne podłoże, ale zachęcam Cię do zastosowania tego samego rozwiązania, które wielokrotnie sprawdziło się w moim życiu: uchwyć się nadziei. Poniższa historia jest tylko jednym z przykładów ilustrujących, w jaki sposób takie podejście pomagało mi radzić sobie w trudnych okolicznościach.

Lekarze zalecili rodzicom umieszczenie mnie w grupie z innymi dziećmi zaklasyfikowanymi jako „niepełnosprawne". Niektóre z nich nie miały kończyn, inne chorowały na mukowiscydozę, jeszcze inne cierpiały na poważne zaburzenie umysłowe. Rodzice byli pełni współczucia dla dzieci specjalnej troski i ich rodzin, ale uznali, że nie chcą ograniczać moich kontaktów z rówieśnikami wyłącznie do jednej grupy kolegów i koleżanek. Sądzili, że powinienem żyć bez ograniczeń, i walczyli o to, bym miał możliwość realizowania tego założenia w codziennym życiu.

Już w najwcześniejszych latach mego dzieciństwa mama podjęła ważną decyzję (i chwała jej za to):

– Nick, musisz się bawić z normalnymi dziećmi, ponieważ jesteś normalny. Po prostu nie masz rąk i nóg – i tyle!

W ten sposób mama ustawiła mi poprzeczkę na właściwej wysokości na wiele kolejnych lat. Nie chciała, żebym czuł się pod jakimkolwiek względem gorszy czy ograniczony. Nie chciała, żebym zamknął się w sobie i czuł się onieśmielony lub zakompleksiony tylko dlatego, że jestem inaczej zbudowany.

Już wtedy rodzice starali się zaszczepić mi przekonanie, że mam prawo do życia wolnego od etykiet i ograniczeń. Ty też masz do tego prawo. Nie pozwól się zaszufladkować. Ze względu na swoją niepełnosprawność jestem wyczulony na sytuacje, w których ludzie akceptują to, co na ich temat mają do powiedzenia inni. Podświadomie dają sobie narzucić ograniczenia wynikające z cudzych opinii.

Etykiety pełnią niekiedy rolę bezpiecznych kryjówek, w których usiłujemy się schować. Dla niektórych bywają wygodną wymówką. Ale inni wznoszą się ponad nie. Niezliczone rzesze osób, którym próbowano narzucić etykietę „kalekich" lub „niepełnosprawnych", udowodniły, że potrafią odrzucić krępujące ograniczenia, by cieszyć się aktywnym życiem. Zachęcam Cię do przyjęcia takiej postawy – niech opinie innych nie przeszkodzą Ci w odkrywaniu i rozwijaniu swoich talentów i pasji.

Jako Boże dziecko wiem, że Pan zawsze jest ze mną. Pocieszam się myślą, że On rozumie, ile jesteśmy w stanie znieść. Gdy inni opowiadają mi o swoich zmaganiach, wzruszam się do łez, lecz jednocześnie przypominam cierpiącym i strapionym, że Boże ramię jest dostatecznie długie, by im pomóc. Bóg wyciąga swe ręce do każdego z nas.

Niech ta świadomość dodaje Ci siły. Odważ się spróbować i wznieś się tak wysoko, jak tylko potrafisz sobie wyobrazić. Od razu zaznaczę, że możesz spodziewać się problemów. Potraktuj je jako „doświadczenia pomocne w rozwijaniu charakteru". Wyciągnij z nich naukę i wznieś się jeszcze wyżej. Ale nawet jeśli masz doskonale przygotowany plan, przyjmij do wiadomości, że Bóg być może zechce poprowadzić Cię nieco innym szlakiem. Wymarzone cele osiąga się na wiele różnych sposobów, więc nie zniechęcaj się, jeśli na razie nie widzisz przed sobą wyraźnie wytyczonej drogi.

Bioniczny chłopiec

Nadzieja jest katalizatorem zmian. Pomaga pokonywać nawet te przeszkody, które wydają się nie do pokonania. Jeśli się nie poddajemy, lecz wytrwale dążymy do osiągnięcia celu, zbliżamy się do niego w coraz szybszym tempie. Nadzieja stwarza okazje, których nawet się nie spodziewaliśmy. Nagle pojawiają się w naszym życiu pomocne osoby. Otwierają się zamknięte dotąd drzwi. Przeszkody znikają spod nóg.

Pamiętaj – każda akcja rodzi reakcję. Kiedy ogarnia Cię pokusa, by zrezygnować z wymarzonego celu, zmuś się do wytrwania jeszcze przez jeden dzień, przez jeden tydzień, jeden miesiąc czy rok. Jeśli się nie poddasz, będziesz zaskoczony tym, co się wydarzy.

Kiedy rozpoczynałem naukę w pierwszej klasie, mama i tata wywalczyli dla mnie możliwość uczęszczania do normalnej szkoły podstawowej. Dzięki temu, że rodzice uparcie dążyli do osiągnięcia swego celu, zostałem jednym z pierwszych niepełnosprawnych dzieci w Australii, którym pozwolono uczęszczać do zwykłej szkoły. Poradziłem sobie tak dobrze, że jedna z miejscowych gazet opublikowała artykuł opatrzony nagłówkiem: „Integracja pomaga zabłysnąć niepełnosprawnemu chłopcu". Reportaż zilustrowano ogromnym zdjęciem, na którym ja i moja siostra Michelle pędzimy na wózku inwalidzkim. Ogólnokrajowe media podchwyciły tę historię i nadano jej ogromny rozgłos. To z kolei pociągnęło za sobą wizytacje przedstawicieli władz państwowych oraz lawinę kartek z życzeniami, upominków i zaproszeń, które otrzymałem ze szkół i innych instytucji z wielu miast.

Darowizny, które zaczęły wpływać na nasze konto po opublikowaniu artykułu, pozwoliły sfinansować zakup specjalnych protez. Zresztą muszę dodać, że odkąd skończyłem półtora roku, lekarze raz po raz usiłowali wyposażyć mnie w sztuczne kończyny. Kiedy już trochę podrosłem, moją pierwszą prawdziwą protezą – która zupełnie nie zdała egzaminu – było sztuczne ramię. W założeniu miałem obsługiwać je mechanicznie za pomocą specjalnych dźwigni i kół, ale proteza ważyła prawie dwa razy więcej niż reszta ciała! Już samo zachowanie równowagi z tym ustrojstwem doczepionym do tułowia było nie lada wyczynem. Po pewnym czasie udało mi się wprawdzie jako tako opanować obsługę protezy, ale do tej pory nabrałem już wprawy w chwytaniu przedmiotów stopą, brodą lub zębami. Okazało się wówczas, że bioniczne ramię na dobrą sprawę utrudnia mi wykonywanie codziennych czynności. Rodzice byli tym trochę rozczarowani, ale ostatecznie wszyscy ucieszyliśmy się, że radzę sobie tak dobrze o własnych siłach. Podziękowałem mamie i tacie za troskę i zapewniłem ich, że obędę się bez protezy.

Wytrwałość przekłada się zwykle na skuteczność. Nasz pierwszy eksperyment ze sztuczną kończyną spalił na panewce, ale nie przestawałem wierzyć, że wszystko się jakoś ułoży. Widząc mój optymizm, miejscowy oddział międzynarodowej organizacji charytatywnej Lions Club zebrał dla mnie ponad dwieście tysięcy dolarów na pokrycie kosztów opieki medycznej oraz na nowy wózek inwalidzki. Fundusze przekazane przez Lions Club pozwoliły nam także wyjechać do Kanady, gdzie mogliśmy wypróbować bardziej zaawansowany zestaw elektronicznych ramion opracowany przez klinikę pediatryczną w Toronto. Ostatecznie tamtejsi specjaliści potwierdzili jednak, że z większością czynności bardziej efektywnie radzę sobie samodzielnie, bez pomocy protez.

Cieszę się, gdy słyszę o naukowcach i wynalazcach, którzy pracują nad tym, by kiedyś wyposażyć mnie w kończyny. Ale postanowiłem, że sam zrobię wszystko co w mojej mocy, żeby usprawnić swoje życie bez oglądania się na innych ludzi. Doceniam każdy gest pomocy – niezależnie od tego, czy jest to otwarcie drzwi, żebym mógł przejechać wózkiem, czy podanie szklanki wody – jednak wierzę, że ostatecznie sam muszę brać odpowiedzialność za własne szczęście i powodzenie. Przyjaciele i krewni oferujący nam swoją pomoc są bezcennym skarbem, za który powinniśmy być wdzięczni. Jednak, doceniając ich starania, sami również powinniśmy zabiegać o to, by nasze życie stawało się lepsze.

Czasami jesteśmy już o włos od osiągnięcia wymarzonego celu, jednak w ostatniej chwili coś się nie udaje. To jednak nie powód, by się poddać. O porażce można mówić dopiero wtedy, gdy rezygnujemy z podjęcia kolejnej próby. Nadal wierzę, że pewnego dnia będę mógł chodzić oraz chwytać i trzymać przedmioty jak inni ludzie. To będzie prawdziwy cud – niezależnie od tego, czy Bóg sprawi to osobiście swoją mocą, czy posłuży się w tym celu ludzkimi pośrednikami. Prace nad stworzeniem zautomatyzowanych bioprotez posuwają się w szybkim tempie. Niewykluczone, że w przyszłości zostanę wyposażony w ręce i nogi, którymi będę w stanie sprawnie się posługiwać. Tymczasem z powodzeniem radzę sobie bez nich.

Przeciwności, z którymi musimy się zmierzyć, często sprawiają, że stajemy się silniejsi. A to, co dziś wydaje się stratą, jutro może okazać się zyskiem. Nauczyłem się, że w pewnych sytuacjach nawet brak kończyn może być atutem. Na przykład kiedy podczas zagranicznych podróży spotykam ludzi, którzy nie znają mojego języka, mimo wszystko łatwo nawiązuję z nimi kontakt. Wystarczy na mnie spojrzeć, żeby się domyślić, jakie przeszkody musiałem przezwyciężyć. Napotkane osoby rozumieją bez słów, że życie dało mi trudną lekcję.

Mądrość płynąca z doświadczenia

Kiedy podczas swoich wystąpień zachęcam słuchaczy, by uchwycili się nadziei w oczekiwaniu na lepsze dni, odwołuję się do własnego doświadczenia. Można mi zaufać, ponieważ mówię o czymś, co sam przeżyłem. A był taki czas, gdy straciłem wszelką nadzieję.

Moje dzieciństwo było w przeważającej mierze szczęśliwe, ale w wieku dziesięciu lat przeżyłem załamanie. Przytłoczyły mnie negatywne myśli. Choć starałem się być rezolutnym i pomysłowym chłopcem, z pewnymi zadaniami nie potrafiłem sobie poradzić. Często chodziło o proste, codzienne czynności. Przejmowałem się na przykład tym, że nie jestem w stanie wyjąć sobie z lodówki napoju gazowanego, jak każde inne dziecko. Nie potrafiłem się samodzielnie nakarmić i czułem się skrępowany, kiedy musiałem prosić o pomoc inne osoby, przerywając ich posiłek.

Jednak doskwierały mi także poważniejsze problemy. Martwiłem się o przyszłość. Zastanawiałem się, czy kiedykolwiek spotkam kobietę, która mnie pokocha? Jak zapewnię utrzymanie żonie i dzieciom? Jak obronię najbliższych w razie zagrożenia?

Większość ludzi zmaga się z podobnymi myślami. Martwimy się, czy uda nam się zbudować trwały związek, czy zdobędziemy stałą pracę i czy będzie nas stać na mieszkanie lub dom. Spoglądanie w przyszłość jest zresztą najzupełniej normalnym odruchem – pomaga nadawać naszemu życiu pożądany kierunek. Problem pojawia się wtedy, gdy negatywne myśli odbierają nam zdolność właściwej oceny sytuacji i zaczynają kształtować wizję przyszłości. Kiedy nachodzą mnie takie myśli, modlę się i staram się polegać na Słowie Bożym. Lektura Pisma Świętego pomaga mi pamiętać o tym, że Bóg jest stale przy mnie. Pan nigdy mnie nie opuszcza i nie zapomina o mnie ani na chwilę. On nawet najgorsze doświadczenia potrafi obrócić w dobro. Trzymam się Bożych obietnic niezależnie od tego, co widzę wokół siebie. Wiem, że Bóg jest dobry. Jeśli dopuścił do czegoś złego, mogę tego nie rozumieć, ale zawsze ufam Jego dobroci.

Kontroluj swoje myśli

Kiedy zbliżały się moje jedenaste urodziny, wszedłem w trudny okres nastoletni, gdy w naszych mózgach i ciałach dokonuje się prawdziwa rewolucja biochemiczna. Chłopcy i dziewczęta w moim wieku zaczynali już chodzić ze sobą, co powodowało, że czułem się jeszcze bardziej wyobcowany. *Jaka dziewczyna zechce chłopaka, który nie może trzymać jej za rękę ani zaprosić do tańca?*

Nieświadomie dopuściłem do tego, że mroczne myśli i negatywne uczucia coraz częściej obciążały moje serce. Takie refleksje często nachodziły mnie późno w nocy, kiedy nie mogłem zasnąć, albo kiedy wracałem zmęczony po długim dniu w szkole. Każdy z nas zna ten stan – czujemy się wtedy rozbici i przemęczeni do tego stopnia, że wydaje nam się, jakby na naszych barkach spoczywał ciężar całego świata. Szczególnie podatni na uleganie zniechęceniu i przygnębieniu jesteśmy wówczas, kiedy niedosypiamy, chorujemy lub borykamy się z poważnymi problemami.

Nikt z nas nie zachowuje radosnego, optymistycznego nastawienia przez cały czas. Ponury nastrój jest czymś zupełnie naturalnym i ma swoją rolę do odegrania. Nowe badania psychologiczne dowodzą, że negatywne emocje pomagają nam oceniać nasze działania z większą dozą krytycyzmu i patrzeć na nie z dystansu. Przyjęcie takiej perspektywy może okazać się konstruktywne w przypadku niektórych zadań, na przykład podczas planowania budżetu, obliczania podatku lub redagowania dokumentu. Dopóki pozostajemy świadomi swoich emocji i panujemy nad nimi, negatywne myśli mogą pomóc nam w osiągnięciu pozytywnych rezultatów. Dopiero gdy emocje zaczynają nam dyktować, jak mamy się zachowywać, grozi nam popadnięcie w depresję i podjęcie zachowań autodestrukcyjnych.

Nie pozwalajmy na to, by rządziły nami negatywne uczucia. Na szczęście to od nas zależy, jaką postawę ostatecznie przyjmiemy. Kiedy wykrywamy negatywną myśl biegnącą przez nasz umysł, możemy nacisnąć przycisk „wyłącz". Warto zdawać sobie sprawę z tego, jakie emocje przeżywamy i jakie jest ich źródło, ale starajmy się skupić na rozwiązaniu, a nie na samym problemie. Z lekcji religii zapamiętałem obraz ilustrujący biblijną metaforę „pełnej zbroi Bożej", na którą składa się pancerz sprawiedliwości, pas prawdy, tarcza wiary, miecz Ducha, czyli słowo Boże, i hełm zbawienia. To najlepsze uzbrojenie chrześcijanina. Słowo Boże – Biblia – pełni w tej metaforze rolę miecza, którym wespół z tarczą wiary można zwalczać negatywne myśli i skutecznie się przed nimi bronić.

Spirala rozpaczy

W wieku nastoletnim, gdy tak wielkiego znaczenia nabiera samoocena i poczucie własnej wartości, dopuściłem do tego, że zmartwienia i obawy zupełnie mnie przytłoczyły. Słabości i braki przeważyły w moich oczach wszelkie mocne strony, które posiadałem. *Mam pecha* – myślałem. *Nigdy nie poznam normalnego życia, nie będę miał żony ani dzieci. Zawsze będę ciężarem dla ludzi wokół mnie.*

Nie byłem kaleką, dopóki nie straciłem nadziei. Uwierz mi – utrata nadziei jest o wiele gorsza niż brak kończyn. Jeśli kiedykolwiek doświadczyłeś przejmującego smutku lub depresji, na pewno dobrze mnie rozumiesz. Byłem rozgoryczony i zagubiony.

Modliłem się, pytając Boga, dlaczego odmówił mi czegoś, co daje innym ludziom: *Czy zrobiłem coś złego? Czy dlatego nie odpowiadasz na moją modlitwę o ręce i nogi? Dlaczego nie chcesz mi pomóc? Dlaczego zesłałeś na mnie takie cierpienie?*

Lekarze nie potrafili wyjaśnić, dlaczego urodziłem się bez rąk i nóg. Brak wyjaśnienia – choćby naukowego – skąd wzięła się moja choroba, powodował, że czułem się jeszcze gorzej. Wydawało mi się, że gdybym poznał konkretną przyczynę – duchową, medyczną lub inną – byłoby mi łatwiej znosić mą niepełnosprawność. Sądziłem, że ból byłby wtedy mniejszy.

Wiele razy przygnębienie doskwierało mi tak mocno, że odmawiałem wyjścia do szkoły. We wcześniejszych latach nie miałem problemu z użalaniem się nad sobą. Wręcz przeciwnie – na każdym kroku starałem się przezwyciężyć niepełnosprawność, wykonując normalne czynności i bawiąc się jak inne dzieci. Swoją determinacją i samodzielnością na ogół imponowałem rodzicom, nauczycielom i kolegom z klasy. Jednak w sercu nosiłem coraz głębszą ranę.

Wychowywano mnie na pobożne dziecko. Chodziłem regularnie do kościoła, modliłem się i wierzyłem w uzdrawiającą moc Boga. Byłem do tego stopnia zafascynowany Jezusem, że kiedy siadaliśmy do kolacji, uśmiechałem się na myśl o tym, że On zasiada z nami do stołu przy pustym krześle. Modliłem się o ręce i nogi. Przez jakiś czas miałem nadzieję, że pewnego dnia obudzę się z normalnymi, zdrowymi kończynami. Właściwie przystałbym nawet na to, żeby na początek dostać jedną rękę lub jedną nogę. Kiedy jednak cud nie nastąpił, rozgniewałem się na Boga.

Do tej pory wydawało mi się, że rozumiem, po co Bóg mnie stworzył – wierzyłem, że przez cudowne uzdrowienie Nicka Vujicica Bóg zamierza udowodnić światu, że naprawdę istnieje. Modliłem się tak: *Boże, jeśli dasz mi ręce i nogi, będę wszędzie rozpowiadał o tym cudzie. Wystąpię w telewizji i pokażę wszystkim, co się stało. Cały świat zobaczy Twoją potęgę. Rozumiem swoje zadanie – wywiążę się z niego. Boże, wiem, że stworzyłeś mnie takim właśnie po to, żeby w cudowny sposób dać mi ręce i nogi, a przez to okazać ludziom swoją moc i miłość.*

W dzieciństwie uczono mnie, że Bóg przemawia do nas na różne sposoby. Liczyłem na to, że odpowie mi na przykład przez wyraźne odczucie w sercu. Niczego takiego jednak nie poczułem. Rodzice powtarzali, że tylko Bóg wie, dlaczego się taki urodziłem. Ale kiedy prosiłem Boga o wyjaśnienie, nie odpowiadał. Moje pytania i apele pozostawały bez odzewu, co raniło mnie głęboko, tym bardziej że wcześniej czułem, iż jestem tak blisko Boga.

Musiałem też zmierzyć się z innymi problemami. Przeprowadziliśmy się w tym czasie do Queensland, kilka tysięcy kilometrów na północ, z dala od ukochanej rodziny. Straciłem w ten sposób kokon ochronny, który do tej pory stanowiło grono ciotek, wujków i liczne kuzynostwo (w sumie dwadzieścioro sześcioro kuzynów i kuzynek). Stres związany z przeprowadzką dawał się we znaki także rodzicom. Choć na każdym kroku okazywali mi miłość i wsparcie, nie mogłem pozbyć się wrażenia, że jestem dla nich wielkim ciężarem.

Miałem poczucie, jakby moje oczy przesłoniła ciemna zasłona całkowicie odgradzająca mnie od światła. Nie widziałem dla siebie żadnej nadziei. Czułem się jak jedna wielka pomyłka, wybryk natury, dziecko zapomniane przez Boga. Mama i tata robili wszystko, żeby przekonać mnie, że jest inaczej. Czytali mi fragmenty Biblii i zabierali mnie do kościoła. Na religii katecheci uczyli nas, że Bóg kocha wszystkich ludzi. Jednak stale odczuwałem ból i gorycz.

Bywały też i jaśniejsze chwile. Na zajęciach szkółki niedzielnej śpiewaliśmy razem z innymi dziećmi: „Jezus kocha wszystkie dzieci, wszystkie dzieci w świecie tym. Białe, żółte, czarne też, i czerwone – jakie chcesz. Jezus kocha wszystkie dzieci w świecie tym". Otoczony przez życzliwe, kochające osoby, brałem sobie słowa tej pieśni do serca i znajdowałem w nich pocieszenie.

Chciałem wierzyć, że Bóg naprawdę się o mnie troszczy, ale w chwilach przemęczenia i zniechęcenia ogarniały mnie wątpliwości.

Siedziałem na placu zabaw w wózku inwalidzkim, tocząc wewnętrzny monolog: *Jeśli Bóg naprawdę kocha mnie tak samo, jak inne dzieci, to dlaczego nie dał mi rąk i nóg? Dlaczego stworzył mnie tak całkowicie innym od moich rówieśników?*

Mroczne myśli zaczęły mnie nachodzić zupełnie niespodziewanie o różnych porach dnia – także w momentach, w których normalnie czułem się szczęśliwy. Traciłem resztki nadziei, uznając że moje życie już zawsze będzie pełne bólu. Wydawało mi się, że Bóg nie odpowiada na modlitwę.

Pewnego dnia siedziałem w kuchni na wysokim blacie, przyglądając się, jak kochana mama gotuje obiad. Zwykle działało to na mnie uspokajająco, jednak tym razem nagle opanowały mnie negatywne emocje. Uznałem, że nie chcę być dla niej ciężarem. W mojej głowie pojawiła się pokusa, by rzucić się z blatu na podłogę. Spojrzałem w dół. Próbowałem ocenić, pod jakim kątem powinienem upaść, żeby złamać kark i się zabić.

Po chwili namysłu stwierdziłem jednak, że tego nie zrobię – przede wszystkim dlatego, że w razie nieudanej próby samobójczej musiałbym wyjaśnić, co popchnęło mnie do tak desperackiego kroku. Gdy ochłonąłem, przeraziłem się, że niewiele brakowało, a zrobiłbym sobie krzywdę. Czułem, że powinienem przyznać się do wszystkiego mamie, ale wstydziłem się i nie chciałem jej przestraszyć.

Choć otaczały mnie kochające osoby, nie powiedziałem bliskim całej prawdy o tym, co przeżywam. Mogłem skorzystać z ich wsparcia, ale tego nie zrobiłem – to był poważny błąd.

Jeśli ogarnia cię przygnębienie, pamiętaj, że nie jesteś zdany tylko na siebie. Możesz szczerze podzielić się swoim problemem z osobami, które Cię kochają – wcale nie poczują się przez to obciążone, ponieważ pragną Ci pomóc. Jeśli nie masz nikogo, komu mógłbyś się zwierzyć, zwróć się do profesjonalnego doradcy lub psychologa w szkole, w pracy lub w lokalnej społeczności. Nie jesteś sam!

Ja też nie byłem sam – dzisiaj rozumiem to lepiej i chcę Cię uchronić przed popełnieniem fatalnego błędu, którego sam omal nie przypłaciłem życiem. Postanowiłem bowiem, że muszę ze sobą skończyć, żeby ostateczne uwolnić się od bólu i przytłaczającego poczucia beznadziei.

Niewiele brakowało

Pewnego popołudnia po powrocie ze szkoły poprosiłem mamę, żeby przygotowała dla mnie kąpiel i pomogła mi wejść do wanny. Kiedy wychodziła z łazienki, kazałem jej zamknąć za sobą drzwi. Zanurzyłem się pod wodą po uszy. W ciszy wsłuchiwałem się w ponure myśli przelatujące przez moją głowę. Planowałem ten krok już od dłuższego czasu.

Skoro Bóg nie chce zabrać ode mnie cierpienia i skoro moje życie nie ma sensu... skoro jestem tutaj tylko po to, by doświadczyć odrzucenia i samotności... skoro jestem ciężarem dla wszystkich i nie ma dla mnie nadziei na przyszłość... powinienem ze sobą skończyć.

Wspomniałem wcześniej, że nauczyłem się pływać – unosiłem się na plecach dzięki nabranemu w płuca powietrzu. Teraz próbowałem ocenić, ile powietrza powinienem wypuścić, by obrócić się na drugą stronę. *Czy mam wstrzymać oddech? Czy powinienem zrobić głęboki wdech, czy raczej opróżnić płuca i obrócić się na brzuch?*

W końcu udało mi się obrócić i zanurzyć twarz pod wodą. Instynktownie wstrzymałem oddech. Miałem mocne płuca, więc unosiłem się na wodzie przez dłuższą chwilę.

Gdy zacząłem się dusić, obróciłem się na wznak.

Nie mogę tego zrobić.

Jednak mroczne myśli nie dawały za wygraną: *Chcę się stąd uwolnić. Chcę po prostu zniknąć...*

Wykonałem powolny wydech i ponownie obróciłem się twarzą do dołu. Wiedziałem, że potrafię wytrzymać bez powietrza co najmniej dziesięć sekund, więc odliczałem: *Dziesięć, dziewięć, osiem, siedem, sześć, pięć, cztery, trzy...*

W tym momencie w umyśle ujrzałem wyraźny obraz. Zobaczyłem, jak mama i tata stoją zapłakani nad moim grobem. Towarzyszył im mój siedmioletni brat Aaron – on również płakał. Bliscy pogrążeni w żałobie, stojąc nad moim grobem, obwiniali się o to, co się wydarzyło, i żałowali, że nie zrobili dla mnie nic więcej.

Nie umiałem pogodzić się z myślą, że zostawię ich z ciężarem odpowiedzialności za moją śmierć, który będą nosić w sercach już do końca życia.

Jestem samolubny.

Obróciłem się na plecy i nabrałem powietrza. Nie mogłem tego zrobić. Nie mogłem zostawić rodziny z brzemieniem straty i poczuciem winy.

Miałem wtedy wspólny pokój z Aaronem. Wieczorem przed zaśnięciem powiedziałem do niego:

– Kiedy skończę dwadzieścia jeden lat, zamierzam popełnić samobójstwo.

Uznałem, że wytrzymam jeszcze przez okres liceum i studiów, ale nie dłużej. Czułem, że nie uda mi się znaleźć pracy ani założyć rodziny. Dlatego moment ukończenia dwudziestego pierwszego roku życia wydawał się naturalnym wyborem końca drogi. Oczywiście z mojej ówczesnej perspektywy ten moment był jeszcze bardzo odległy.

– Powiem o wszystkim tacie – odpowiedział Aaron.

Kazałem mu trzymać język za zębami i poszedłem spać. Jednak brat wymknął się z pokoju i przyprowadził tatę, który usiadł przy mnie na łóżku.

– O co chodzi z tym samobójstwem? – spytał.

Ciepłym, kojącym głosem zaczął mi opowiadać o różnych dobrych rzeczach, które mnie jeszcze czekają. Jednocześnie delikatnie odgarniał moje włosy palcami.

– Zawsze będziemy przy tobie – przekonywał. – Wszystko się ułoży. Obiecuję ci, że zawsze będziemy z tobą. Z naszą pomocą dasz sobie radę, synku.

Żeby uspokoić skołatane serce dziecka, czasami wystarczy po prostu pełne troski spojrzenie i czuły dotyk kochającej osoby. Bardzo potrzebowałem ojcowskiego wsparcia. Tata pocieszającym tonem swojego głosu i pełnym serdeczności gestem przekonał mnie, że będzie przy mnie i utoruje mi drogę. Każdy syn chce ufać swemu ojcu. Tamtego wieczoru tata dał mi coś, czego mogłem się uchwycić. Ojcowskie wsparcie jest dla dziecka najważniejsze. A nasz tata umiejętnie okazywał nam wszystkim miłość i wsparcie. Nadal nie wiedziałem, jak ułoży się moje życie, ale ponieważ tatuś powiedział, że wszystko będzie dobrze, uwierzyłem mu. Po naszej rozmowie zasnąłem spokojnym snem.

W kolejnych miesiącach i latach nadal zdarzały mi się gorsze momenty. Jednak ufałem rodzicom i starałem się nie tracić nadziei, dostrzegając stopniowo, że moje życie może przybrać właściwy bieg. Po drodze przeżyłem chwile – a niekiedy nawet dłuższe okresy – zwątpienia i strachu, ale na szczęście nigdy nie znalazłem się już ponownie tak nisko. Obecnie – jak każdy – miewam czasem gorsze dni, lecz w ogóle nie dopuszczam do siebie myśli o samobójstwie. Kiedy spoglądam wstecz i widzę, jak potoczyło się moje życie, dziękuję Bogu, że powstrzymał mnie przed aktem desperacji.

Uchwycić się nadziei

Dzięki publicznym wystąpieniom w dwudziestu czterech krajach, filmom DVD, które wyprodukowałem, i nagraniom udostępnianym w serwisie YouTube, miałem szczęście dotrzeć z przesłaniem nadziei do milionów ludzi. Ile radości by mnie ominęło, gdybym w wieku dziesięciu lat odebrał sobie życie?! Straciłbym niezwykłą okazję do opowiedzenia swojej historii przed audytorium w Indiach liczącym sto dwadzieścia tysięcy osób. Nie wystąpiłbym w Kolumbii na arenie, na której zgromadziło się osiemnaście tysięcy widzów. Nie przemawiałbym również na Ukrainie w pewien burzowy wieczór, podczas spotkania z dziewięcioma tysiącami słuchaczy.

Z biegiem czasu zrozumiałem, że wprawdzie nie odebrałem sobie życia tamtego dnia, ale w pewnym sensie... Bóg mi je „odebrał". Wziął je w swoje ręce i wypełnił sensem i radością w większej mierze, niż byłby to w stanie pojąć dziesięcioletni chłopiec.

Niewiele brakowało, a popełniłbym straszliwy błąd – dzisiaj apeluję do Ciebie, żebyś nie popełnił podobnego błędu.

Gdybym w 1993 roku pozostał zanurzony w wodzie twarzą w dół, uwolniłbym się od doskwierającego bólu – ale jak wiele bym stracił?! Jako zdesperowane dziecko nie mogłem przewidzieć scen z przyszłości, gdy już jako dorosły mężczyzna pływam z żółwiami morskimi na hawajskim wybrzeżu, surfuję w Kalifornii czy nurkuję z akwalungiem w Kolumbii. A przecież oprócz ekscytujących przygód straciłbym coś o wiele ważniejszego – możliwość wywarcia pozytywnego wpływu na miliony ludzi.

Moja historia jest tylko jednym z wielu przykładów potwierdzających uniwersalną regułę. Warto przypomnieć sobie także prawdziwych bohaterów i wielkie autorytety: Matkę Teresę, Mahatmę Gandhiego czy pastora Martina Luthera Kinga. To ludzie, którzy zmierzyli się z niewyobrażalnymi przeciwnościami – z więzieniem, przemocą i pogróżkami – ale nie przestawali wierzyć, że ich marzenia mogą się kiedyś spełnić.

Gdy nachodzą Cię negatywne myśli i popadasz w depresję, pamiętaj, że masz wybór. Jeśli potrzebujesz pomocy, poproś o nią. Pamiętaj, że nie jesteś sam. Wyobraź sobie lepszą przyszłość i podejmij działania, które Cię ku niej poprowadzą.

Pomyśl o przeszkodach, które musiałem pokonać jako chłopiec, i spójrz na moje obecne życie. Kto wie, jak wspaniałe dni i cudowne osiągnięcia czekają na Ciebie? Kto potrafi przewidzieć, jaki wpływ możesz wywrzeć na innych ludzi? Może staniesz się dla nich cudem, którego tak bardzo potrzebują? Choć nie mam nóg, zapraszam Cię do wspólnej wędrówki ku przyszłości wypełnionej nadzieją!

3

Niezachwiana pewność w sercu

Zgodnie z definicją biblijną wiara jest gwarancją tego, czego się spodziewamy, jest dowodem istnienia rzeczywistości, której nie widzimy. Nie potrafilibyśmy żyć bez wiary – bez przeświadczenia o realnym istnieniu czegoś, czego nie jesteśmy w stanie udowodnić. Najczęściej, rzecz jasna, mówimy o wierze w kontekście przekonań religijnych. Jako chrześcijanin wierzę w Boga. Nie mogę Go zobaczyć ani dotknąć, ale w głębi serca jestem pewien, że On istnieje, i powierzam Mu swój los. Nie wiem, co przyniesie dzień jutrzejszy, ale ponieważ wierzę w Boga, wiem, od kogo zależy moja przyszłość.

To jeden z wymiarów wiary, ale podobną wiarę przejawiamy także w innych dziedzinach życia. Przyjmuję do wiadomości, że istnieją pierwiastki. Nie mogę ich zobaczyć, dotknąć ani poczuć, lecz mimo wszystko wierzę w ich istnienie. Wierzę w istnienie tlenu i ufam, że nauka słusznie uznaje go za niezbędny dla naszego przetrwania. Nie jestem w stanie zobaczyć, dotknąć ani poczuć tlenu, niemniej wiem, że istnieje, ponieważ *ja* istnieję. Skoro żyję, muszę oddychać tlenem, a zatem tlen istnieje – zgadza się?

Tak jak tlen jest niezbędny do życia, tak też nie da się żyć bez wiary w istnienie rzeczywistości niewidzialnej. Dlaczego? Między innymi dlatego, że wszyscy zmagamy się z poważnymi problemami i wyzwaniami. Czasami znajdujemy się w sytuacji, z której nie widzimy wyjścia. Wiara stanowi wtedy nieocenioną pomoc.

Otrzymałem niedawno wiadomość e-mail od Katie. Właśnie zwolniono ją z pracy z powodu problemów zdrowotnych. Katie przeszła prawie dwadzieścia operacji. Urodziła się bez kości udowej w jednej z nóg – konieczna była amputacja. Obecnie Katie ma już trzydzieści lat i jest mężatką. Napisała mi, że często zadaje sobie pytanie „Dlaczego ja?".

Po obejrzeniu jednego z moich filmów Katie zrozumiała, że nie jesteśmy w stanie udzielić sobie odpowiedzi na to pytanie. Musimy ufać, że z czasem Bóg ujawni nam swój plan co do naszego życia. Tymczasem pozostaje nam tylko trwać w wierze.

Katie napisała w swoim liście: „Dziękuję Ci z całego serca. Teraz wierzę, że – podobnie jak Ty – jestem ukochanym dzieckiem Boga. Mam nadzieję, że pewnego dnia będę miała zaszczyt spotkać Cię osobiście, przytulić Cię i podziękować Ci za to, że pomogłeś mi otworzyć oczy, by dostrzec światło".

Katie odnalazła siłę i nadzieję dopiero wtedy, gdy postanowiła uwierzyć w coś, czego nie można zobaczyć ani zrozumieć. Tak właśnie działa wiara. Natrafiamy na przeszkodę, która początkowo wydaje się nie do pokonania. Dopóki poszukujemy rozwiązania problemu, wiara może okazać się jednym źródłem oparcia. Czasami w najtrudniejszych chwilach pomaga już sama świadomość, że kiedyś uzyskamy odpowiedź na trapiące nas pytania.

Dlatego gdy mówię o wierze, definiuję ją często jako „niezachwianą pewność w sercu" (w języku angielskim słowo „wiara" stanowi jednocześnie akronim tej definicji: FAITH – Full Assurance In The

Heart – przyp. tłum.). Nie potrafię przedstawić dowodów na istnienie wszystkiego, w co wierzę, ale czuję niezachwianą pewność, że żyję o wiele bliżej prawdy, zachowując wiarę, niż gdybym poddał się zwątpieniu i rezygnacji.

Udko kurczaka

Każdego roku przemawiam w szkołach do tysięcy uczniów. Często opowiadam dzieciom, na czym polega wiara w coś, czego nie możemy zobaczyć. Uczniowie z najmłodszych klas początkowo się mnie boją. Zupełnie nie rozumiem dlaczego, są przecież prawie tego samego wzrostu – tłumaczę im, że jestem dość niski jak na swój wiek. Żartuję w ten sposób przez kilka minut, dopóki dzieci się ze mną nie oswoją. Zauważyłem, że gdy już ochłoną po pierwszym szoku na widok człowieka bez kończyn, większość dzieci zaczyna przejawiać fascynację moją lewą stopą. Niektórzy uczniowie wpatrują się w nią lub nawet pokazują ją palcem, więc odmachuję do nich i żartuję, że to moje małe „udko kurczaka". Niezawodnie wzbudzam w ten sposób ogólną wesołość na sali, ponieważ jest to dość trafne skojarzenie.

Pierwszą osobą, która zwróciła uwagę na to podobieństwo, była moja młodsza o sześć lat siostra Michelle. Rodzice często zabierali nas na długie wycieczki. Dzieci siedziały stłoczone jedno na drugim na tylnych siedzeniach w samochodzie. Jak większość ojców, tata nie uznawał częstych postojów, więc musieliśmy się wyraźnie dopominać o przerwę na kanapkę. Kiedy już umieraliśmy z głodu, rozrabialiśmy coraz bardziej i udawaliśmy, że odgryzamy sobie nawzajem różne części ciała. Podczas jednej z takich wycieczek Michelle ogłosiła, że zaraz odgryzie mi stopę, ponieważ „wygląda zupełnie jak udko kurczaka". Śmialiśmy się z żartu, ale później o nim zapomnieliśmy.

Kilka lat temu Michelle przyniosła do domu szczeniaka. Gdy tylko siadałem, piesek zaczynał gryźć mnie w stopę. Odganiałem go, ale on uparcie wracał i dobierał się do mojej stopy.

– Widzisz, ona nadal przypomina udko kurczaka, nawet mój szczeniak tak uważa – stwierdziła Michelle.

Spodobało mi się to określenie! Od tamtej pory zawsze opowiadam tę anegdotę, kiedy przemawiam do uczniów w szkołach.

Po zaprezentowaniu „udka kurczaka" pytam dzieci, czy sądzą, że mam tylko jedną stopę. Pytanie wprawia je w zakłopotanie, ponieważ widzą jedną stopę, ale nie mogą wykluczyć, że druga jest schowana. Większość dzieci ostatecznie wyraża opinię na podstawie tego, co widać, odpowiadając, że mam tylko jedną stopę. Wtedy pokazuję im „Juniora" – prawą stopę, jeszcze mniejszą od lewej, którą zwykle trzymam wsuniętą pod ubranie. Czasami, próbując zszokować widownię, wyciągam drugą stopę nagłym ruchem i obracam nią energicznie na wszystkie strony. Dzieci piszczą i wrzeszczą wniebogłosy – ich reakcje są bardzo spontaniczne. Moi młodzi słuchacze przyznają później, że muszą coś zobaczyć, żeby w to uwierzyć.

Zachęcam ich wówczas do czegoś, co teraz chciałbym zaproponować i Tobie: uwierz w to, że Twoje życie jest pełne możliwości. Aby posuwać się do przodu nawet w najtrudniejszych chwilach, musisz kierować się nie tym, co widzisz, lecz tym, co potrafisz sobie wyobrazić. To właśnie nazywamy wiarą.

Z pomocą wyobraźni próbuję spojrzeć na siebie oczami Boga. Ufam Mu. Mam w sercu niezachwianą pewność, że nawet bez rąk i nóg mogę prowadzić cudowne życie. Także przed Tobą otwierają się nieograniczone możliwości. Nie trać wiary w to, że jeśli zrobisz wszystko co w Twojej mocy, by zrealizować marzenia, Twoje starania zostaną nagrodzone.

Chwila strachu

Zanim nasze wysiłki przyniosą widoczny efekt, nasza wiara bywa wystawiana na próbę. W 2009 roku wyjechałem do Kolumbii. W ciągu dziesięciu dni miałem wystąpić w dziewięciu miastach. Zważywszy na duże odległości, które trzeba było pokonać w ograniczonym czasie, organizator trasy wynajął niewielki samolot, którym przemieszczaliśmy się z miasta do miasta. Lista pasażerów liczyła osiem osób, w tym dwóch pilotów – obaj mieli na imię Miguel i żaden z nich nie mówił po angielsku.

Podczas jednego z przelotów wszyscy pasażerowie w kabinie usłyszeli nagle komunikat komputera pokładowego, który alarmował o grożącym zderzeniu z ziemią i konieczności natychmiastowego poderwania samolotu do góry – komunikat nadawany był po angielsku! Głos komputera wskazywał z coraz większą częstotliwością zawrotne tempo, w jakim samolot opadał: „Sześćset stóp!". „Pięćset stóp!". „Czterysta stóp!". Raporty o wysokości rozlegały się naprzemiennie z komendą do pilotów, by poderwali samolot do góry.

Staraliśmy się zachować spokój, ale atmosfera w kabinie pasażerskiej robiła się napięta. Zasugerowałem swojemu asystentowi, że może powinniśmy przetłumaczyć ostrzeżenia komputera pokładowego na hiszpański, tak by kapitanowie Miguel Pierwszy i Miguel Drugi mogli je zrozumieć.

– Sądzisz, że oni naprawdę nie zdają sobie sprawy z tego, że samolot opada? – spytał.

Nie wiedziałem, co o tym wszystkim myśleć, ale skoro współpasażerowie reagowali spokojnie, ja także starałem się nie panikować. Ulżyło mi, gdy wreszcie wylądowaliśmy. Jeden z naszych tłumaczy wspomniał później pilotom, że byliśmy nieco podenerwowani. Mieli niezły ubaw.

– Dobrze wiemy, co mówi komputer, ale kiedy podchodzimy do lądowania, zawsze ignorujemy ten komunikat – wyjaśnił Miguel Drugi za pośrednictwem tłumacza. – Powinieneś mieć więcej wiary w pilotów, Nick!

Przyznaję się – na chwilę zwątpiłem w kompetencje latających Miguelów. Jednak na ogół jestem spokojny o to, że Bóg czuwa nade mną i nad moim życiem. Zdradzę tutaj pewien wymowny szczegół, który świadczy o wielkości mojej wiary: trzymam w szafie parę butów! Wierzę, że istnieje szansa, iż pewnego dnia założę je i będę w nich chodził. Może tak się właśnie stanie – a może nie. W każdym razie wierzę, że jest to możliwe. Gdy potrafimy wyobrazić sobie lepszą przyszłość, zaczynamy w nią wierzyć. A jeśli w nią wierzymy, możemy ją osiągnąć.

Kiedy jako dziesięciolatek zmagałem się z depresją, nie cierpiałem fizycznie. Wprawdzie nie miałem rąk ani nóg, ale miałem wszystko, czego potrzebuję do prowadzenia owocnego, satysfakcjonującego życia. Z jednym wyjątkiem. Polegałem wtedy wyłącznie na tym, co mogłem zobaczyć. Koncentrowałem się na swoich ograniczeniach, a nie na możliwościach.

Wszyscy mamy pewne ograniczenia. Nigdy nie zostanę gwiazdą koszykarskiej ligi NBA, ale nie przejmuję się tym, ponieważ mogę inspirować ludzi do tego, by stawali się gwiazdami swojego życia. Nie powinniśmy redukować naszego spojrzenia do tego, czego nam brakuje. Żyjmy raczej tak, jakbyśmy mogli osiągnąć wszystko, o czym marzymy. Nawet gdy nasze plany zostaną pokrzyżowane przez nieprzewidziane komplikacje lub nieszczęścia, owe trudności kryją w sobie zalążek korzyści, które na pozór wydają się teraz zupełnie nierealne. Nie od razu je dostrzegamy. Być może zastanawiamy się, co dobrego mogłoby wyniknąć z naszych tarapatów. Jednak nie traćmy wiary w to, że wszystko współdziała ku dobremu i że nieszczęścia mogą stać się okazją do odniesienia wielkich życiowych zwycięstw.

Surferka z charakterem

Kilka lat temu w związku z zaplanowanym wystąpieniem odwiedziłem Hawaje. Poznałem wtedy Bethany Hamilton – jedną z najlepszych surferek na świecie. W 2003 roku Bethany została zaatakowana przez żarłacza tygrysiego, który odgryzł jej lewą rękę. Miała wtedy zaledwie trzynaście lat. Przed nieszczęśliwym wypadkiem była już dobrze znana w kręgach związanych z surfingiem. Jednak dopiero gdy po przeżytej tragedii postanowiła wrócić do uprawiania sportu, chwaląc Boga i dziękując Mu za ocalenie życia, zyskała międzynarodową sławę. Dziś jest powszechnie podziwiana za bohaterską postawę i niezłomną wiarę. Obecnie Bethany, podobnie jak ja, podróżuje po całym świecie, przemawia do tysięcy ludzi i inspiruje ich swoim przykładem.

– Pragnę przede wszystkim dzielić się wiarą w Boga i przekonywać wszystkich, że Bóg ich kocha – tłumaczy Bethany. – Opowiadam też o tym, jak Bóg uratował mnie tamtego dnia. Na dobrą sprawę nie miałam szans, bo straciłam siedemdziesiąt procent krwi.

Bethany zrelacjonowała mi ze szczegółami, co wydarzyło się owego feralnego dnia. Jej życie zawisło na włosku. W drodze do szpitala modliła się żarliwie, a jeden z ratowników szepnął jej do ucha słowa zachęty: „Bóg cię nie opuści".

Gdy po czterdziestu pięciu minutach karetka dotarła wreszcie na miejsce i w pośpiechu przygotowywano dziewczynę do operacji, okazało się, że wszystkie sale operacyjne są w tym momencie zajęte. Bethany słabła z każdą minutą. Znalazł się jednak pacjent, który zgodził się na przerwanie rozpoczynającej się właśnie operacji kolana, tak by chirurg mógł zająć się Bethany. Zgadnij, kim był ten pacjent?

Był to tata Bethany!

Zadziwiające, prawda? Chirurg był już przygotowany, więc wystarczyło tylko, że w miejsce ojca do sali przywieziono córkę. Rozpoczęła się operacja, która ocaliła życie surferki.

Ponieważ Bethany była zdrową, wysportowaną dziewczyną i zachowała zdumiewająco pozytywne nastawienie, wróciła do zdrowia szybciej, niż przewidywali lekarze. Już trzy tygodnie później ponownie stanęła na desce surfingowej.

Bethany doszła do wniosku, że strata ręki była częścią Bożego planu wobec jej życia. Zamiast użalać się nad sobą, pogodziła się z tym i postanowiła ruszyć dalej. Gdy po raz pierwszy wystartowała w zawodach, mając tylko jedną ręką, rywalizowała z najlepszymi surferkami świata… i zajęła trzecie miejsce! Bethany podkreśla, że ostatecznie strata ręki okazała się błogosławieństwem. Jej obecne osiągnięcia sportowe są źródłem inspiracji dla wielu osób, które zaczynają wierzyć, że mogą pokonać wszelkie bariery i ograniczenia.

– Prosiłam Boga, żeby mnie użył, i On odpowiedział na tę modlitwę. Dzisiaj przez moją historię przemawia do wielu ludzi – tłumaczy Bethany. – Ludzie mówią mi, że dzięki mojemu świadectwu zaczęli wierzyć w Boga lub zbliżyli się do Niego, znaleźli nadzieję albo poczuli się zmotywowani do przezwyciężenia trudnych okoliczności. Kiedy słyszę coś takiego, dziękuję Bogu, ponieważ wiem, że to On pomaga tym ludziom, nie ja. Czuję się taka nakręcona, mając świadomość, że Bóg pozwala mi być częścią swojego planu.

Gdy widzi się niewiarygodną postawę Bethany, trudno nie zarazić się od niej pozytywnym „nakręceniem". Nikt by jej nie winił, gdyby po ataku rekina całkowicie zrezygnowała z surfingu. Musiała przecież od początku uczyć się, jak zachować równowagę na desce, ale to jej nie zniechęciło. Wierzyła, że z tragedii, którą przeżyła, może wypłynąć coś dobrego.

Okiełznać fale

Pamiętaj o wierze tej niezwykłej dziewczyny, gdy niespodziewane okoliczności wynurzą się nagle jak rekin i zaatakują Twoje marzenia i plany na przyszłość. To się zdarza. Każdy z nas od czasu do czasu doświadcza niespodziewanego ciosu. W Twoim przypadku najprawdopodobniej nie będzie to akurat spotkanie z rekinem, ale niezależnie od tego, z jakim problemem przyjdzie Ci się zmierzyć, pomyśl o tej dzielnej nastolatce. Nie dość, że przeżyła atak jednego z najgroźniejszych drapieżników, to jeszcze szybko stanęła na nogi, by z determinacją walczyć o możliwość realizacji swych marzeń.

Bethany zainspirowała mnie do tego stopnia, że odważyłem się poprosić ją o pomoc. Spytałem, czy nauczy mnie surfować – zawsze chciałem spróbować. Ku mojemu zdziwieniu Bethany chętnie się zgodziła i zaproponowała, że zabierze mnie na słynną plażę Waikiki.

Byłem podekscytowany perspektywą pobrania lekcji surfingu w tym historycznym miejscu, gdzie fale morskie ujarzmiali niegdyś hawajscy książęta i księżniczki. Z drugiej strony miałem też ogromną tremę. Gdy dotarliśmy na plażę, Bethany przygotowała dla mnie deskę i zapoznała mnie z gwiazdami surfingu – Tonym Monizem i Lancem Hookano, którzy mieli dołączyć do nas w wodzie.

Kiedy zastanawiasz się, czy uda Ci się zrealizować życiowe cele, zaufaj osobom, które są gotowe podać Ci pomocną dłoń i służyć Ci w roli przewodnika. Tamtego dnia przyjąłem takie podejście – zaufałem moim nauczycielom. I nie mógłbym sobie nawet wymarzyć lepszych instruktorów surfingu.

Zaczęliśmy od nauki balansowania na desce na sucho, na trawie. Następnie wraz z instruktorem zrobiliśmy kilka rund na wodzie na jednej desce. Zmieniający się kolejno nauczyciele przekazywali mi wskazówki i zagrzewali mnie do kolejnych prób. W pewnym momencie, kiedy razem z Bethany pokonywaliśmy kolejne fale, uderzyło mnie, że choć jest nas dwoje, mamy do dyspozycji tylko trzy kończyny – i wszystkie należą do Bethany! Marzyłem o tym, żeby zostać surferem, a jako świetny pływak nie bałem się wody. Ale nawet mając za nauczycieli takich ekspertów, nie byłem pewien, czy uda mi się utrzymać na desce, kiedy znajdę się na grzbiecie pędzącej fali. Szło mi jednak całkiem nieźle i czułem się coraz pewniej. Podczas jednej z rund zrobiłem obrót o trzysta sześćdziesiąt stopni. Na następnej, przy pełnej prędkości, udało mi się przeskoczyć na deskę drugiego instruktora!

W końcu postanowiłem surfować o własnych siłach – już taki jestem, nic na to nie poradzę. Instruktorzy uznali, że mogę spróbować. Aby ułatwić mi samodzielne wyprostowanie się na desce po złapaniu fali, przygotowali niewielką podpórkę, przyklejając taśmą kilka zwiniętych ręczników. Po nabraniu prędkości miałem podeprzeć się na barkach o ręczniki i powoli przejść do pozycji stojącej. Dla chcącego nic trudnego – potrzebna jest tylko odpowiednia fala!

Tego dnia na plaży Waikiki odbywały się zawody w surfingu, dlatego wokół nas zgromadził się spory tłum ciekawskich gapiów. Czułem się jeszcze bardziej stremowany, słysząc uwagi niektórych plażowiczów, zwracających się do mnie per „dude" (wyrażenie slangowe charakterystyczne zwłaszcza dla kultury surfingowej: „koleś", „gość"– przyp. tłum.):

– Koleś, czy ty naprawdę chcesz wypłynąć na wodę?

– Koleś, nie dasz rady zachować równowagi bez rąk i nóg!

– Koleś, czy umiesz pływać? Czy pływasz szybciej od rekina?

Kiedy weszliśmy do wody, poczułem się pewniej. Potrafię unosić się na powierzchni, więc nie obawiałem się, że utonę. Tyle że prąd łatwo znosi mnie w niepożądanym kierunku, więc nigdy nie wiem, gdzie ostatecznie wyląduję. Przez moment wyobraziłem sobie fantasmagoryczną wizję, w której fala porywa mnie z powrotem do Australii i wyrzuca na plażę przed domem rodziców!

Pogoda była idealna. Bethany towarzyszyła mi na drugiej desce i zagrzewała mnie do boju. Jednak gdy tylko łapałem falę i udawało mi się wyprostować, traciłem równowagę. Próbowałem sześć razy i za każdym podejściem lądowałem w wodzie.

Nie mogłem się poddać. Obserwowało nas zbyt wielu ludzi. Zbyt wiele kamer rejestrowało przebieg wydarzeń. Nie chciałem, żeby przedstawiono mnie później na YouTubie jako niepełnosprawnego „kolesia", który nie potrafi utrzymać się na desce nawet przez dwie sekundy. W dzieciństwie jeździłem na deskorolce – więc miałem dobre podstawy. Teraz stopniowo nabierałem coraz większego wyczucia. W końcu za siódmym podejściem złapałem ogromną falę i wstałem. Co za przeżycie! Przyznam się bez zażenowania, że pędząc na desce w kierunku plaży, piszczałem jak gimnazjalistka.

Kiedy dopłynąłem do brzegu, widzowie przywitali mnie gromkimi brawami i okrzykami. Jak mawiają surferzy po złapaniu dobrej fali, czułem się „nakręcony"! Wiem o tym, bo wszyscy powtarzali mi w kółko: „Koleś, ale jesteś nakręcony!".

Przez następne dwie godziny łapaliśmy falę za falą – zaliczyłem łącznie prawie dwadzieścia kursów. Z uwagi na rozgrywane w pobliżu zawody po plaży krążyło kilku zawodowych fotografów, więc zostałem pierwszym surfingowym nowicjuszem, który trafił na okładkę czasopisma „Surfer". To był niezapomniany dzień!

Lance Hookano udzielił później wywiadu i powiedział coś ciekawego:

– Spędziłem na tej plaży całe życie i nigdy nie widziałem czegoś podobnego. Nick to jeden z najbardziej nakręconych ludzi, jakich miałem okazję poznać. Surfuje z prawdziwą pasją. W jego żyłach płynie słona woda morska. Zaczynam wierzyć, że wszystko jest możliwe.

Uchwyć się tej myśli: *wszystko jest możliwe*. Kiedy czujesz się pokonany i przytłoczony przeciwnościami, ufaj, że wszystko jest możliwe. Być może w tym momencie nie widzisz żadnego wyjścia z sytuacji. Być może czujesz, że cały świat zmówił się przeciwko Tobie. Ale nie trać wiary, że okoliczności mogą się zmienić, że życie może podsunąć właściwe rozwiązanie i że pomoc może nadejść z najmniej spodziewanej strony. A wtedy wszystko jest możliwe!

Jeśli gość bez rąk i nóg może nauczyć się surfować na jednej z najcudowniejszych plaż na świecie, także dla Ciebie nie ma nic niemożliwego!

Wiara zapuszcza korzenie

Przypowieść o siewcy to jedna z najsłynniejszych historii biblijnych. Opowiada o rolniku, który rozsiewa ziarno po całym polu. Część ziaren wysypuje się na drogę i wydziobują je ptaki. Niektóre ziarna padają na skałę, gdzie nie mogą wykiełkować. Inne trafiają między chwasty i zostają przez nie zagłuszone. Jedynie ziarna zasiane na dobrej glebie wschodzą i przynoszą obfity plon, wielokrotnie większy niż początkowa ilość ziarna.

Podobnie jest z nami – przyjmujemy zasiewane w nas ziarno i przechowujemy je w glebie naszego serca. Gdy przytłacza nas ogrom wyzwań, marzymy o lepszym życiu. Marzenia pełnią rolę ziaren, z których może wykiełkować nowa rzeczywistość. Nasza wiara jest natomiast żyzną glebą będącą podatnym podłożem dla ziaren marzeń.

Moi najbliżsi zawsze dodawali mi otuchy, zasiewając takie ziarna w moim sercu. Przekonywali mnie, że mam skarby, którymi mogę dzielić się z innymi ludźmi. Czasami w to wierzyłem, czasami nie. Ale oni nigdy się nie poddawali. Wiedzieli, że nieraz rzucają ziarno na chodnik lub w chwasty, a mimo to wierzyli, że część ziaren w końcu zapuści korzenie.

Codziennie przed wyjściem do szkoły rodzice starali się zaszczepić we mnie dobre myśli: „Udanego dnia, Nick! Spróbuj zrobić wszystko jak najlepiej, a Bóg zajmie się resztą!". Bywały dni, gdy myślałem: *Tak, tak, Bóg ma chyba kiepskie poczucie humoru, bo czuję, że koledzy znowu będą się ze mnie naśmiewać.*

I rzeczywiście, gdy tylko wjeżdżałem na wózku inwalidzkim na teren szkoły, zaraz znajdował się jakiś mądrala, który sugerował, że mam przebitą dętkę albo że przydałbym się w szkolnej bibliotece do podtrzymywania drzwi. *Bardzo śmieszne.*

W takich chwilach pocieszające słowa rodziców trafiały na skalisty grunt. Byłem zbyt rozgoryczony z powodu mojego stanu i okoliczności, w jakich żyłem.

Jednak od czasu mojej próby samobójczej zachęta bliskich w kolejnych miesiącach i latach trafiała na coraz bardziej podatny grunt. Częściowo wynikało to z faktu, że dzięki swej determinacji i łatwości nawiązywania kontaktów zaskarbiłem sobie życzliwość kolegów z klasy. Nadal miewałem gorsze dni, ale o wiele rzadziej.

Norman Vincent Peale, znany autor motywacyjny, powiedział kiedyś: „Uwierz w możliwości. Niezależnie od tego, jak mroczne wydaje się dziś twoje życie, wznieś oczy ku górze, by dostrzec nowe możliwości. Nie trać ich z oczu – one zawsze istnieją".

Zostań pełnoprawnym członkiem „klubu wyznawców możliwości"! Gdzie byłbyś dzisiaj bez wiary w nowe możliwości? Gdzie byłby każdy z nas? Nadzieja na przyszłość dodaje nam skrzydeł. Pomaga pokonywać przeszkody nawet w najtrudniejszych chwilach, gdy zmagamy się ze zniechęceniem i rezygnacją.

Już w dzieciństwie przejawiałem skłonności charakterystyczne dla członków tego „klubu". Miałem sześć lub siedem lat, gdy napisałem i zilustrowałem swoją pierwszą książkę: *O Jednorożcu, który nie miał skrzydeł*. Nie jest wielką tajemnicą, co było dla mnie źródłem inspiracji. Muszę przyznać, że przesłanie nadziei płynące z tej przypowiastki opartej na motywach autobiograficznych nie straciło na aktualności. Pozwolę sobie przytoczyć ją tutaj w całości (jest dość krótka):

Pewnego razu była sobie mama Jednorożyca, która urodziła Jednorożca. Gdy młody Jednorożec urósł, okazało się, że nie ma skrzydeł.

Mama Jednorożyca zastanawiała się, gdzie podziały się skrzydła jej dziecka.

Gdy Jednorożec wybrał się na spacer, zobaczył inne jednorożce latające po niebie. Potem spotkał chłopca, który spytał go:

– Co się stało z twoimi skrzydłami?

– Nie wyrosły mi, chłopczyku – odpowiedział Jednorożec.

– Spróbuję zrobić dla ciebie skrzydła z plastiku – odparł chłopiec.

Zajęło mu to godzinę. Kiedy skończył, spytał Jednorożca, czy może go dosiąść.

– Bardzo proszę – odpowiedział Jednorożec.

Wybrali się na przejażdżkę. Jednorożec poderwał się do lotu i zawołał:

– Udało się! Udało się!

Gdy znaleźli się z powrotem na ziemi, chłopiec zsiadł z Jednorożca. Jednorożec ponownie wzbił się ku niebu, a chłopiec krzyknął:

– Moje gratulacje, Jednorożcu!

Chłopiec wrócił do domu. Opowiedział mamie, siostrom i bratu, co przydarzyło się Jednorożcowi.

Jednorożec żył długo i szczęśliwie.

Koniec.

Wszyscy chcielibyśmy żyć długo i szczęśliwie. Nawet jeśli wierzysz, że poradzisz sobie w trudnych chwilach, na pewno spotkają Cię rozczarowania. Jednak Twoim celem powinno być zawsze doprowadzenie do szczęśliwego zakończenia. Warto spróbować!

Cierpliwość nagrodzona

W 2008 roku wspólnie z moim zespołem z fundacji „Life Without Limbs" postanowiliśmy zorganizować serię wystąpień w czternastu krajach. Na początku opracowaliśmy budżet i przeprowadziliśmy zbiórkę pieniędzy na pokrycie kosztów. W tamtym okresie nie zatrudnialiśmy jeszcze specjalisty od pozyskiwania funduszy i udało nam się zebrać zaledwie jedną trzecią potrzebnej kwoty. Mimo to wyruszyłem w podróż, odwiedzając w pierwszej kolejności Kolumbię, Ukrainę, Serbię i Rumunię. Nasi doradcy martwili się jednak, że nie mamy środków umożliwiających kontynuowanie trasy.

W radzie fundacji zasiada mój wujek, Batta Vujicic, który jest doświadczonym biznesmenem z Kalifornii. Wujek zdecydował, że musimy anulować dwa główne przystanki. Pieniądze nie były zresztą jedynym powodem podjęcia takiej decyzji.

– Otrzymujemy coraz więcej sygnałów, że z uwagi na zamieszki w Indonezji i w Indiach, szczególnie w Mumbaju, podróżowanie w tamtym rejonie może być niebezpieczne – stwierdził wujek. – Skoro i tak brakuje nam funduszy, uważam, że roztropniej byłoby odwiedzić te kraje innym razem.

Wujek Batta jest mądrym człowiekiem i nie miałem zamiaru się z nim spierać. Powiedziałem, że mu ufam. Potem wyjechałem na Florydę, gdzie przemawiałem do ogromnej rzeszy ludzi – sama służba porządkowa obsługująca spotkanie liczyła czterystu pięćdziesięciu ochotników. Żywiołowa reakcja widowni podczas mojego przemówienia naładowała mnie niezwykłą dawką energii. W drodze powrotnej do Kalifornii poczułem wielkie pragnienie kontynuowania przerwanej trasy wystąpień międzynarodowych – zgodnie z pierwotnym planem.

Kiedy rozmawialiśmy o tym przy obiedzie, zareagowałem bardzo emocjonalnie. Czułem, że muszę odwiedzić kolejne kraje. Wujek Batta dobrze mnie zna i doskonale rozumie moje pragnienie, by dotrzeć z przesłaniem nadziei do jak największej rzeszy ludzi.

– Zobaczmy, jak Bóg pokieruje tą sprawą w najbliższych tygodniach – powiedział uspokajająco.

Kiedy pojawiają się problemy, nie poddawaj się im ani przed nimi nie uciekaj. Spróbuj właściwie ocenić sytuację, poszukaj odpowiedniego rozwiązania i ufaj, że cokolwiek się wydarzy – wszystko współdziała ku dobremu. Cierpliwość popłaca. Trzeba zasiać ziarno i wytrwale czekać na żniwo – niezależnie od pogody. Gdy napotkasz przeszkody, nie podejmuj nierozważnych kroków. Nie bij głową o ścianę ani nie zniechęcaj się porażkami. Wybierz najlepsze rozwiązanie, nie tracąc wiary, że istnienie każdej przeszkody ma swój sens.

Dopóki nie mieliśmy pieniędzy na dokończenie trasy, nie robiliśmy niczego pochopnie. Modliliśmy się. Szukaliśmy różnych rozwiązań. Wierzyliśmy, że choć na razie drzwi pozostają zamknięte, pewnego dnia otworzą się na inną szansę.

Jeśli wytrwale szukamy rozwiązania, w końcu je znajdziemy. Czasami rzeczywistość zmusza nas do skorygowania celów, ale zawsze istnieje jakieś wyjście, zawsze dysponujemy pewnymi możliwościami.

Muszę szczerze wyznać, że początkowo nie uzyskaliśmy żadnej odpowiedzi na modlitwę o fundusze umożliwiające pokrycie kosztów pozostałej części trasy. Jednak potem miał miejsce ciąg niezwykłych wydarzeń.

Kilka dni po spotkaniu z wujkiem Battą zadzwonił do naszej fundacji niejaki Bryan Hart. Bryan słyszał moje przemówienie na Florydzie i postanowił przekazać nam znaczną kwotę w formie darowizny.

Wkrótce potem odezwali się znajomi z Indonezji. Wynajęli dla nas dwa stadiony w Hong Kongu. Zobowiązali się do pokrycia naszych kosztów, gdybyśmy zdecydowali się przyjechać.

Dwa dni później zwróciła się do nas organizacja charytatywna z Kalifornii – przekazała nam jeszcze większą darowiznę, która pozwoliła pokryć wszystkie brakujące koszty!

W ciągu kilku dni pieniądze przestały stanowić problem. Nadal mieliśmy pewne obawy związane z bezpieczeństwem w niektórych krajach na naszej trasie, ale postanowiliśmy zaufać Bogu.

Jak wspomniałem wcześniej, wszystko współdziała ku dobremu. Ze względu na brak funduszy musieliśmy zmienić plany dotyczące wystąpienia w Indiach. Kiedy w końcu pojawiły się środki, został też wyznaczony nowy termin wyjazdu – o tydzień wcześniej, niż pierwotnie planowaliśmy.

Niewykluczone, że ta zmiana ocaliła nam życie. Dosłownie kilka dni po naszej wizycie w Mumbaju doszło w tym mieście do serii zamachów terrorystycznych. Terroryści zaatakowali między innymi trzy miejsca, w których wcześniej przebywaliśmy – hotel Taj Mahal, lotnisko i dworzec w południowej części miasta. Z rąk ekstremistów zginęło sto osiemdziesiąt osób, a trzysta zostało rannych.

Nasz pierwotny plan zakładał, że będziemy w tych miejscach dokładnie wtedy, gdy doszło do ataków. Ktoś mógłby powiedzieć, że mieliśmy szczęście, ale wierzę, że to Bóg czuwał nad nami i że zmiana planu nie była przypadkowa. Dlatego gdy początkowo sprawy nie układają się po naszej myśli, pamiętajmy, że nie widzimy wszystkiego. Nie traćmy wiary i starajmy się wytrwale dążyć do celu.

Moja lewa stopa

Zacząłem ten rozdział od opisu mojej lewej stopy. Coraz bardziej doceniam jej użyteczność, ponieważ wynalazcy z całego świata konstruują sprytne gadżety pomagające mi w codziennym funkcjonowaniu. Urządzenia te mogę obsługiwać stopą za pomocą drążków sterowniczych lub ekranów dotykowych. Choć nie mam rąk ani nóg, potrafię samodzielnie wykonywać wiele czynności, które dawniej uznawaliśmy z rodzicami za zupełnie dla mnie nieosiągalne. W dzieciństwie zakres moich możliwości życiowych wydawał się dość ograniczony, jednak stopniowo eliminujemy kolejne bariery dzięki nowoczesnej technologii – a przede wszystkim dzięki wierze i determinacji w dążeniu do celu.

Niezależnie od tego, jak trudne lub okrutne wydaje Ci się dziś Twoje życie, nie poddawaj się! Kiedy przyszedłem na świat, moja przyszłość rysowała się w ponurych barwach, lecz mimo wszystko udało mi się zbudować satysfakcjonujące życie, dające wiele radości i poczucie spełnienia. Jeśli uważasz, że jestem wyjątkiem, zapoznaj się z historią jednego z moich ulubionych bohaterów, nieżyjącego już Christy'ego Browna.

Christy urodził się w 1932 roku w Dublinie jako dziesiąte z dwadzieściorga dwojga dzieci. Wiek dorosły osiągnęło tylko trzynaścioro rodzeństwa. Christy przyszedł na świat dotknięty ciężkim kalectwem – nie mógł się poruszać i z trudem wydawał dźwięki. Lekarze nie wiedzieli, co mu dolega. Wiele lat później zdiagnozowano jego przypadek jako powikłaną postać porażenia mózgowego.

Ponieważ Christy nie potrafił wyraźnie mówić, przez całe lata lekarze zakładali, że jest też upośledzony umysłowo. Jego matka upierała się jednak, że Christy nie ma problemów umysłowych, a jedynie trudności z komunikacją. Członkowie rodziny cierpliwie uczyli go przystosowania do życia. Pewnego dnia Christy próbował zakomunikować coś siostrze i w tym celu wyrwał jej z rąk kawałek kredy lewą stopą. Stopa była jedyną częścią ciała, nad którą panował.

W krótkim czasie nauczył się pisać, rysować i malować, posługując się stopą. Jego rodzina, podobnie jak moja, starała się zapewnić mu normalne życie – oczywiście na tyle, na ile tylko było to możliwe. Wozili go w wózku dziecięcym, a następnie na furmance. Christy, podobnie jak ja, został świetnym pływakiem.

Jego matka spotkała lekarza, który pomógł w przyjęciu Christy'ego do szpitala im. Johnsa Hopkinsa. Ten sam lekarz otworzył później specjalny szpital dla pacjentów z porażeniem mózgowym. Wprowadził też Christy'ego w świat literatury. Pod wpływem lektury książek kilku znanych pisarzy irlandzkich Christy zapragnął wyrazić siebie jako poeta i autor. Jego pierwszą książką był pamiętnik pod tytułem *My Left Foot* (*Moja lewa stopa*), który po latach ukazał się w wydaniu rozszerzonym jako bestsellerowa powieść *Down All the Days*. Książka doczekała się nawet adaptacji filmowej – w postać Christy'ego wcielił się Daniel Day-Lewis (syn Cecila Day-Lewisa, jednego z literackich przyjaciół Christy'ego), który otrzymał za tę rolę statuetkę Oskara dla najlepszego aktora. Christy wydał jeszcze sześć innych książek. Był też wziętym malarzem.

Pomyśl o ponurych dniach dzieciństwa i młodości tego człowieka, gdy wraz z bliskimi Christy zastanawiał się, jaką „jakość życia" osiągnie w przyszłości. Potrafił poruszać tylko jednym niewielkim fragmentem swego udręczonego ciała. Wydawał raptem kilka dźwięków. Lecz mimo to został uznanym pisarzem, poetą i malarzem. Prowadził szczęśliwe życie, uwiecznione w oskarowym filmie!

Jaka przyszłość rysuje się przed Tobą? Jak potoczy się Twoja historia?

Pełny ogląd sytuacji

Jako dziecko miałem bardzo zawężone spojrzenie na świat. W swym egocentryzmie nie przyjmowałem do wiadomości, że żyją ludzie, którzy – jak Christy Brown – zmagają się z poważniejszymi przeciwnościami niż ja. Jednak gdy skończyłem trzynaście lat, przeczytałem w gazecie reportaż o pewnym Australijczyku, który odniósł ciężkie obrażenia w wypadku. Nie mógł się poruszać ani mówić, był sparaliżowany i przykuty do łóżka na resztę życia. Nie potrafiłem sobie wyobrazić bardziej przerażającej perspektywy.

Historia tego człowieka dała mi do myślenia. Uświadomiłem sobie, że choć brak kończyn wiąże się z licznymi wyzwaniami, mam za co dziękować i powinienem doceniać możliwości, jakie otrzymałem.

W rozpoznaniu naszego życiowego celu kryje się niezwykła siła. Kiedy zaczynamy wierzyć, że jesteśmy w stanie go osiągnąć, czujemy, że moglibyśmy przenosić góry. W moim przypadku przebudzenie do wiary w pełnię możliwości dokonywało się stopniowo. Miałem piętnaście lat, gdy po raz pierwszy usłyszałem historię z Ewangelii według św. Jana o człowieku niewidomym od urodzenia. Kiedy zobaczyli go uczniowie Jezusa, zapytali swego Mistrza: „Kto zgrzeszył, że się urodził niewidomym – on czy jego rodzice?".

Zadawałem sobie to samo pytanie. *Czy moi rodzice zrobili coś złego? Czy może ja w czymś zawiniłem? Dlaczego urodziłem się bez rąk i nóg?*

Jezus odpowiedział: „Ani on nie zgrzeszył, ani jego rodzice". Urodził się takim, „aby się na nim objawiły dzieła Boże".

Gdy niewidomy usłyszał to wyjaśnienie, jego nastawienie zmieniło się nie do poznania. Uwierzył, że otwierają się przed nim nowe możliwości. Ta scena z Ewangelii poruszyła we mnie najczulszą strunę. Jako nastolatek uświadamiałem sobie coraz wyraźniej swoją inność, niepełnosprawność i zależność od innych ludzi. Ale teraz spojrzałem na siebie z nowej perspektywy i zrozumiałem, że wcale nie jestem ciężarem dla innych. Nie jestem wybrakowany. Nie jestem rezultatem boskiej kary. Jestem człowiekiem stworzonym właśnie po to, by objawiły się na mnie dzieła Boże!

Kiedy rozważałem ten werset biblijny, ogarnęła mnie fala pokoju, jakiego nigdy przedtem nie doświadczyłem. Do tamtej pory ciągle zmagałem się z pytaniem, dlaczego urodziłem się bez kończyn, jednak teraz zrozumiałem, że tylko Bóg zna odpowiedź. Uznałem, że muszę się z tym pogodzić i uwierzyć w możliwości, jakie On dla mnie przewidział.

Nikt nie wie, dlaczego urodziłem się obarczony niepełnosprawnością, tak jak nikt nie domyślał się, dlaczego niewidomy z Ewangelii przyszedł na świat z wrodzoną wadą. Jezus stwierdził, że stało się tak, aby w życiu tego człowieka ujawniło się Boże działanie.

Słowa Jezusa dodały mi otuchy i natchnęły mnie radością. Po raz pierwszy od czasu próby samobójczej uświadomiłem sobie, że mój Stwórca się ode mnie nie odwrócił, nawet jeśli nie rozumiem, dlaczego nie mam kończyn. Niewidomy z Ewangelii został uzdrowiony, żeby w jego życiu objawiło się dzieło Boże. Ja wprawdzie nie zostałem uzdrowiony, ale uwierzyłem, że z czasem ujawni się Boży zamysł wobec mnie.

Często nie znajdujemy odpowiedzi, których poszukujemy. W takich chwilach musimy kierować się wiarą. Ja też musiałem się nauczyć, jak uwierzyć w przyszłość pełną możliwości. A skoro ja byłem w stanie rozwinąć w sobie tę ufność, Tobie też się uda!

Pomyśl tylko – będąc dzieckiem, nie przewidywałem, że brak kończyn pomoże mi zanieść przesłanie nadziei do tylu krajów i tak wielu ludzi. Lata zmagań i rozczarowań nie były dla mnie niczym zabawnym. Przechodząc przez tego rodzaju doświadczenia, nie musimy udawać, że jesteśmy szczęśliwi. Ale zawsze powinniśmy wierzyć, że czekają na nas lepsze dni, że otwierają się przed nami nowe możliwości i że możemy prowadzić satysfakcjonujące, wartościowe życie.

Wzór do naśladowania

O tym, jaką siłę daje taka wiara, po raz pierwszy przekonałem się podczas licealnego apelu, na którym przemawiał mówca motywacyjny ze Stanów. Nazywał się Reggie Dabbs i miał tego dnia niełatwe zadanie. W szkolnej auli zgromadziło się niemal półtora tysiąca uczniów. Było gorąco i duszno. Rozklekotany sprzęt nagłaśniający wydawał z siebie nieprzyjemne trzaski, a momentami zupełnie przestawał działać.

Uczniowie niecierpliwie kręcili się na swoich miejscach, ale gdy tylko Reggie zaczął przemawiać, momentalnie przykuł naszą uwagę. Opowiedział nam swoją historię. Był nieślubnym dzieckiem nastoletniej prostytutki z Luizjany. Gdy dziewczyna zaszła w ciążę, zastanawiała się, czy nie pozbyć się „problemu" poprzez dokonanie aborcji. Na szczęście postanowiła jednak urodzić dziecko. Nie miała rodziny ani dachu nad głową, więc zamieszkała w opuszczonym kojcu dla kur.

Kiedy pewnego wieczoru leżała w kojcu – skulona, przestraszona i samotna – przypomniała sobie o jednej ze swych nauczycielek, pani Dabbs. Nauczycielka okazała jej wcześniej wiele zrozumienia i współczucia. Prosiła, by zadzwoniła do niej, jeśli kiedykolwiek znajdzie się w potrzebie. Ciężarna nastolatka zdecydowała się skontaktować z panią Dabbs. Ta przejechała długą drogę z rodzinnego Tennessee do Luizjany i zabrała dziewczynę do swego domu, w którym mieszkała z mężem i sześciorgiem dorosłych dzieci. Państwo Dabbs adoptowali Reggiego i dali mu swoje nazwisko.

Reggie opowiadał, że przybrani rodzice wpoili mu zdrowe zasady moralne. Jedną z najważniejszych lekcji, jakie od nich pobrał, była wiara w to, że niezależnie od sytuacji i okoliczności zawsze ma wybór – może zareagować negatywnie albo pozytywnie. Wiara w otwierające się przed nim możliwości pomagała mu niejednokrotnie podejmować właściwe wybory i stanowiła niezawodną busolę moralną.

Reggie wielokrotnie przytaczał regułę, która utkwiła mi w pamięci: „Nie możesz zmienić swojej przeszłości, ale możesz zmienić przyszłość!". Wziąłem sobie te słowa do serca. Przemówienie poruszyło nas wszystkich. To wtedy po raz pierwszy pomyślałem, że – tak jak

Reggie – mógłbym zostać zawodowym mówcą. Reggie zaimponował mi umiejętnością wywierania pozytywnego wpływu na młodych ludzi. Słuchaliśmy go w skupieniu, choć w normalnych warunkach nie potrafiliśmy usiedzieć na miejscu nawet przez kilka chwil. Pozazdrościłem mu niezwykłej pracy – zarabiał na życie, podróżując po całym świecie i wygłaszając przemówienia motywacyjne. Kiedy po skończonym apelu wychodziłem ze szkoły, pomyślałem sobie: *Może pewnego dnia też będę miał ciekawą historię do opowiedzenia – podobnie jak Reggie?*

Nawet jeśli na razie nie widzisz przed sobą żadnych perspektyw, nie oznacza to, że ich nie masz. Nie trać wiary. Opowieść Twojego życia czeka na swój dalszy ciąg – niech każdy kolejny rozdział będzie fascynującą przygodą!

4

Pokochaj siebie w swej perfekcyjnej niedoskonałości

Pewnego dnia podczas cyklu wystąpień w Azji Południowo-Wschodniej przemawiałem w Singapurze do kilkuset prezesów firm i biznesmenów. Kiedy skończyłem prezentację, a sala zaczęła się powoli opróżniać, podszedł do mnie pewien elegancki dżentelmen. Tak jak inni uczestnicy spotkania, wyglądał pod każdym względem na pewnego siebie człowieka sukcesu, dlatego jego pierwsze słowa zupełnie mnie zaskoczyły:

– Nick, pomóż mi! – poprosił błagalnym tonem.

Okazało się, że jest właścicielem trzech banków i ma na swoim koncie liczne osiągnięcia. Sukces materialny nie uchronił go jednak przed bolesnym problemem, z którym – w głębokiej pokorze – przyszedł teraz do mnie.

– Mam cudowną córkę, która skończyła czternaście lat. Ale ilekroć spogląda w lustro, z jakiegoś zupełnie niezrozumiałego dla mnie powodu twierdzi, że jest brzydka – wyjaśnił. – Bardzo się o nią martwię, bo nie widzi, że jest naprawdę piękna. Jak mogę spowodować, by to dostrzegła?

Łatwo zrozumieć ból tego człowieka – jednym z najtrudniejszych doświadczeń dla każdego rodzica jest świadomość, że jego dziecko cierpi. Mój rozmówca starał się pomóc swej córce w przezwyciężeniu nienawiści do samej siebie. Ta sprawa ma ogromne znaczenie. Jeśli nie potrafimy zaakceptować siebie, gdy jesteśmy młodzi i zdrowi, to jak będziemy się czuli na kolejnych etapach życia, gdy pojawią się problemy zdrowotne, a nasze ciało zacznie się starzeć? Ktoś, kto nienawidzi siebie z jednego wybranego powodu, po pewnym czasie z łatwością znajduje setki innych równie nieuzasadnionych czynników zaburzających jego poczucie własnej wartości. Kompleksy wyniesione z młodości mogą naznaczyć człowieka piętnem na całe życie, wyrabiając w nim nawyk koncentrowania się na swoich słabościach, a nie na atutach.

Biblia uczy, że jesteśmy cudownymi stworzeniami Boga, godnymi podziwu dziełami Jego rąk. Dlaczego nie umiemy kochać siebie takich, jacy jesteśmy? Dlaczego tak często towarzyszy nam poczucie, że nie jesteśmy wystarczająco piękni, wystarczająco wysocy, szczupli czy inteligentni? Jestem pewien, że mój singapurski rozmówca obsypywał córkę komplementami i starał się wzmacniać w niej poczucie własnej wartości. Jednak nawet gdy nasi rodzice i bliscy niestrudzenie dodają nam otuchy, wystarczy jedna kąśliwa uwaga kolegi albo nieprzyjemny komentarz szefa czy współpracownika, by wszystkie wysiłki kochających nas osób poszły na marne.

Kiedy uzależniamy nasze samopoczucie od opinii innych ludzi lub porównujemy się z innymi, tracimy właściwy dystans, jaki powinniśmy mieć wobec siebie, i przyjmujemy mentalność skrzywdzonej ofiary. A jeśli nie potrafimy zaakceptować samych siebie, z większym trudem przychodzi nam także akceptowanie ludzi wokół nas, co może prowadzić do samotności i wyobcowania.

Przemawiałem kiedyś do grupy nastolatków. Zwróciłem im uwagę na problem polegający na tym, że w pogoni za popularnością niektórzy unikają mniej atrakcyjnych lub mniej wysportowanych kolegów i koleżanek z klasy. Aby posłużyć się konkretnym argumentem, zadałem im szczere pytanie:

– Ilu z was chciałoby się ze mną zaprzyjaźnić?

Ucieszyłem się, gdy większość uczniów na sali podniosła ręce, ale wtedy zadałem kolejne pytanie, które wprawiło ich w konsternację:

– A zatem nie ma znaczenia, jak wyglądam, prawda?

Pozwoliłem, żeby zastanowili się nad tą sprawą nieco dłużej. Kilka chwil wcześniej rozmawialiśmy o tym, że nastolatki poświęcają wiele czasu na dopasowywanie się do grupy. Zakładają odpowiednie ubrania, robią sobie modne fryzury, starają się nie być ani za grubi, ani za chudzi, ani za mocno opaleni, ani za bladzi – i tak dalej.

– Jak to możliwe, że chcielibyście się zaprzyjaźnić z osobą, która nie ma rąk ani nóg, z najdziwniejszym facetem, jakiego w życiu spotkaliście... a z drugiej strony odrzucacie kolegów i koleżanki z klasy za to, że nie mają odpowiednich dżinsów, pięknej cery albo ciała nadającego się na wybieg dla modelek?

Kiedy surowo oceniamy samych siebie i poddajemy się coraz większej presji ze strony naszych znajomych, zaczynamy równocześnie przyjmować coraz bardziej krytyczne nastawienie wobec innych ludzi. Z kolei gdy akceptujemy i kochamy siebie podobnie, jak kocha nas Bóg, odzyskujemy wewnętrzny pokój i harmonię.

Presja odczuwana przez nastolatków i młodych ludzi wydaje się czymś uniwersalnym, występującym niezależnie od kręgu kulturowego czy szerokości geograficznej. Zapraszano mnie na przykład na spotkania z młodymi ludźmi z Chin i Korei Południowej, wśród których odnotowuje się duży odsetek depresji i prób samobójczych.

Kiedy w 2010 roku odwiedziłem Koreę Południową, rozpoczynały się właśnie Zimowe Igrzyska Olimpijskie w Vancouver. Z przyjemnością obserwowałem erupcję narodowej dumy i entuzjazmu w całym Seulu, gdy Kim Yu-Na, południowokoreańska „królowa" jazdy figurowej na lodzie, zdobyła pierwszy złoty medal olimpijski dla swego kraju. Rodacy kibicowali jej z takim zapałem, że w czasie jej finałowego występu obroty na południowokoreańskiej giełdzie spadły do połowy normalnego poziomu.

Wystąpiłem wcześniej w filmie dokumentalnym, który obejrzało wiele osób spośród licznej społeczności chrześcijańskiej w Korei Południowej. Zaproszono mnie do tego kraju na kilka wystąpień. W ostatnich latach w Korei widoczna jest niesamowita eksplozja wiary. Moi gospodarze z kościoła w Onnuri opowiadali mi o zapale misyjnym wśród miejscowych chrześcijan. Szacuje się, że w ciągu najbliższych kilkunastu lat liczba misjonarzy posyłanych do innych krajów przez kościoły koreańskie przewyższy liczbę misjonarzy amerykańskich, mimo że Korea jest o wiele mniejszym krajem.

Gdy przyjechaliśmy do Seulu, byłem zaskoczony dynamicznym rozwojem ogromnej liczby kościołów. Działają tutaj trzy największe zbory protestanckie na świecie. Choć jeszcze sto lat temu wyznawcy Chrystusa w Korei Południowej stanowili garstkę, dzisiaj z chrześcijaństwem identyfikuje się niemal jedna trzecia czterdziestoośmiomilionowej populacji. Miałem okazję przemawiać między innymi w Kościele Pełnej Ewangelii Yoido, do którego należy ponad osiemset tysięcy członków, uczęszczających na nabożeństwa odbywające się w dwudziestu dwóch budynkach.

Z drugiej strony wielu Koreańczyków obciążonych wielogodzinną pracą żyje w ciągłym stresie. Silnej presji poddawani są również uczniowie w szkołach – zgodnie z kulturą panującą w tym kraju muszą zawzięcie rywalizować o miano najlepszego. Wielu młodych ludzi żyje w przeświadczeniu, że liczy się tylko pierwsze miejsce, co jest ogromnie stresujące. Kiedy nie udaje im się osiągnąć najlepszego wyniku, czują się przegrani. Podczas swoich wystąpień namawiałem młodych Koreańczyków do przyjęcia innego punktu widzenia. Oblanie egzaminu nie oznacza, że jesteśmy nieudacznikami. W Bożych oczach wszyscy jesteśmy drogocenni. Powinniśmy uczyć się kochać siebie samych tak, jak On nas kocha.

Propagowany przeze mnie rodzaj miłości własnej i samoakceptacji nie polega na kochaniu siebie w sposób egocentryczny i próżny. Mam raczej na myśli miłość, która nie hołubi własnego ja, lecz zwraca się ku drugiemu. To miłość, która daje więcej, niż otrzymuje, która oferuje nieproszona, która dzieli się z innymi nawet wtedy, gdy sama niewiele posiada. Kochasz siebie taką miłością, gdy czujesz się szczęśliwy, że udało Ci się wywołać uśmiech na twarzy drugiego człowieka. Kochasz siebie, ponieważ Twoje życie nie kończy się na Tobie samym. Jesteś zadowolony z siebie, ponieważ chcesz, żeby ludzie stykający się z Tobą również czuli się szczęśliwi.

A co zrobić, jeśli czujesz, że nie potrafisz siebie pokochać, ponieważ nikt inny Cię nie kocha? Pamiętaj, że jesteśmy Bożymi stworzeniami i każdy z nas może liczyć na bezwarunkową miłość, miłosierdzie i przebaczenie ze strony Stwórcy. Powinniśmy traktować siebie samych tak, jak On odnosi się do nas. Bóg nas kocha, jest dla nas wyrozumiały i wybacza nam błędy.

Podczas pobytu w Ameryce Południowej przemawiałem w ośrodku dla osób uzależnionych od narkotyków. Narkomani, do których się zwracałem, mieli tak mało wiary w swą wartość, że nieomal zniszczyli swoje życie przez nałóg. Powiedziałem im, że Bóg kocha ich niezależnie od tego, od jak dawna są uzależnieni. Twarze słuchaczy rozjaśniły się, gdy zapewniałem ich, że Bóg kocha ich bezwarunkowo. A skoro Bóg jest gotowy przebaczyć nam nasze grzechy i kochać nas tak wielką miłością, dlaczego nie mielibyśmy okazać sobie samym przebaczenia i akceptacji? Podobnie jak córka bankiera z Singapuru, kolumbijscy narkomani również zboczyli z właściwej drogi, ponieważ z jakiegoś powodu nie docenili swojej wartości. Uznali, że nie zasługują na nic dobrego. Powiedziałem im, że w Bożych oczach wszyscy przedstawiamy ogromną wartość. Bóg kocha nas i przebacza nam – zatem my też powinniśmy przyjąć wobec siebie podobną postawę, a zarazem starać się żyć najlepiej, jak potrafimy.

Kiedy poproszono Chrystusa o wskazanie najważniejszego przykazania, Jezus odpowiedział, że każdy z nas winien po pierwsze kochać Boga całym sercem, duszą, umysłem i mocą, a po drugie – kochać bliźniego jak siebie samego. Gdy mówię o zdrowej miłości własnej, nie chodzi mi więc o postawę samolubną i egocentryczną. Chodzi mi raczej o uznanie swego życia za dar i błogosławieństwo, o zrozumienie, że ów dar należy pielęgnować i że trzeba się nim dzielić z innymi.

Zamiast koncentrować się na swoich słabościach, błędach i porażkach, skup się raczej na tym, co masz i czym możesz obdarować innych – chodzi tutaj na przykład o talent, wiedzę, mądrość, kreatywność, pracowitość czy serdeczne usposobienie. Nie musisz żyć pod presją oczekiwań innych osób. Stwórz własną, niepowtarzalną wersję doskonałości.

Wewnętrzny blask

Psychiatra Elizabeth Kübler-Ross napisała w jednej ze swych książek, że ludzie są jak okna witrażowe: „Skrzą się i błyszczą, kiedy świeci słońce, ale gdy zapadnie ciemność, ich prawdziwe piękno odsłonić może tylko światło płynące ze środka". Aby żyć bez ograniczeń, a zwłaszcza aby pokonać mrok depresji lub uzależnienia od narkotyków czy alkoholu, musisz zapalić to wewnętrzne światło. Musisz uwierzyć, że jesteś wartościową osobą, że możesz coś osiągnąć, że Twoje życie się liczy.

Odkrycie życiowego celu jest pierwszym ważnym krokiem na drodze do przezwyciężenia krępujących barier i ograniczeń. Z kolei umiejętność zachowania nadziei na przyszłość i wiary w możliwości pomaga wytrwale dążyć do tego celu – nawet w trudnych chwilach. Jednak szczęśliwe życie może prowadzić tylko ktoś przekonany o swej wartości, ktoś kto czuje, że zasługuje na powodzenie.

Mam przyjaciela, który jest tak bardzo zadowolony z siebie i podekscytowany możliwością dalszego rozwijania swego potencjału, że wprost promieniuje pozytywnymi emocjami. Uwielbiam przebywać w jego towarzystwie. I nie jestem w tym odosobniony. Wiesz dlaczego? Ponieważ człowiek ten emanuje wewnętrznym światłem. Kocha siebie samego – ale nie w sposób egoistyczny, koncentrując się na sobie. Potrafi akceptować siebie samego, nawet gdy rzeczy nie układają się po jego myśli, nawet gdy zmaga się z najróżniejszymi problemami.

Jestem pewien, że znasz podobne osoby, które zarażają swoją radością. Zapewne znasz też ludzi, którzy – wprost przeciwnie – odpychają od siebie bijącą z nich goryczą i niskim mniemaniem o sobie. Jeśli ktoś nie akceptuje siebie, szkodzi samemu sobie nie tylko bezpośrednio, ale w konsekwencji skazuje się też na izolację.

Jeśli nie świecisz wewnętrznym światłem, może to wynikać z faktu, że za bardzo polegasz na opinii innych ludzi, oczekując od nich dowartościowania i podbudowania Twojego poczucia pewności siebie. Jednak taka postawa zawsze kończy się rozczarowaniem, ponieważ najpierw sam musisz się zaakceptować. Najważniejszą miarą Twojego piękna i Twej wartości jako osoby powinna być ocena, która wypływa z Twojego wnętrza.

Wiem – łatwo się coś takiego mówi, trudniej realizuje. Ja też się z tym zmagałem. Wychowując się w rodzinie chrześcijańskiej, stale słyszałem, że Jezus mnie kocha i że zostałem stworzony zgodnie z Jego doskonałym planem. Biblijne prawdy, które rodzice starali się mi wpoić, a także inne formy zachęty do wiary ze strony bliskich, trafiały jednak w próżnię, ilekroć jakieś złośliwe dziecko na podwórku podbiegało do mnie i krzyczało: „Jesteś wybrykiem natury!".

Życie potrafi być okrutne. Ludzie wokół nas czasami zachowują się bezmyślnie, a nieraz są po prostu podli. Musimy wtedy oprzeć się na wewnętrznej sile, a gdy ta zawodzi – podnieśmy swój wzrok ku górze, ku Bogu, który jest najważniejszym źródłem mocy i miłości.

Samoakceptacja i miłość własna to ważne pojęcia, ale niestety w naszych czasach często rozumiane opacznie. Powinniśmy kochać siebie cząstką tej miłości, którą darzy nas Bóg, nie zapominając, że mamy na tym świecie do wykonania ważne zadania. Tymczasem wielu nastolatków – a i sporo dorosłych – zadowala się powierzchownym rozumieniem tych pojęć, przyjmując postawę, która więcej ma wspólnego z narcyzmem i dogadzaniem sobie niż z miłością. Winę za to ponosi w dużej mierze kult piękna i popularności promowany w programach telewizyjnych, filmach i wideoklipach. Kiedy karmimy się tego rodzaju treściami, łatwo zapominamy o tym, że w życiu chodzi o coś więcej niż tylko o atrakcyjny wygląd, luksusy i podboje miłosne. Nic dziwnego, że więcej celebrytów znajdziemy w poradniach odwykowych niż w kościołach, bowiem zbyt wielu z nich oddaje kult fałszywym bożkom próżności, pychy i pożądliwości.

Nie sądzę, by którekolwiek z wcześniejszych pokoleń było oszukiwane na taką skalę jak nasze. Jesteśmy nieustannie bombardowani komunikatami utwierdzającymi nas w przekonaniu, że jeśli chcemy poczuć się szczęśliwi i docenieni, jeśli chcemy być ludźmi sukcesu, musimy najpierw zadbać o swój wygląd, zakupić odpowiedni samochód i prowadzić określony styl życia. W naszej kulturze doszliśmy do niebezpiecznego punktu, w którym udział w filmie pornograficznym uznaje się za przepustkę do sławy, fortuny i szczęścia.

Czy świat nie byłby lepszy, gdyby zamiast skandalizujących gwiazdek paparazzi śledzili raczej naukowców dokonujących przełomowych odkryć lub misjonarzy niosących pomoc humanitarną? Na szczęście nie wszystko stracone. Widziałem niezliczone tłumy ludzi, młodszych i starszych, którzy biorą udział w uroczystościach religijnych, radośnie oddają chwałę Bogu i uczą się, jak kochać bliźnich. Widziałem nastolatków, którzy spędzają wakacje, pomagając przy budowie domów w krajach trzeciego świata lub angażując się w działalność charytatywną w społecznościach lokalnych. Nie wszyscy mają obsesję na punkcie chirurgii plastycznej, liposukcji i torebek marki Louis Vuitton. Kiedy dobra materialne i atrakcyjność zewnętrzna stają się naszym priorytetem i kiedy pozwalamy innym ludziom decydować o tym, ile jesteśmy warci, ryzykujemy, że nasz prawdziwy potencjał pójdzie na marne.

Po obejrzeniu jednego z nakręconych przeze mnie filmów młoda kobieta o imieniu Kristy napisała do mnie: „Dziękuję, że pomogłeś mi uświadomić sobie, że nie warto starać się o zdobycie miłości drugiej osoby, jeśli sami siebie nie kochamy. Widziałam Twoje wystąpienie rok temu, a dzisiaj ponownie zobaczyłam Cię na filmie, i chcę Ci powiedzieć, ile dla mnie zrobiłeś. Nauczyłeś mnie, jak bronić swojego zdania, jak kochać siebie taką, jaka jestem, i jak żyć w sposób najbardziej dla mnie odpowiedni. A przy okazji, odkąd poprawiło się moje mniemanie o sobie, także mój chłopak zauważył dużą różnicę w moim zachowaniu i on również jest Ci wdzięczny. Zawsze bał się o mnie i martwił się, że pewnego dnia zrobię sobie krzywdę lub nawet targnę się na swe życie. Ale odkąd się zmieniłam, on także zauważył, że jestem o wiele szczęśliwsza!".

Samoakceptacja

Przesłanie, które głoszę, było dla Kristy przekonujące, ponieważ sam przeżyłem to co ona. Pewnego razu wróciłem do domu po wyjątkowo nieudanym dniu. Gapiłem się w lustro przez długie godziny. Większość nastolatków przejmuje się trądzikiem i próbuje okiełznać niesforną fryzurę. Ja, oprócz typowych problemów, borykałem się z brakiem kończyn.

Naprawdę jestem dziwolągiem – pomyślałem.

Ogarnął mnie przejmujący smutek. Użalałem się nad sobą przez dłuższy czas. Jednak w pewnym momencie odezwał się we mnie inny głos: *Okej, jak mówi mama, brakuje ci paru końcówek, ale masz też kilka atutów.*

Pomyślałem sobie: *Tak? Wymień chociaż jeden – to mi zupełnie wystarczy.*

W dalszym ciągu analizowałem swoje odbicie w lustrze i... w końcu zauważyłem coś pozytywnego.

Mam ładne oczy. Dziewczyny mówią mi, że mam ładne oczy. Nawet jeśli nie mogę się pochwalić już niczym innym, dobre i to! Nikt nie może mi tego odebrać. Nic tego nie zmieni, więc już zawsze będę miał piękne oczy.

Kiedy jesteś w złym nastroju, ponieważ ktoś Cię skrytykował, wyśmiał lub uraził, podejdź do lustra i znajdź jedną cechę, którą w sobie lubisz – niekoniecznie związaną z wyglądem. Może to być talent, cecha charakteru lub coś innego, co w sobie cenisz. Skup się na tym przez chwilę. Doceń to i uświadom sobie, że jesteś wspaniałą, wartościową osobą stworzoną jako jedyna w swoim rodzaju.

Nie uciekaj się do wymówki, że nie dostrzegasz w sobie niczego wyjątkowego. Bywamy dla siebie nazbyt surowi, zwłaszcza gdy porównujemy się z innymi. Obserwuję tę tendencję szczególnie wśród nastolatków, z którymi rozmawiam. Wielu z nich boryka się z poczuciem niższości i przeświadczeniem, że nikt ich nigdy nie pokocha. Dlatego powtarzam im często: „Kocham was takich, jakimi jesteście. Dla mnie jesteście piękni!".

Te proste słowa, którymi podczas wystąpień w szkołach staram się pokrzepić młodych ludzi, zawsze poruszają czułą strunę. Zaczyna się od stłumionego westchnienia lub cichego płaczu jednej z osób – widzę, że ktoś opuszcza głowę lub zasłania twarz rękami. Ale już po chwili potężne emocje przetaczają się przez całą salę niczym fala. Młode twarze pokrywają się łzami, ramiona drżą od tłumionego szlochu. Dziewczyny przytulają się do siebie. Chłopcy wychodzą z sali, żeby nikt nie widział, jak płaczą.

Kiedy po raz pierwszy zetknąłem się z taką reakcją, byłem zaskoczony. *Co się dzieje? Dlaczego ci młodzi ludzie są tak poruszeni?*

Odpowiedzi na to pytanie udzielają sami słuchacze. Po moich wystąpieniach zarówno młodsi, jak i starsi, stają w kolejce, żeby mnie przytulić i podzielić się ze mną swymi odczuciami. Często czekają na swoją kolej całymi godzinami.

Wprawdzie jestem przystojniakiem, ale ludzie nie ustawiają się w kolejce do mnie ze względu na mój urok osobisty. Przyciąga ich raczej to, że daję im coś, czego często brakuje w ich życiu – bezwarunkową miłość oraz zachętę, by zaakceptowali samych siebie.

Przytoczony wcześniej list od Kristy jest tylko jednym z wielu podobnych, jakie otrzymałem. Odbyłem również wiele rozmów zarówno z młodszymi, jak i ze starszymi osobami, które rozważały odebranie sobie życia, ponieważ straciły umiejętność kochania samych siebie. Gdy ludzie zadają nam rany, próbujemy otoczyć serce murem ochronnym, by zabezpieczyć się przed kolejnym zranieniem. Jednak budowanie ścian wokół siebie nie ma sensu. Nauczmy się raczej, jak kochać siebie takich, jacy jesteśmy, jak docenić swoje wewnętrzne i zewnętrzne piękno. Tylko wówczas nasze zalety dostrzegą także inni.

Pokochaj się na tyle, by umieć się z siebie śmiać

Czasami nasi przyjaciele i najbliżsi powtarzają nam setki razy, że jesteśmy wartościowi, że nas kochają i że trudne chwile przeminą, a mimo to odrzucamy pokrzepiające słowa i skupiamy się na doznanych krzywdach. Ja sam postępowałem w ten sposób przez całe lata. Jedna kąśliwa uwaga kolegi z podwórka dokonywała we mnie psychicznego spustoszenia, którego rodzice nie potrafili naprawić nawet przez kilka tygodni. Czułem się lepiej dopiero wtedy, gdy coś budującego powiedział mi ktoś z rówieśników. Kiedy koleżanka z klasy oświadczyła, że „wyglądam przystojnie", przez cały miesiąc byłem w siódmym niebie.

Oczywiście wkrótce potem, jak to bywa w życiu trzynastolatka, obudziłem się z pryszczem na nosie. Nie wyglądał zbyt ładnie. Był ogromny jak bulwa ziemniaka.

– Popatrz, co za porażka! – poskarżyłem się mamie.

– Tylko tego nie drap – odpowiedziała mama.

A niby czym miałbym się podrapać? – pomyślałem.

Poszedłem do szkoły przekonany, że jestem najbrzydszym nastolatkiem na świecie. Ilekroć przechodziłem obok okna w klasie i widziałem swoje odbicie, miałem ochotę zaszyć się w kąt. Koledzy i koleżanki gapili się na mój nos. Miałem nadzieję, że pryszcz zniknie, ale po dwóch dniach… urósł jeszcze bardziej – teraz był to już chyba największy pryszcz we wszechświecie. Zacząłem się obawiać, że jeśli nadal będzie rósł w tym tempie, pewnego dnia przerośnie resztę ciała.

Wielgachna narośl tkwiła na moim nosie przez osiem miesięcy. Czułem się jak renifer Rudolf Czerwononosy. W końcu mama zaprowadziła mnie do dermatologa. Powiedziałem lekarzowi, że chcę usunąć tę krostę, nawet jeśli potrzebna będzie operacja. Dermatolog obejrzał wykwit przez szkło powiększające – jakby nie był widoczny już z daleka – po czym oznajmił:

– Hmm… to nie jest trądzik.

Cokolwiek to jest – pomyślałem – *po prostu pozbądźmy się problemu, zgoda?*

– To powiększony gruczoł łojowy – kontynuował lekarz. – Mogę go wyciąć lub wypalić, ale po zabiegu zostanie blizna większa niż ta czerwona kropeczka.

Czerwona kropeczka?

– Krosta jest tak duża, że zasłania mi pole widzenia! – zaprotestowałem.

– Czy wolisz mieć bliznę do końca życia? – spytał retorycznie dermatolog.

Gigantyczny „wykwit niebędący trądzikiem" pozostał na moim nosie. Zamartwiałem się nim i modliłem się, żeby zniknął. Ale po pewnym czasie zrozumiałem, że czerwona żarówka świecąca na nosie nie jest poważniejszym problemem niż brak kończyn. W końcu postanowiłem: *Jeśli ludzie nie będą chcieli się ze mną zadawać z tak błahego powodu, to ich strata!*

Kiedy przyłapywałem kogoś na wpatrywaniu się w narośl na moim nosie, żartowałem, że hoduję drugi nos, który zamierzam sprzedać na czarnym rynku. Rozmówcy doceniali moje autoironiczne poczucie humoru, śmiali się razem ze mną i okazywali mi zrozumienie. W końcu kto nie miał nigdy problemów z trądzikiem? Nawet Brad Pitt ma pryszcze.

Czasami z własnej winy wyolbrzymiamy małe problemy, podchodząc do nich nazbyt poważnie. Pryszcz na nosie to przecież błahostka. Wszyscy jesteśmy z natury istotami niedoskonałymi – niektórzy są być może niedoskonali w nieco większym stopniu niż inni, ale koniec końców każdy ma jakieś wady i słabości. Nie warto nadmiernie przejmować się każdą krostką i zmarszczką, ponieważ pewnego dnia będziemy musieli zmierzyć się z jakimś naprawdę poważnym problemem – i co wtedy zrobimy? Dlatego lepiej nauczmy się śmiać z drobnych kłopotów i małych niepowodzeń, które są nieodłącznym elementem życia.

Śmiech redukuje stres, uwalniając endorfiny – hormony pełniące rolę naturalnej substancji rozluźniającej. Śmiech wspomaga działanie układu odpornościowego, poprawia krążenie i zwiększa dopływ tlenu do mózgu. Badania wykazały też, że śmiech wpływa pozytywnie na naszą atrakcyjność – to dodatkowy bonus!

Ślepe piękno

Nasza próżność jest komiczna. Kiedy zaczynamy wierzyć, że jesteśmy przystojni i seksowni niczym gwiazdy z okładek kolorowych czasopism, życie potrafi udzielić nam lekcji, przypominając, że piękno to kwestia gustu. Jak mówi przysłowie: nie to ładne, co ładne, ale co się komu podoba. A ostatecznie o wiele ważniejsze jest to, co w środku, a nie to, co na zewnątrz.

Niedawno poznałem pewną niewidomą dziewczynkę z Australii. Oboje uczestniczyliśmy w imprezie charytatywnej, której celem było zebranie środków na sprzęt medyczny dla chorych i niepełnosprawnych dzieci. Dziewczynka miała może pięć lat. Po imprezie jej mama przedstawiła nas sobie, wyjaśniając córce, że urodziłem się bez rąk i bez nóg.

Czasami niewidomi pytają, czy mogą dotknąć mojego ciała, żeby lepiej wyobrazić sobie, jak wygląda osoba bez kończyn. Nie mam nic przeciwko, więc gdy dziewczynka spytała mamę, czy może mnie sama „zobaczyć", zgodziłem się. Mama pokierowała dłonią córki, pozwalając jej dotknąć mojego barku i lewej stopy. Reakcja dziewczynki była zaskakująca. Nie zrobiły na niej większego wrażenia puste stawy barkowe ani zdeformowana stopa wyrastająca bezpośrednio z tułowia. Jednak kiedy dotknęła mojej twarzy... zaczęła krzyczeć.

Rozbawiła mnie tym.

– Co takiego? Wystraszyłaś się mojej pięknej twarzy? – spytałem.

– Nie! Wystraszyłam się włosów. Czy jesteś wilkiem?

Okazało się, że dziewczynka nigdy wcześniej nie zetknęła się z kimś, kto nosiłby brodę. Kiedy poczuła moją kilkudniową szczecinę, była przerażona. Współczuła mi, że jestem taki owłosiony. Dziewczynka miała własne wyobrażenie na temat atrakcyjności i najwyraźniej moja broda absolutnie mnie u niej dyskwalifikowała. Nie czułem się urażony. Nasza rozmowa przypomniała mi tylko o tym, że „piękno tkwi w oku patrzącego" (a także, parafrazując to powiedzenie, w dłoni dotykającego).

Ciesz się swoją wyjątkowością

Jesteśmy niemądrzy. Przez połowę czasu, jaki został nam dany, staramy się wtopić w tłum, a drugą połowę poświęcamy na to, by jakoś się w tym tłumie wyróżnić. Sam łapię się na tym i podejrzewam, że Tobie również ta tendencja nie jest obca, ponieważ to uniwersalna cecha naszej ludzkiej natury. Dlaczego nie potrafimy czuć się dobrze sami ze sobą – przecież jesteśmy Bożymi stworzeniami, istniejącymi po to, by odzwierciedlać Jego chwałę?

Kiedy chodziłem do szkoły, jak większość nastolatków próbowałem za wszelką cenę dopasować się do otoczenia. Co ciekawe, nawet ci młodzi ludzie, którzy twierdzą, że chcą „odróżnić się" od reszty, zadają się zwykle z rówieśnikami ubierającymi się i zachowującymi dokładnie tak samo jak oni. Nasuwa się pytanie, co to znaczy, że ktoś jest outsiderem, skoro wszyscy jego koledzy i koleżanki zakładają identyczne czarne ubrania i robią sobie taki sam czarny makijaż.

Jeszcze do niedawna tatuaże i kolczyki stanowiły buntowniczy przejaw nieokiełznanego indywidualizmu. Obecnie noszą je nawet mamy z komitetu rodzicielskiego. Czy nie ma lepszego sposobu na wyrażenie swojej nietuzinkowej osobowości niż uganianie się za ostatnim krzykiem mody z pasażu handlowego?

Postanowiłem przyjąć całkiem inną postawę – być może sprawdzi się ona także w Twoim przypadku. Uznałem, że moja atrakcyjność opiera się przede wszystkim na tym, w czym różnię się od innych. Jestem sobą – zupełnie wyjątkowy i niepowtarzalny. Nikt nie nazwie mnie „przeciętnym" czy „typowym". Wprawdzie w tłumie nie wybijam się wzrostem ponad innych, ale z całą pewnością wyróżniam się już na pierwszy rzut oka.

Taka postawa pomogła mi w wielu sytuacjach, ponieważ często spotykam się z dziwnymi reakcjami zarówno ze strony dzieci, jak i ze strony dorosłych, którzy widzą mnie po raz pierwszy. Młodsze dzieci myślą czasem, że jestem potworem albo przybyszem z innej planety. Nastolatki wyobrażają sobie, że okaleczył mnie morderca z siekierą, lub snują inne, równie makabryczne, domysły. Także dorośli wyciągają zaskakujące wnioski – podejrzewają na przykład, że mogę być lalką lub manekinem.

Pewnego razu odwiedziłem krewnych w Kanadzie. W święto Halloween, zgodnie z obowiązującym tam zwyczajem, dzieci chodzą po domach i domagają się słodyczy, w razie odmowy grożąc psikusem. Korzystając z mojej obecności, kuzyni ubrali mnie w maskę przedstawiającą przerażającego staruszka i nosili mnie od drzwi do drzwi. Początkowo ludzie w ogóle nie reagowali na mój widok. Jak się w końcu domyśliliśmy, wydawało im się, że nie jestem prawdziwy. Uświadomiliśmy to sobie, gdy pewna kobieta wrzuciła lizaki do mojej torby i powiedziała:

– Bardzo proszę, miłe urwisy!

Lecz niemal w tej samej chwili krzyknęła i odskoczyła do tyłu.

– Czy tam jest dziecko? Myślałam, że to lalka!

No cóż, jestem śliczny jak lala – pomyślałem.

Kiedy mam ochotę pożartować, bez oporów wykorzystuję swoją wyjątkowość. Uwielbiam włóczyć się z kuzynami i przyjaciółmi po galeriach handlowych. Kilka lat temu spacerowaliśmy w centrum handlowym w jednym z australijskich miast i w pewnej chwili wypatrzyliśmy witrynę z bielizną Bonds – to popularna marka bieliźniana na antypodach.

Manekin w obcisłych slipach wyglądał zupełnie tak jak ja: sama głowa i tułów bez kończyn – a do tego imponujący „sześciopak" na brzuchu. Tak się złożyło, że tego dnia miałem na sobie majtki marki Bonds, więc wymyśliliśmy z kuzynami, że mógłbym posłużyć za model z witryny. Weszliśmy do sklepu, kuzyni ukradkiem podsadzili mnie na wystawę i stanąłem obok manekina.

Przez następne pięć minut stroiliśmy sobie żarty z bywalców galerii. Gdy tylko ktoś zatrzymywał się lub spoglądał w moją stronę, poruszałem się lekko, mrugałem porozumiewawczo, uśmiechałem się lub kłaniałem na pożegnanie – wprawiając przechodniów w osłupienie. Moi wspólnicy czatowali przed sklepem i obserwowali reakcje ludzi, zaśmiewając się do łez. Zapewniali mnie później, że gdyby mi nie wyszło z przemawianiem publicznym, mogę zawsze znaleźć pracę jako manekin w centrum handlowym.

Zapal światło

Nauczyłem się śmiać ze swojej niepełnosprawności i z dziwnych reakcji, które czasem wywołuję, ale znam jeszcze lepszy sposób przezwyciężania kompleksów i pokonywania problemów z pokochaniem siebie. Zamiast koncentrować się na swoim cierpieniu, mogę wyciągnąć pomocną dłoń do innych ludzi. Mogę skupić się na drugim człowieku, który jest w potrzebie.

Zgłoś się na ochotnika do kuchni dla bezdomnych. Pomóż w zbiórce pieniędzy dla sierot. Zorganizuj pomoc charytatywną dla ofiar trzęsienia ziemi. Poszukaj sponsorów, którzy przekażą Ci darowiznę na cele dobroczynne, jeśli weźmiesz udział w zawodach rowerowych lub w maratonie tanecznym. Rusz z miejsca i zrób coś dla innych.

Kiedy angażuję się w tego rodzaju przedsięwzięcia, odkrywam, że to najlepsze rozwiązanie dla każdego, kto nie zapalił jeszcze wewnętrznego światła miłości.

Jeśli nie udaje Ci się rozwiązać swoich problemów, pomóż komuś innemu przezwyciężyć jego trudności. W końcu „więcej szczęścia jest w dawaniu niż w braniu", prawda? Jeśli nie potrafisz pokochać siebie, uczyń swoje życie darem dla innych. Zdziwisz się, jak bardzo podniesie to Twoje poczucie własnej wartości.

Skąd to wiem? Popatrz na mnie. Popatrz na moje życie. Czyż nie sprawiam wrażenia osoby szczęśliwej i spełnionej?

Korekcja nosa nie zapewni Ci życia pełnego radości. Zakup ferrari nie spowoduje, że będziesz podziwiany przez miliony. Posiadasz już wszystko, czego potrzebujesz, żeby być osobą szanowaną i kochaną. Musisz tylko uwolnić i w pełni wykorzystać drzemiący w Tobie potencjał. Nie będziesz doskonały, ale to nie ma znaczenia. W życiu nie chodzi o to, żeby osiągnąć doskonałość – chodzi o to, żeby do niej dążyć.

Nie poddawaj się, nie zatrzymuj się w rozwoju, hojnie dziel się tym, co posiadasz, tak byś pod koniec życia mógł spojrzeć wstecz i powiedzieć: „Dałem z siebie wszystko".

Spójrz w lustro i powiedz: „Oto kim jestem. Dziś przyjmuję wyzwanie, by stać się najlepszą wersją siebie". Posiadasz ogromną wartość, ponieważ Bóg stworzył Cię z myślą o wypełnieniu konkretnego celu. Do Ciebie należy odkrycie tego celu, rozpalenie go nadzieją i pełne wiary dążenie do jego zrealizowania, tak by jak najlepiej spożytkować swój niepowtarzalny potencjał.

Samoakceptacja i właściwie rozumiana miłość własna to jedyne pewne lekarstwo uwalniające od pokusy użalania się nad sobą i od mentalności ofiary. Narkotyki, alkohol czy rozwiązłość przynoszą co najwyżej chwilową ulgę, a w dłuższej perspektywie zawsze rodzą jeszcze więcej bólu. Kiedy zrozumiałem, że jestem dzieckiem Boga powołanym do wypełnienia Jego planu, moje życie zmieniło się już na zawsze. Być może nie jesteś jeszcze wyznawcą Chrystusa, ale mimo to możesz uwierzyć w swoją wartość i sens życia na tej planecie.

Szczęście w zasięgu ręki

Oto moja najlepsza rada dla każdego, kto chce odnaleźć wewnętrzne szczęście: wyciągnij pomocną dłoń do innych ludzi i wykorzystaj posiadane talenty, inteligencję i osobowość, żeby uczynić ich życie lepszym. Często znajdowałem się po drugiej stronie tego równania, korzystając z pomocy życzliwych osób, i mogę śmiało stwierdzić, że ich postawa zmieniła moje życie.

Kiedy miałem szesnaście lat, uczyłem się w liceum stanowym w Runcorn, w Queensland. Po lekcjach musiałem zwykle czekać na transport do domu. Najczęściej spędzałem ten czas z kolegami lub rozmawiałem z panem Arnoldem. Pan Arnold nie był dyrektorem ani nawet nauczycielem. Był woźnym. Ale jednocześnie należał do ludzi, którzy świecą wewnętrznym blaskiem. Akceptował swoją rolę i czuł się tak swobodnie w kombinezonie roboczym, że wszyscy go lubili i szanowali.

Pan Arnold potrafił rozmawiać na każdy temat. Był mądrym człowiekiem i odznaczał się wielką dojrzałością duchową. Czasami podczas przerwy obiadowej prowadził spotkania chrześcijańskiego klubu młodzieżowego. Zapraszał mnie często, choć tłumaczyłem mu, że nie jestem zainteresowany. Jednak ponieważ go lubiłem, w końcu zacząłem uczęszczać na te spotkania.

Pan Arnold zachęcał nas, żebyśmy rozmawiali o swoim życiu i otwarcie dzielili się problemami. Niejeden raz proponował to także mnie, ale konsekwentnie odmawiałem.

– Nick, chcielibyśmy usłyszeć twoją historię – mówił pan Arnold. – Chcemy cię lepiej poznać i dowiedzieć się, o czym myślisz.

– Nie mam żadnej historii do opowiedzenia – utrzymywałem.

Opierałem się w ten sposób przez trzy miesiące. Ale jako że inni uczniowie otwarcie dzielili się swoimi problemami, w końcu ustąpiłem. Przed spotkaniem, na którym miałem opowiedzieć o sobie, byłem tak stremowany, że musiałem przygotować notatki.

Nie spodziewałem się, że komukolwiek zaimponuję. Chciałem po prostu mieć to za sobą – a przynajmniej tak to sobie tłumaczyłem. Zależało mi też na tym, żeby pokazać rówieśnikom, że przeżywam te same uczucia, obawy i zmartwienia co oni.

Wygłosiłem dziesięciominutowe przemówienie. Opowiadałem o tym, jak to jest wychowywać się bez rąk i nóg. Wspominałem zarówno o przykrych, jak i o zabawnych momentach ze swego życia. Nie chciałem wyjść na ofiarę, więc opowiadałem też o odniesionych zwycięstwach. Ponieważ było to spotkanie chrześcijańskie, przyznałem się słuchaczom, że bywały takie chwile, gdy czułem się tak, jakby Bóg o mnie zapomniał, lub gdy dochodziłem do wniosku, że jestem jedną z Jego osobliwych pomyłek. Ale podkreśliłem też, że zaczynam coraz lepiej rozumieć, że Bóg ma dla mojego życia plan, którego jeszcze do końca nie rozgryzłem.

– Uczę się wierzyć, że nie jestem pomyłką – powiedziałem na koniec, próbując rozśmieszyć koleżanki i kolegów zabawnym tonem.

Jednak ku swemu zdziwieniu zauważyłem, że zamiast się śmiać, większość z nich ma łzy w oczach.

– Czy poszło mi aż tak kiepsko? – spytałem później pana Arnolda.

– Nie, Nick – powiedział – poszło ci aż tak dobrze.

Początkowo myślałem, że pan Arnold mówi to przez grzeczność, a inni uczniowie udają wzruszonych moim przemówieniem, żeby sprawić mi przyjemność. Zacząłem zmieniać zdanie, gdy jeden z kolegów zaproponował mi wystąpienie na forum kościelnej grupy młodzieżowej. Wkrótce potem kolejna osoba poprosiła mnie o wygłoszenie przemówienia, tym razem podczas zajęć szkółki niedzielnej. W ciągu następnych dwóch lat otrzymałem kilkadziesiąt zaproszeń do opowiedzenia swojej historii na spotkaniach grup kościelnych, organizacji młodzieżowych i stowarzyszeń charytatywnych.

Gdy byłem w liceum, unikałem angażowania się w działalność grup chrześcijańskich. Nie chciałem, żeby przyczepiono mi etykietę ugrzecznionego dziecka kaznodziei, zafiksowanego na punkcie religii. Zgrywałem twardziela i przeklinałem, żeby zdobyć akceptację kolegów. Jednak w rzeczywistości na tamtym etapie po prostu nie akceptowałem jeszcze w pełni samego siebie.

Najwyraźniej Bóg ma poczucie humoru – tak pokierował okolicznościami, że wystąpiłem przed grupą, której wcześniej unikałem, i właśnie tam podczas mojego przemówienia objawił swój cel dla mojego życia. Pokazał mi, że nawet będąc niedoskonałym, mam do zaoferowania coś cennego – posiadam skarby, którymi mogę dzielić się z innymi ludźmi, niosąc im ulgę i pokrzepienie.

To samo dotyczy Ciebie. Pomimo naszej niedoskonałości powinniśmy dzielić się ze światem pięknymi darami, które nam ofiarowano. Wejrzyj w głąb siebie. Jest w Tobie światło, które czeka na ujawnienie. Niech zaświeci pełnym blaskiem!

5

Postawa to podstawa!

Kiedy zakładałem firmę, która miała zająć się koordynowaniem moich wystąpień dla świata biznesu i dla dużych korporacji, nadałem jej nazwę „Attitude is Altitude" (w wolnym tłumaczeniu: „postawa to podstawa" – przyp. tłum.). Bez pozytywnej postawy nigdy nie zdołałbym przezwyciężyć ograniczeń wynikających z niepełnosprawności i dotrzeć z przesłaniem nadziei do tak wielu ludzi.

Słysząc o konieczności kontrolowania postawy, niektórzy zapewne zareagują obojętnym wzruszeniem ramion, ponieważ wydaje nam się, że w literaturze motywacyjnej i w książkach o coachingu powiedziano już prawie wszystko na ten temat. Jednak nie powinniśmy lekceważyć niezwykłej siły, która kryje się w umiejętności panowania nad swoją postawą – gdy potrafimy świadomie kontrolować nastawienie niezależnie od ulotnego nastroju i eliminować zachowania utrudniające prowadzenie „życia bez ograniczeń". Jak powiedział kiedyś William James – psycholog, filozof i wykładowca na Harvardzie – jednym z największych sukcesów jego pokolenia było odkrycie, że *zmieniając postawę, możemy zmienić swoje życie*.

Czy zdajemy sobie z tego sprawę czy nie, oceniamy świat przez pryzmat osobistych założeń rozstrzygających o tym, co jest w naszym przekonaniu dobre lub złe, słuszne lub niesłuszne, sprawiedliwe lub niesprawiedliwe. Decyzje i działania są efektem naszego nastawienia, więc jeśli przyjęty przez nas sposób postępowania się nie sprawdza, możemy skorygować postawę i zmienić swoje życie.

Postawę można w tym kontekście przyrównać do pilota zdalnego sterowania. Jeśli nie odpowiada nam nadawany program, chwytamy za pilota i przełączamy telewizor na inny kanał. W analogiczny sposób możemy regulować swoje nastawienie, gdy nie uzyskujemy pożądanych rezultatów.

Linda, nauczycielka muzyki, przysłała mi list, w którym opisała, jak przyjęcie właściwej postawy pomogło jej ograniczyć konsekwencje groźnego wypadku z dzieciństwa. Kiedy była jeszcze uczennicą szkoły podstawowej, została poważnie ranna w kolizji drogowej. Przez dwie doby znajdowała się w stanie śpiączki, a gdy odzyskała przytomność, nie mogła się poruszać, mówić ani jeść.

Lekarze obawiali się, że dziewczyna już nigdy nie będzie normalnie mówić ani chodzić i że będzie upośledzona umysłowo, jednak Linda stopniowo odzyskała pełną sprawność umysłu, mowy i ciała. Dzisiaj jedynym odczuwalnym skutkiem wypadku jest uszkodzenie prawego oka, na które Linda niedowidzi.

Po wypadku dużo się nacierpiała i musiała przejść wiele operacji. Miała prawo czuć się skrzywdzona i rozgoryczona. Nikt by jej nie winił, gdyby uznała, że życie potraktowało ją niesprawiedliwie. Jednak Linda postanowiła przyjąć postawę, którą sama charakteryzuje w następujący sposób: „Czasami czuję się sfrustrowana tym, że moje oczy nie współpracują ze sobą harmonijnie. Ale wtedy przypominam sobie, co przeżyłam i jak to się mogło skończyć. Uświadamiam sobie, że Bóg zachował mnie z określonego powodu – żebym zaświadczyła o Jego działaniu w moim życiu. Niesprawne oko przypomina mi o tym, że nie jestem doskonała, ale ta niedoskonałość nie stanowi już problemu – muszę całkowicie polegać na Bogu, który dodaje mi siły. On postanowił okazać swoją moc przez słabość mego oka – ja wprawdzie jestem słaba, ale Bóg jest mocny".

Linda uznała, że uszkodzone oko jest częścią doskonałego zamysłu Bożego wobec jej życia. W dalszej części listu pisze: „Bóg zmienił moje nastawienie do życia – wiem, że ono może się w każdej chwili skończyć, więc przez cały czas staram się żyć i działać dla Niego. Staram się też zawsze zachowywać pozytywną postawę, powierzając wszystko Bogu i szczerze troszcząc się o ludzi wokół siebie".

Zamiast skupiać się na swoim problemie, Linda świadomie wybiera postawę wdzięczności. Docenia fakt, że może myśleć, mówić, chodzić i prawie pod każdym względem prowadzić normalne życie. Ty i ja również możemy wybrać postawę, jaką chcemy przyjąć – dokładnie tak jak Linda.

Właściwa postawa wcale nie oznacza, że musisz udawać kogoś idealnego. Kiedy spotyka Cię tragedia lub nieszczęście, potrzebujesz przejść przez kolejne fazy strachu, gniewu i smutku – jest to najzupełniej normalne i zdrowe. Jednak w pewnym momencie każdy z nas musi sobie powiedzieć: „Jestem dziś w tym konkretnym miejscu. Czy chcę spędzić resztę życia, użalając się nad sobą, czy wolę raczej wznieść się ponad to, co mi się przydarzyło, i realizować marzenia?".

Czy łatwo wybrać drugą opcję? Nie, to nie jest łatwe. Taka decyzja wymaga ogromnej determinacji, a także nadziei, wiary i przeświadczenia, że posiadamy talenty i umiejętności, którymi możemy podzielić się z tym światem. Linda jest tylko jedną z wielu osób, które swoim życiem pokazały, że pozytywna postawa pozwala podjąć największe wyzwania. Obowiązuje tutaj stara, sprawdzona zasada, że nawet jeśli nie mamy wpływu na to, co się nam przydarza, decydujemy o tym, w jaki sposób zareagujemy. Jeśli wybierzemy właściwą postawę, możemy wznieść się ponad wszelkie przeciwności i ograniczenia.

Najprawdopodobniej nie będziesz w stanie uchronić się przed wieloma nieprzewidzianymi wypadkami. Twój dom może zniszczyć nawałnica. W Twój samochód może wjechać pijany kierowca. Możesz stracić pracę lub usłyszeć od ukochanej osoby, że potrzebuje więcej „przestrzeni" i odchodzi od Ciebie. Od czasu do czasu wszystkim zdarzają się przykre niespodzianki. Ponarzekaj wtedy, wyżal się, wypłacz i daj upust emocjom, ale potem weź się w garść, spytaj „co dalej?" i przyjmij odpowiednią postawę.

Włącz zasilanie

Przyjmując właściwe nastawienie, możesz zmienić swoje życie bez uciekania się do tabletek, konsultacji psychologicznych czy odwiedzin u guru. W poprzednich rozdziałach zachęcałem Cię do odkrycia swego życiowego celu, pielęgnowania nadziei na przyszłość i wiary w możliwości, a także do pokochania siebie takim, jaki jesteś. Te umiejętności zapewnią Ci solidny fundament i natchną optymizmem, który stanowi źródło energii niezbędnej do zmiany postawy, niczym baterie będące źródłem zasilania w pilocie do telewizora.

Czy znasz kogoś, kto jest szczęśliwą, spełnioną osobą, a jednocześnie pesymistą? Ja nie znam nikogo takiego. Optymizm dodaje nam sił i pomaga panować nad emocjami. Natomiast pesymizm osłabia wolę i powoduje, że zmienne nastroje zaczynają wpływać na nasz sposób postępowania. Zachowując optymistyczne nastawienie, możemy świadomie kształtować postawę i znaleźć najlepsze wyjście nawet z najtrudniejszych sytuacji. Umiejętność tę określa się w psychologii mianem „przeramowania" – nawet jeśli nie mamy wpływu na okoliczności, zawsze możemy zmienić to, w jaki sposób na nie patrzymy.

Początkowo musimy o to dbać w każdej sytuacji, ale po pewnym czasie właściwą postawę zaczynamy przyjmować odruchowo. Często podróżuję po świecie ze swoimi asystentami. Na początku, kiedy dopiero zaczynałem występować w innych miastach i krajach, nie potrafiłem opanować złości, gdy odwoływano nasz lot lub gdy spóźniliśmy się na najlepsze połączenie. Jednak w końcu musiałem pogodzić się z faktem, że osoby podróżujące tak często nie unikną tego typu problemów. Poza tym dawno przekroczyłem już wiek, który poniekąd usprawiedliwiałby napady złości (zresztą w moim wykonaniu nigdy nie były one zbyt efektowne, ponieważ nie mogłem porządnie tupnąć nogą).

Musiałem opanować umiejętność dostosowania postawy w związku z niespodziewanymi przerwami w podróży. Teraz kiedy jesteśmy uziemieni na lotnisku przez długie godziny lub gdy nagle trzeba zmienić plany, unikam stresu, frustracji i złości, koncentrując się na pozytywnej interpretacji negatywnego zdarzenia. Staram się włączyć optymistyczne myśli, na przykład: *Nasz lot został opóźniony z powodu złej pogody. To dobrze, ponieważ przeczekamy burzę i nasza podróż będzie bezpieczniejsza.* Lub: *Odwołali nasz lot z uwagi na problemy techniczne. Wolę spokojnie zaczekać na ziemi na sprawny samolot niż unosić się w powietrzu w samolocie z usterką.*

Oczywiście nadal wolałbym podróżować bez przestojów, ale jedyną alternatywą dla świadomego przyjęcia pozytywnej postawy jest koncentrowanie się na negatywach, a to po prostu droga donikąd. Kiedy pozwalamy, żeby okoliczności, na które nie mamy wpływu, determinowały nasze postawy i działania, ryzykujemy tym, że wciągnie nas wir błędnych ocen, pochopnych decyzji i przesadzonych reakcji. Zbyt szybko ulegamy pokusie, by się poddać, i tracimy okazje, które zawsze – zawsze – pojawiają się na horyzoncie właśnie wtedy, gdy pogodziliśmy się z myślą, że nasze życie już nigdy nie zmieni się na lepsze.

Tymczasem to właśnie pesymizm i negatywne nastawienie dają gwarancję, że nigdy nie uda Ci się rozwiązać problemów i pokonać przeszkód. Kiedy czujesz, że krew zawrzała Ci w żyłach, wycisz negatywne myśli i zastąp je pozytywnym, konstruktywnym dialogiem wewnętrznym. Oto zestawienie przykładów myślenia negatywnego i pozytywnego, które pomoże Ci monitorować wewnętrzne głosy toczące rozmowę w Twoim umyśle.

Myślenie negatywne	**Myślenie pozytywne**
Nigdy się z tym nie uporam.	*Kiedyś mi się uda.*
Już dłużej nie dam rady.	*Udało mi się wytrwać aż dotąd. Przede mną lepsze dni.*
To najgorsze, co mi się przytrafiło.	*Każdy ma czasem gorszy dzień.*
Nigdy nie znajdę innej pracy.	*Jedne drzwi się zamykają, a inne otwierają.*

Postawa, która uzdrawia

Mój przyjaciel Chuck ma czterdzieści lat. W zeszłym roku dowiedział się, że w jego ciele ponownie wykryto nowotwór, który Chuck pokonał już dwukrotnie jako dwudziestolatek. Tym razem guz zajął narządy istotne dla życia, co wykluczało możliwość zastosowania radioterapii. Rokowania nie były dobre – Chuck znalazł się w poważnych tarapatach. Jako mąż i ojciec otoczony przez kochającą rodzinę i przyjaciół Chuck miał jednak wyraźny cel. Nie stracił też nadziei i wiary. Wybrał postawę niezgody na śmierć. Przyjął do wiadomości, że choroba zaatakowała jego ciało, ale odmówił uznania się za chorego. Z determinacją podtrzymywał w sobie pozytywne nastawienie i nie dawał za wygraną.

Choć w tamtym momencie nikt nie posunąłby się do stwierdzenia, że Chuck ma szczęście, w pewnym sensie los się do niego uśmiechnął. Lekarze Chucka ze szpitala w St. Louis uczestniczyli w badaniach nad skutecznością nowego lekarstwa, będącego alternatywą dla radioterapii. Środek ten identyfikuje i uśmierca pojedyncze komórki rakowe. Chuck kwalifikował się do leczenia eksperymentalnego, ponieważ w jego przypadku wykluczono użycie tradycyjnych metod terapeutycznych. Jednak najsilniejszym argumentem, który ostatecznie przekonał lekarzy do przyjęcia Chucka do programu, była jego pozytywna postawa. Wszyscy wiedzieli, że Chuck maksymalnie wykorzysta swą szansę – i tak też się stało.

Kiedy podawano mu lekarstwo przez kroplówkę, Chuck nie leżał w łóżku – ćwiczył na bieżni elektrycznej i podnosił ciężary. Widząc emanującą od niego pozytywną energię, niektórzy pracownicy szpitala powątpiewali nawet, czy jest pacjentem oddziału onkologicznego.

– Po prostu nie wygląda pan ani nie zachowuje się pan tak, jak nasi normalni pacjenci – twierdzili lekarze i pielęgniarki.

Kilka tygodni po eksperymentalnej kuracji Chuck spotkał się z lekarzem prowadzącym, który przekazał mu, że stało się coś dziwnego.

– Nie znajduję po guzie najmniejszego śladu – powiedział doktor. – Po prostu zniknął.

Lekarze nie potrafili określić, czy w pokonaniu nowotworu kluczową rolę odegrało lekarstwo czy raczej postawa Chucka, czy był to cud, czy może doszło do zazębienia się wszystkich tych czynników. Ja sam mogę jedynie potwierdzić, że Chuck opuścił szpital zdrowy jak byk. Choć wszystko wskazywało na to, że grozi mu śmierć, Chuck postanowił przyjąć pozytywną postawę i skupić się nie na chorobie, lecz na swym życiowym celu, na nadziei i wierze oraz na przeświadczeniu, że może służyć pomocą innym ludziom.

Wybór należy do Ciebie

Zarówno Linda, jak i Chuck świadomie wybrali postawę, która pozwoliła im wznieść się ponad trudne okoliczności, ale warto zwrócić uwagę, że były to nieco inne rodzaje postaw. Linda zdecydowała, że będzie wdzięczna, a nie zgorzkniała. Chuck postanowił nie poddawać się, lecz walczyć. Istnieje wiele możliwych postaw, ale sądzę, że największe znaczenie mają następujące cztery:

1. Postawa wdzięczności
2. Postawa działania
3. Postawa empatii
4. Postawa przebaczenia

1. Postawa wdzięczności

To postawa, która pomogła Lindzie poradzić sobie z emocjonalnymi skutkami obrażeń odniesionych w wypadku samochodowym. Zamiast pogrążyć się w żalu, Linda postanowiła być wdzięczna za odzyskaną sprawność i za życie, jakie udało jej się zbudować. Głęboko wierzę w niezwykłą moc wdzięczności. Podczas wystąpień publicznych często żartuję ze swojej lewej stopy. Zależy mi na tym, żeby słuchacze poczuli się nieco swobodniej i żeby nie krępował ich widok mojej nietypowej „końcówki". Ale w rzeczywistości nauczyłem się ją doceniać. Dzięki niej mogę obsługiwać joystick wózka inwalidzkiego, pisać na klawiaturze komputera z szybkością czterdziestu wyrazów na minutę, grać na syntezatorze i cyfrowym zestawie perkusyjnym, a także korzystać z najróżniejszych aplikacji w telefonie komórkowym.

Postawa wdzięczności przyciąga do nas osoby, które podzielają nasz entuzjazm i mobilizują nas do realizowania marzeń. Ich zachęta jest wręcz nieoceniona. Kiedy byłem dzieckiem, mama często czytała mi książki. Jedną z moich ulubionych była książeczka pod tytułem *Bóg, którego kocham*. Miałem sześć lat, gdy mama przeczytała mi ją po raz pierwszy. W tamtym okresie nie znałem jeszcze innych osób bez rąk i nóg. Nie miałem wzorów do naśladowania – ludzi, którzy wyglądaliby podobnie do mnie i musieliby podejmować te same wyzwania. Wspomniana książka – do której po tylu latach nadal chętnie wracam myślami – zainspirowała mnie i pomogła mi zbudować solidny fundament dla postawy wdzięczności.

Autorką tej publikacji jest Joni Eareckson-Tada. Joni (imię to wymawia się tak samo jak „Johnny") była wysportowaną siedemnastolatką z Maryland. Uprawiała pływanie i jeździectwo. W 1967 roku, na kilka tygodni przed zakończeniem pierwszego semestru studiów, podczas skoku do wody złamała kręgosłup. Na skutek wypadku została sparaliżowana od szyi w dół. W swojej książce Joni pisze o rozpaczy, a także o myślach samobójczych, jakie ją nawiedzały. Ostatecznie uwierzyła jednak, że jej wypadek nie był efektem kosmicznego rzutu monetą ani nie wynikał z przypadkowego obrotu koła fortuny, ale stanowił część Bożego planu wobec jej życia.

Książka Joni zrobiła na mnie ogromne wrażenie. Mama zakupiła też album z jej piosenkami. To wtedy po raz pierwszy usłyszałem słowa „wszyscy jedziemy na tym samym wózku" – Joni przekonuje w jednej z piosenek, że nikt nie jest doskonały, a jazda na wózku inwalidzkim może sprawić mnóstwo frajdy. Odtwarzałem tę płytę w nieskończoność i do dzisiaj przyłapuję się czasem na tym, że podśpiewuję pod nosem pochodzące z niej utwory.

Łatwo sobie wyobrazić, że byłem w siódmym niebie, kiedy wiele lat później po raz pierwszy zaproszono mnie na spotkanie z Joni. W 2003 roku odwiedziłem Stany Zjednoczone, żeby przemawiać w jednym z kalifornijskich kościołów. Po moim wystąpieniu podeszła do mnie młoda kobieta, która, jak się okazało, pracowała dla Joni. Krótko się przedstawiła i zaprosiła mnie do siedziby organizacji charytatywnej „Joni i Przyjaciele" w Agoura Hills.

Wybrałem się tam wkrótce. Kiedy Joni weszła do pokoju, poczułem się jak na randce z gwiazdą. Joni zbliżyła się do mnie i pochyliła się, by mnie uścisnąć. Z powodu porażenia czterokończynowego jest jednak dość słaba, więc kiedy wychyliła się w moją stronę, nie była już w stanie samodzielnie przechylić się z powrotem do wózka. Zareagowałem instynktownie, popychając ją lekko na miejsce ciężarem swojego ciała.

– Jesteś bardzo silny! – powiedziała.

Oczywiście byłem zachwycony, słysząc taki komplement z ust niezwykłej kobiety, która – gdy byłem jeszcze dzieckiem – dodawała mi sił, wiary i nadziei jako autorka książek i piosenek. Joni przyznała, że – podobnie jak ja – początkowo nie umiała pogodzić się ze swoją niepełnosprawnością. Zastanawiała się, czy nie zakończyć życia, zjeżdżając wózkiem z wysokiego mostu, ale obawiała się, że efektem nieudanej próby samobójczej może być uszkodzenie mózgu i że skończy w jeszcze gorszym stanie. W końcu pomodliła się: „Boże, jeśli nie mogę umrzeć, pokaż mi, jak żyć".

Wkrótce potem przyjaciel podarował Joni kartkę z następującym cytatem z Biblii: „W każdym położeniu dziękujcie. Taka jest bowiem wola Boża w Chrystusie Jezusie względem was". W tamtym czasie Joni nie była osobą głęboko religijną. Po wypadku odczuwała złość i frustrację z powodu paraliżu i nie potrafiła zaakceptować przesłania płynącego z tego wersetu.

– Jesteś chyba niepoważny – powiedziała swemu przyjacielowi. – Nie czuję się wdzięczna za to wszystko. Nie ma mowy!

Przyjaciel wyjaśnił Joni, że wcale nie musi czuć się wdzięczna za to, że jest sparaliżowana. Zachęcił ją natomiast, by postawiła krok wiary i podziękowała Bogu za błogosławieństwa, których miała dopiero doświadczyć.

Joni nie umiała się na to zdobyć. Czuła się skrzywdzona i potrafiła myśleć o sobie tylko w kategoriach „ofiary tragicznego wypadku". Początkowo o swą niepełnosprawność oskarżała wszystkich wokół i chciała, żeby winni ponieśli konsekwencje. Pozywała do sądu. Domagała się odszkodowania. Miała nawet za złe rodzicom, że urodziła się w niesprawiedliwym świecie, w którym było możliwe takie nieszczęście.

Joni miała poczucie, że skoro straciła możliwość korzystania z rąk i nóg, świat stał się jej dłużnikiem. W końcu uświadomiła sobie jednak, że utwierdzanie się w mentalności ofiary to pójście na łatwiznę. Wszyscy możemy uważać się za ofiary takiego czy innego nieszczęścia. Niektórzy czują się skrzywdzeni, bo urodzili się w biedzie. Inni uznają się za ofiary, ponieważ mają słabe zdrowie lub kiepską pracę, ponieważ nie są wystarczająco szczupli, wysocy czy atrakcyjni albo ponieważ ich rodzice się rozwiedli.

Jeśli sądzimy, że przysługuje nam prawo do szczęścia, wtedy czujemy się ograbieni i wzburzeni, gdy w naszym życiu dzieje się coś przykrego. Często obwiniamy wówczas innych i żądamy, by zapłacili za niedogodności, które musimy znosić. W egoistycznym zafiksowaniu zaczynamy stopniowo przybierać pozę zawodowej ofiary losu. Jednak użalanie się nad sobą jest najbardziej nużącym, bezproduktywnym i niewdzięcznym zajęciem, jakie można sobie wyobrazić. Po parokrotnym przesłuchaniu smętnej płyty zarezerwowanej na depresyjne wieczory człowiek ma ochotę rwać włosy z głowy albo uciekać.

Weź przykład z Joni i odrzuć rolę ofiary, bo użalanie się nad sobą donikąd nie prowadzi. Joni twierdzi, że cierpienie przywodzi nas do rozstaju dróg. Możemy wybrać drogę prowadzącą w dół, pogrążając się w rozpaczy, albo podążyć obiecującym szlakiem pod górę, przyjmując postawę wdzięczności. Okazywanie wdzięczności może początkowo sprawiać pewne kłopoty, ale jeśli nie zgodzisz się na rolę ofiary i dzień po dniu będziesz konsekwentnie trzymać się obranego szlaku, znajdziesz potrzebną siłę. Jeśli nie dostrzegasz żadnych pozytywnych aspektów w swoim aktualnym położeniu, skup się na dniach, które są dopiero przed Tobą, i z góry okaż za nie wdzięczność. Takie podejście dodaje energii i pomaga przekierować uwagę z ponurej przeszłości w stronę przyszłości.

– Czułam, że ścieżka pozwalająca uciec od autodestrukcji została już dla nas wytyczona na kartach Biblii – powiedziała mi Joni. – Wkrótce zaczęłam ją czytać i odkryłam starą, sprawdzoną zasadę: ten, kto źródło siły na każdy kolejny dzień znajduje w Bogu, odnosi pełne zwycięstwo.

Joni uświadomiła sobie, że trwanie w roli ofiary pogrąża ją i obezwładnia jeszcze bardziej niż fizyczny paraliż, natomiast okazywanie wdzięczności za obecne i przyszłe błogosławieństwa pomaga jej wznosić się w górę. Przyjęcie takiej postawy może odmienić Twoje życie, tak jak przeobraziło życie Joni i moje. Zamiast gniewu i zgorzknienia z powodu niepełnosprawności wybraliśmy ścieżkę prowadzącą do radości i poczucia spełnienia.

Postawa wdzięczności zaowocowała autentyczną przemianą Joni. Ta niezwykła kobieta wywarła z kolei ogromny wpływ na mnie i na tysiące innych ludzi, którzy znaleźli nieocenioną pomoc w bestsellerowych książkach motywacyjnych i płytach DVD wydanych przez Joni. Założona przez nią organizacja charytatywna „Joni i Przyjaciele" prowadzi program „Wózki dla świata", w ramach którego wśród osób niepełnosprawnych w stu dwóch krajach rozprowadzono do tej pory ponad sześćdziesiąt tysięcy darmowych wózków inwalidzkich, a także tysiące kul, lasek i balkoników.

Joni cierpi na porażenie czterokończynowe. Ja nie mam rąk ani nóg. A jednak udało nam się znaleźć życiowy cel, który konsekwentnie realizujemy. Zamiast rozpaczać, uchwyciliśmy się nadziei. Zaufaliśmy Bogu i z wiarą skierowaliśmy wzrok ku przyszłości. Pogodziliśmy się z tym, że jesteśmy niedoskonałymi istotami ludzkimi, które mimo wszystko mają coś cennego do zaoferowania temu światu. Świadomie wybraliśmy pozytywną postawę, której siłą napędową jest wdzięczność, i zaczęliśmy działać, zmieniając swoje życie, a także życie wielu innych ludzi.

To nie jest hasło z plakatu – to prawda. Wybierając postawę wdzięczności zamiast zgorzknienia, rezygnacji lub mentalności ofiary, Ty też możesz pokonać wszelkie wyzwania. Ale jeśli okazywanie wdzięczności przychodzi Ci z trudem, są jeszcze inne postawy, które warto wypróbować.

2. Postawa działania

Tabitha cierpi na niepełnosprawność podobną do mojej, a mimo to napisała: „Dostrzegam w swoim życiu tyle błogosławieństw, że muszę się jakoś odwdzięczyć światu". Przyjęła postawę działania, która doprowadziła ją do tego, że wraz z rodziną założyła stowarzyszenie zajmujące się rozprowadzaniem paczek ze słodyczami i upominkami wśród dzieci cierpiących na poważne choroby, a także pośród dzieci niepełnosprawnych i mieszkających w schroniskach dla bezdomnych.

Czasami najlepszym sposobem na to, by zerwać z nużącą rutyną lub pokonać napotkaną przeszkodę, jest zaangażowanie się w przedsięwzięcie, które ma na celu poprawę warunków życia – czy to własnego, czy innych osób. Sokrates powiedział: „Kto chce poruszyć świat, niechaj najpierw poruszy siebie". Kiedy życie nie daje Ci chwili wytchnienia, zrób sobie przerwę. Jeśli spotyka Cię nieszczęście lub tragedia, daj upust negatywnym emocjom, a następnie podejmij działania, które z zaistniałych okoliczności pozwolą Ci wyprowadzić jakieś dobro.

Przyjęcie postawy nakierowanej na działanie pomaga nabrać rozpędu. Pierwsze kroki są najtrudniejsze – bez dwóch zdań. Na początku nawet podniesienie się z łóżka może być wielkim osiągnięciem, ale kiedy już wstaniesz, możesz ruszyć do przodu i podążyć drogą prowadzącą ku lepszej przyszłości. Nie zatrzymuj się. Idź przed siebie krok po kroku. Jeśli straciłeś kogoś bliskiego lub coś cennego, wyciągnij pomocną dłoń do innych ludzi lub zbuduj coś wartościowego, co będzie pamiątką i wyrazem hołdu wobec osoby lub rzeczy, którą straciłeś.

Utrata ukochanej osoby jest jednym z najboleśniejszych ludzkich doświadczeń. Po śmierci członka rodziny lub przyjaciela ogarnia nas obezwładniający smutek. W takich sytuacjach trudno o jakikolwiek powód do wdzięczności, wyjąwszy być może sam fakt, że znaliśmy i kochaliśmy tę osobę i że spędziliśmy z nią wiele wspólnych chwil. Nic nie jest w stanie przygotować nas na dojmujący, paraliżujący żal towarzyszący śmierci kogoś bliskiego. Niektórzy podejmują jednak kroki, które z bolesnego doświadczenia straty pozwalają wyprowadzić dobro. Znanym przykładem osoby, która przyjęła taką postawę, jest Candy Lightner. W wypadku spowodowanym przez pijanego kierowcę straciła ona trzynastoletnią córkę. Ujście dla gniewu i cierpienia Candy znalazła w działaniu. Założyła stowarzyszenie MADD (Mothers Against Drunk Driving – matki przeciwko jeździe po pijanemu), które organizuje kampanie społeczne i programy edukacyjne przyczyniające się do ograniczenia liczby ofiar wypadków drogowych.

Kiedy dochodzi do tragedii lub nieszczęścia, mamy pokusę, by zaszyć się gdzieś i wypłakać, licząc na to, że upływ czasu stopniowo uśmierzy ból. Jednak wielu ludzi – wśród nich Tabitha, Joni Eareckson-Tada czy Candy Lightner – wybiera inną postawę, przejawiającą się w działaniu. Osoby takie wychodzą z założenia, że nawet największa tragedia może być okazją do czynienia dobra. Inspirujący przykład wyboru podobnej postawy daje także Carson Leslie z Dallas. Miał szesnaście lat, gdy spotkałem go po raz pierwszy, i już wtedy od dwóch lat walczył z rakiem. Ten młody, utalentowany sportowiec marzył o tym, by zagrać na pozycji łącznika w drużynie New York Yankees. Miał raptem czternaście lat, gdy zdiagnozowano u niego guza mózgu. Rak rozprzestrzenił się następnie na kręgosłup. Chłopiec przeszedł kilka operacji, radioterapię i chemoterapię, ale po krótkiej remisji nowotwór znowu dał o sobie znać.

Przez cały ten czas Carson starał się żyć normalnym życiem, tak jak inni koledzy. Chętnie cytował swój ulubiony werset biblijny, który ktoś pokazał Carsonowi po wykryciu u niego raka – fragment z Księgi Jozuego 1,9: „Czyż ci nie rozkazałem: Bądź mężny i mocny? Nie bój się i nie lękaj, ponieważ z tobą jest Pan, Bóg twój, wszędzie, gdziekolwiek pójdziesz". Carson skwapliwie podkreślał, że cytat ten nie jest jego „wersetem na czas walki z rakiem", ale „wersetem na życie".

„Niezależnie od tego, jak długo będę żył, chcę, żeby wyryto te słowa na moim nagrobku. Gdy ktoś odwiedzi mój grób, niech przeczyta ten werset i pomyśli o tym, jak wyrażona w nim prawda pomagała mi w życiowych zmaganiach. Oby stał się on dla wielu ludzi źródłem tego samego pocieszenia, które ja w nim znalazłem" – deklaruje Carson w swojej książce *Carry Me*.

Napisał ją, aby „zabrać głos w imieniu wszystkich nastolatków cierpiących na raka, którzy nie są w stanie samodzielnie opisać wpływu choroby na swoją kondycję psychofizyczną i życie osobiste oraz na relacje z innymi ludźmi". Carson zmarł 12 stycznia 2010 roku, gdy książka właśnie ukazywała się w druku. Dochody ze sprzedaży zasilają Fundację im. Carsona Leslie'ego i pomagają finansować badania nad leczeniem nowotworów dziecięcych.

Postawa tego młodego człowieka była odwrotnością egoizmu. Pomimo choroby i wycieńczenia do końca pracował nad książką, przez którą chciał dodać otuchy innym ludziom. Wielkie wrażenie zrobiły na mnie jego ostatnie słowa: „Nikt z nas nie wie, co przyniesie życie, ale łatwo mieć odwagę, jeśli tylko wiemy, że odwaga pochodzi od Boga".

Poznałem Carsona za pośrednictwem Billa Noble'a, jubilera z Dallas, człowieka głębokiej wiary, który często zaprasza mnie, bym przemawiał w jego parafii. Dzieci Billa chodziły z Carsonem do szkoły, więc Bill postanowił nas sobie przedstawić. Nazywał nas obu „generałami w Królestwie Bożym".

Oprócz wygłaszania uszczypliwych żartów, w których Bill sugerował mi na przykład, że powinienem „wziąć sprawy w swoje ręce", mój starszy przyjaciel lubił też podkreślać, jak ważne jest pozostawienie po sobie spuścizny i maksymalne wykorzystanie każdej chwili, tak jak robił to Carson. Bill często powtarzał temu dzielnemu chłopcu coś, do czego wielokrotnie wraca także w rozmowach ze mną: Bóg nie ocenia wartości człowieka na podstawie jego ziemskiego ciała. Jak czytamy w Ewangelii według św. Jana, „Duch daje życie; ciało na nic się nie przyda. Słowa, które Ja wam powiedziałem, są duchem i życiem".

3. Postawa empatii

Jeśli nie czujemy się gotowi do przyjęcia postawy działania, są jeszcze inne możliwości.

Z perspektywy człowieka dojrzałego uświadamiam sobie coraz wyraźniej, że jednym z najważniejszych czynników popychających mnie w dzieciństwie ku myślom samobójczym był egocentryzm. Naprawdę wierzyłem, że nikt inny nie doznał tyle bólu emocjonalnego i nikt nie przeżył takiej frustracji jak ja. Zmieniłem swoje nastawienie dopiero wtedy, gdy nieco podrosłem i uświadomiłem sobie, że wielu ludzi boryka się z podobnymi lub nawet z większymi problemami. Zacząłem traktować innych z większą dozą empatii.

Poruszającej lekcji na temat postawy empatii udzieliła mi podczas wizyty w Australii w 2009 roku córeczka przyjaciół mojej rodziny. Rodzice dwuipółletniej dziewczynki zabrali ją na przyjęcie, gdzie spotkaliśmy się po raz pierwszy. Przez dłuższy czas dziewczynka trzymała się na dystans, bacznie lustrując mnie wzrokiem z bezpiecznej odległości. Kiedy pod koniec przyjęcia jej rodzice zaczęli zbierać się do wyjścia, spytałem tę uroczą istotkę, czy chciałaby mnie przytulić.

Dziewczynka uśmiechnęła się i ostrożnie podeszła bliżej. Stanęła przede mną, popatrzyła mi w oczy i powoli schowała ręce za plecami, zupełnie jakby chciała solidaryzować się ze mną w braku kończyn. Nachyliła się ku mnie i oparła głowę na moim barku, a następnie przytuliła mnie szyją – zauważyła wcześniej, że w taki sposób ściskałem inne osoby. Niezwykła empatia okazana mi przez dziewczynkę wprawiła w osłupienie wszystkich zebranych. Przytulano mnie wielokrotnie przy różnych okazjach, ale ten uścisk był zupełnie wyjątkowy i nigdy go nie zapomnę. Małe dziecko zademonstrowało zdumiewającą umiejętność dostrojenia się do uczuć drugiej osoby.

Empatia jest wspaniałym darem. Zachęcam Cię do dzielenia się nim przy każdej sposobności, ponieważ ma uzdrawiający wpływ tak na jego dawców, jak i na odbiorców. Kiedy stajesz wobec trudności, wyzwania lub tragedii, nie zamykaj się w sobie, lecz wyjdź do ludzi wokół Ciebie. Zamiast rozdrapywać rany i domagać się współczucia, znajdź kogoś, kto został zraniony jeszcze dotkliwiej, i wyciągnij do niego pomocną dłoń. Nie neguj zasadności swego smutku czy bólu, ale pamiętaj, że cierpienie jest częścią ludzkiej kondycji, zaś okazując współczucie drugiemu człowiekowi, pomagasz pokonać kolejny krok na drodze ku pełni uzdrowienia nie tylko jemu, ale i sobie.

Mój przyjaciel Gabe Murfitt rozumie tę zasadę jak mało kto. Poznaliśmy się w 2009 roku, gdy przemawiałem na przyjęciu dobroczynnym Gather4Him w Richland w stanie Waszyngton. Gabe urodził się ze zdeformowanymi nogami i rękami, długimi tylko na kilka centymetrów. Jego kciuki są pozbawione kości, a do tego Gabe ma wadę słuchu. Mimo to jest niezwykle aktywnym młodym człowiekiem – uprawia koszykówkę i hokeja, skacze na skakance i gra na perkusji, żeby wymienić tylko niektóre z jego licznych zajęć. W wieku sześciu lat zaczął występować w małej lidze baseballowej. Z grupą przyjaciół i krewnych zdobył kiedyś szczyt Mount Rainier.

Gabe wychował się w rejonie Seattle, a obecnie studiuje na Washington State University. Jest człowiekiem wielkiego ducha, a przy tym wykazuje się niezwykłą empatią. W liceum, mimo że sam zmagał się z ogromnymi wyzwaniami, aktywnie angażował się w działania na rzecz innych. Zaczął występować jako mówca motywacyjny, wygłaszając przemówienia na temat odwagi, przywództwa, dążenia do doskonałości, właściwej postawy i szacunku. Wraz z rodziną założył organizację charytatywną Gabriel's Foundation of HOPE (www.GabesHope.org), która pomaga osobom niepełnosprawnym, oferując stypendia, granty i inne formy zachęty.

W praktykowanej przez Gabe'a postawie empatii kryje się ogromna siła. Wyzwania związane z niepełnosprawnością przekształcił on w „misję empatii", która daje mu wiele satysfakcji i ubogaca życie rzeszy innych ludzi.

Jestem nieraz zdumiony tym, jak reagują na mój widok mieszkańcy rejonów dotkniętych skrajnym ubóstwem i cierpieniem. Kiedy podróżuję po biednych krajach, zawsze spotykam osoby okazujące mi współczucie. Niedawno byłem w Kambodży. Po zakończeniu wyczerpującego spotkania w dusznym, wilgotnym pomieszczeniu myślałem już tylko o tym, by jak najszybciej wrócić do hotelu, wziąć prysznic i wyspać się w klimatyzowanym apartamencie.

– Nick, zanim odjedziemy, czy mógłbyś porozmawiać z pewnym dzieckiem? – spytał mój gospodarz. – Ten chłopczyk od rana czeka na ciebie przed wejściem.

Chłopiec był trochę niższy ode mnie. Siedział samotnie na brudnej ziemi, a nad nim unosiła się chmara much. Na głowie miał głęboką bruzdę z otwartą raną. Jedno z jego oczu niemal wylewało się na zewnątrz. Zionął brudem i zgnilizną. Ale jednocześnie w jego oczach znajdowałem tyle zrozumienia, tyle miłości i współczucia dla mnie, że całkowicie mnie rozczulił.

Chłopiec podszedł bliżej i delikatnie oparł głowę o mój policzek, starając się mnie pocieszyć. Wyglądał tak, jakby nie jadł od wielu dni i bardzo cierpiał. Najprawdopodobniej był sierotą. A mimo to chciał okazać mi współczucie. Rozpłakałem się.

Spytałem gospodarzy, czy możemy coś dla niego zrobić. Obiecali, że dopilnują, by nakarmiono chłopca, otoczono go opieką i zapewniono mu dach nad głową. Podziękowałem mu i wróciliśmy do samochodu, ale nie mogłem przestać płakać. Przez resztę dnia nie byłem już w stanie jasno myśleć. Nie potrafiłem przejść do porządku dziennego nad tym, że dziecko, które samo zasługiwało na współczucie, nie było skupione na swoim cierpieniu, lecz okazało mi tyle serca.

Nie wiem, przez co przeszedł ten chłopiec, i mogę się tylko domyślać, jak trudne jest jego życie. Ale jedno wiem na pewno – jego postawa jest imponująca, ponieważ pomimo własnych problemów zachował wrażliwość na cudze cierpienie. Posiada niezwykły dar empatii i współczucia.

Zamiast koncentrować się na doznanych przykrościach i użalać się nad sobą, przyjmij postawę empatii. Wyciągnij pomocną dłoń do kogoś w potrzebie. Zostań wolontariuszem w schronisku. Bądź przewodnikiem i mentorem. Wykorzystaj własne doświadczenie smutku, gniewu lub krzywdy, by lepiej zrozumieć cudzy ból i bardziej umiejętnie mu zaradzić.

4. Postawa przebaczenia

Czwarta postawa, która pomaga wznieść się ponad trudne okoliczności, to postawa przebaczenia. Choć jest ona najbardziej godna polecenia i najskuteczniejsza, jest też zarazem najtrudniejsza do opanowania. Uwierz mi – wiem coś na ten temat. Jak wspomniałem wcześniej, w dzieciństwie przez wiele lat nie potrafiłem wybaczyć Bogu, że muszę żyć bez kończyn. Gniewałem się i byłem obrażony na cały świat za coś, co uznawałem za tragiczną pomyłkę. Idea przebaczenia była mi zupełnie obca.

Aby dojść do miejsca, w którym będziesz w stanie przebaczyć, Ty również musisz przejść przez etap gniewu i urazy. To naturalne, ale nie noś w sobie tych emocji zbyt długo. Inaczej sam wyrządzisz sobie krzywdę, jeśli przez dłuższy czas wszystko będzie się w Tobie gotowało ze złości i frustracji. Gniew nie jest emocją zaprogramowaną do działania w trybie „całodobowym". Pod tym względem nasz organizm przypomina poniekąd samochód – jeśli za długo utrzymujemy silnik na najwyższych obrotach, może dojść do awarii. Badania medyczne dowodzą, że długotrwałe przeżywanie złości i urazy powoduje obciążenia fizyczne i psychiczne osłabiające układ odpornościowy i narządy wewnętrzne.

Gniewne szukanie winnych rodzi też dodatkowy problem. Dopóki mój brak rąk i nóg uznawałem za czyjąś „winę", dopóty nie czułem się zobligowany do tego, by wziąć na siebie odpowiedzialność za swą przyszłość. Natomiast gdy podjąłem świadomą decyzję, że chcę przebaczyć Bogu i lekarzom, poczułem się lepiej i pod względem fizycznym, i emocjonalnym. Stwierdziłem wtedy, że nadszedł już czas, bym wziął odpowiedzialność za to, jak potoczy się moje dalsze życie.

Przyjęcie postawy przebaczenia daje poczucie wolności. Stale rozdrapując bolesne rany, w pewnym sensie przekazujesz władzę i kontrolę nad sobą tym, którzy Cię niegdyś skrzywdzili. Z kolei gdy postanawiasz im przebaczyć, odcinasz wszelkie łączące Cię z nimi więzy. Nie myśl, że wyświadczasz im w ten sposób łaskę – zrób to przede wszystkim dla siebie.

Przebaczyłem wszystkim kolegom, którzy w dzieciństwie dokuczali mi i naśmiewali się ze mnie. Wybaczyłem nie po to, by kogokolwiek rozgrzeszyć z win, lecz by uwolnić się od brzemienia gniewu i urazy. Lubię siebie. I chcę być wolny.

Dlatego nie przejmuj się tym, jakie znaczenie będzie miało Twoje przebaczenie dla osób, które Cię skrzywdziły. Ciesz się jego wpływem na Ciebie. Przyjmując postawę przebaczenia, pozbywasz się niepotrzebnego balastu przeszłości, by swobodnie realizować marzenia.

Moc przebaczenia nie ogranicza się tylko do uzdrowienia wewnętrznego. Gdy Nelson Mandela przebaczył prześladowcom, którzy więzili go przez dwadzieścia siedem lat, jego niezwykła postawa wpłynęła na los całego narodu i odbiła się szerokim echem w świecie.

Działanie tej samej siły można zaobserwować także w krajach byłego Związku Radzieckiego. Podczas pobytu na Ukrainie poznałem pastora, który wraz z rodziną przeprowadził się do Rosji, by założyć placówkę kościelną w jednym z miast o wyjątkowo wysokim wskaźniku przestępczości. Gdy wiadomość o jego planach rozeszła się wśród mieszkańców, zaczął otrzymywać pogróżki od gangsterów. Grozili, że zrobią krzywdę jemu i jego pięciu synom. Pastor modlił się do Boga. Przeczuwał, że zapłaci wysoką cenę za założenie kościoła w tym mieście, ale był też przeświadczony, że w ostateczności jego służba przyniesie wyjątkowe owoce.

Pomimo gróźb pastor zrealizował swój plan. W pierwszą niedzielę na nabożeństwo przyszło raptem kilka osób. Tydzień później jeden z synów tego odważnego człowieka został zamordowany na ulicy. Pastor pogrążył się w żałobie i zwrócił się do Boga, by właściwie pokierował jego dalszymi krokami. Podczas modlitwy poczuł, że powinien pozostać ze swoim zborem. Trzy miesiące później zaczepił go na ulicy groźnie wyglądający mężczyzna, który spytał:

– Czy chcesz poznać osobę, która zabiła twojego syna?

– Nie – odpowiedział pastor.

– Jesteś pewien? – odparł mężczyzna. – A gdyby poprosił cię o przebaczenie?

– Już mu przebaczyłem.

– To ja zastrzeliłem twojego syna – powiedział mężczyzna łamiącym się głosem. – A teraz chcę dołączyć do twojego kościoła.

W kolejnych tygodniach do zboru przyłączyło się tylu członków rosyjskiej mafii, że przestępczość w mieście spadła niemal do zera. To właśnie moc przebaczenia. Przyjęcie postawy przebaczenia wprawia w ruch niezwykłą energię.

Ta postawa pomoże Ci też wybaczyć samemu sobie. Jako chrześcijanin wiem, że Bóg przebacza tym, którzy szukają Jego łaski. Ale zbyt często sami odmawiamy sobie przebaczenia dawnych pomyłek czy niespełnionych marzeń. Tymczasem to niemal równie ważne jak przebaczenie cudzych win. Popełniłem wiele błędów. Ty również. Źle traktowaliśmy i niesprawiedliwie ocenialiśmy innych ludzi. Wszyscy mamy coś na sumieniu. Warto spojrzeć na to z dystansu. Trzeba przyznać się do błędu, przeprosić tych, których zraniliśmy, obiecać poprawę, przebaczyć samemu sobie i pójść dalej.

Przebaczenie to postawa, którą warto praktykować w codziennym życiu. Biblia uczy, że zbieramy żniwo z tego, co zasialiśmy. Jeśli pielęgnujesz w sobie zgorzknienie i gniew, jeśli ciągle użalasz się nad sobą – jak sądzisz, co z tego wyniknie? Czy życie z takim nastawieniem może być satysfakcjonujące? Odrzuć przygnębiający, pesymistyczny nastrój i wybierz postawę wdzięczności, działania, empatii i przebaczenia.

Przekonałem się na własnym przykładzie, ile znaczy przyjęcie odpowiedniej postawy. Mogę zaświadczyć, że gdy się na to zdecydowałem, moje życie zmieniło się nie do poznania. Wspiąłem się na wyżyny, o których kiedyś nie śmiałbym marzyć. Ty też możesz to osiągnąć!

6

Bezręki, ale nie bezbronny

Swoją pierwszą i jedyną bójkę podwórkową stoczyłem z Chuckym, największym chuliganem w szkole. Naprawdę nazywał się inaczej, ale miał płomiennorude włosy, piegi i duże uszy – zupełnie jak laleczka Chucky ze znanego horroru dla nastolatków. Posłużę się zatem tym imieniem, żeby nie ujawniać prawdziwej tożsamości mego przeciwnika.

Chucky był pierwszą osobą, która wzbudziła we mnie poczucie strachu. Wszyscy zmagamy się ze strachem – zarówno prawdziwym, jak i wyimaginowanym – na różnych etapach życia. Nelson Mandela stwierdził kiedyś, że odważny jest nie ten, kto nigdy nie odczuwa strachu, lecz ten, kto potrafi go okiełznać. Gdy Chucky postanowił dać mi łupnia, bałem się, ale udało mi się przezwyciężyć strach i stanąć do walki.

Choć w tamtym czasie trudno byłoby mi w to uwierzyć, zdolność odczuwania strachu jest w pewnym sensie darem. Najbardziej elementarne formy strachu – takie jak lęk przed ogniem, obawa przed upadkiem czy trwoga wywołana przez odgłos zwierzęcego ryku – są w nas zakodowane jako elementy składowe instynktu samozachowawczego.

Warto docenić rolę strachu, ale nie wolno dopuścić, by nad nami zapanował. Zbyt często obawa przed porażką, rozczarowaniem czy odrzuceniem działa na nas paraliżująco. Zamiast odważnie zmierzyć się z takimi obawami, poddajemy się im i narzucamy sobie krępujące ograniczenia.

Niech strach nie przeszkodzi Ci w śmiałym realizowaniu marzeń. Potraktuj strach jako swoisty wykrywacz dymu. Po usłyszeniu sygnału rozejrzyj się wokół i sprawdź, czy istnieje realne niebezpieczeństwo, czy raczej jest to fałszywy alarm. Jeśli nic Ci nie grozi, odsuń od siebie lękliwe myśli i zrób kolejny krok.

Chucky, mój prześladowca z podstawówki, nauczył mnie, jak przezwyciężyć strach. Nie obyło się jednak bez pierwszej – i ostatniej zarazem – bójki mego dzieciństwa. Przyjaźniłem się z większością uczniów w szkole, także z łobuzami. Jednak Chucky był niechlubnym wyjątkiem. Brak pewności siebie nadrabiał nieustannym polowaniem na kolejną ofiarę, nad którą mógłby się pastwić.

Wszyscy w szkole górowali nade mną wzrostem i dla nikogo nie stanowiłem zagrożenia. Byłem wątłym pierwszoklasistą, do tego jeżdżącym na wózku inwalidzkim. Chucky był natomiast o kilka lat starszy i w porównaniu ze mną wyglądał jak olbrzym.

– Założę się, że nie umiesz się bić – powiedział do mnie pewnego dnia podczas porannej przerwy.

Byli tam moi koledzy, więc zrobiłem dobrą minę do złej gry, ale pamiętam, że pomyślałem: *Siedzę na wysokim wózku, a on mimo wszystko jest dwa razy większy ode mnie. Niedobrze.*

– Pewnie, że umiem – to była najlepsza odpowiedź, jaka przyszła mi do głowy.

Nie miałem żadnego doświadczenia w prawdziwych bójkach. Wychowałem się w religijnej rodzinie i uczono mnie, że stosowanie przemocy jest złem. Ale nie byłem mięczakiem. Mocowałem się często z bratem i kuzynami. Młodszy brat do dzisiaj wspomina mój ulubiony chwyt zapaśniczy z dzieciństwa. Zanim Aaron znacznie mnie przerósł, turlałem go po podłodze i potrafiłem skutecznie przyblokować brodą jego rękę.

– Miałeś tyle siły w brodzie, że niewiele brakowało, a złamałbyś mi rękę – opowiada po latach Aaron. – Ale kiedy podrosłem, wystarczyło, że oparłem rękę na twoim czole, by utrzymać cię na dystans.

Musiałem jakoś rozwiązać ten problem w pojedynku z Chuckym. Nie bałem się samej bójki, ale nie wiedziałem, jak się do niej zabrać. We wszystkich walkach, które widziałem wcześniej w telewizji czy w kinie, podstawą były uderzenia rękoma lub kopnięcia przeciwnika. Nie mogłem zastosować tej techniki, bo brakowało mi niezbędnego „oprzyrządowania".

Chucky wydawał się jednak niezrażony tym, że wyzywa na pojedynek rywala bez rąk i nóg:

– Jeśli potrafisz się bić, udowodnij to!

– Dobra, spotkajmy się na owalu podczas przerwy obiadowej – warknąłem.

– Świetnie – odparł Chucky. – Spróbuj tylko nie przyjść!

„Owalem" nazywaliśmy wybetonowany fragment podwórka umiejscowiony w samym środku szkolnego placu zabaw. Walka na owalu była jak potyczka na głównej scenie, na centralnym ringu areny. Gdy na owalu wydarzyło się coś ważnego, wszyscy szybko się o tym dowiadywali. Zdawałem sobie sprawę, że jeśli dostanę lanie w tym miejscu, nigdy nie zostanie mi to zapomniane.

Tego ranka podczas kolejnych lekcji ortografii, geografii i matematyki myślałem już tylko o czekającym mnie starciu z największym szkolnym chuliganem. Nie ułatwiała mi sytuacji świadomość, że wieść o zbliżającym się pojedynku zdążyła obiec całą szkołę. Wszyscy pytali, jaką strategię zamierzam zastosować. Nie miałem pojęcia.

Wyobrażałem sobie, że Chucky zetrze mnie na miazgę. Modliłem się, żeby o planowanej bójce dowiedział się jakiś nauczyciel, który nas powstrzyma. Niestety, nie miałem szczęścia.

W końcu wybiła godzina, której tak się bałem, i usłyszeliśmy dzwonek sygnalizujący przerwę obiadową. Moi najlepsi koledzy zebrali się wokół wózka i w milczeniu wyjechaliśmy na owal. Zebrało się tam już pół szkoły. Niektórzy wyjęli kanapki. Inni robili zakłady. Jak można się domyślić, nie obstawiano mojego zwycięstwa.

– Gotowy do walki? – spytał Chucky.

Kiwnąłem głową, choć nie miałem pojęcia, jak to się dalej potoczy.

Chucky też nie był pewien.

– Jak to rozegramy? – spytał.

– Nie wiem.

– Musisz zejść z wózka! – zażądał. – To nie fair, że jesteś na wózku.

Najwyraźniej obawiał się, że go rozjadę i ucieknę. To dawało mi pewien argument. A choć nie potrafiłem się bić, już wtedy byłem świetnym negocjatorem.

– Jeśli zejdę z wózka, ty musisz uklęknąć – powiedziałem.

Niektórzy zaczynali się z niego naśmiewać, że wyzwał na pojedynek dziecko na wózku inwalidzkim, więc przystał na moje żądanie. Zeskoczyłem z wózka, ale dalej nie wiedziałem, co robić – nie bez powodu mówi się przecież o „walce na pięści", a nie „walce na barki".

Publiczność uformowała ring, otaczając nas szczelnie ze wszystkich stron. Zaczęliśmy krążyć wokół siebie. Łudziłem się jeszcze, że tak naprawdę Chucky nie ma zamiaru mnie pobić – kto upadłby tak nisko, żeby uderzyć dziecko, które nie ma kończyn?

– Nick, poddaj się. On ci zrobi krzywdę! – krzyczały koleżanki z klasy.

To mnie zmotywowało. Włączyła się moja męska duma. Nie chciałem, żeby dziewczyny się nade mną litowały. Podszedłem do rywala pewny siebie, jakbym w tym momencie naprawdę uwierzył, że mogę mu dołożyć.

Jednak Chucky wziął mnie z zaskoczenia – z całej siły pchnął mnie w klatkę piersiową. Padłem na beton jak worek kartofli.

Do tej pory nikt nigdy nie uderzył mnie tak mocno. Bolało! Ale jeszcze gorszy od bólu był wstyd. Przerażeni koledzy stłoczyli się nade mną. Koleżanki płakały, zasłaniając oczy.

Ten gość naprawdę chce mi zrobić krzywdę – uświadomiłem sobie wreszcie. Przewróciłem się na brzuch i przywarłem czołem do ziemi, a następnie podparłem się barkiem o wózek i wstałem. Tej właśnie technice podnoszenia się, stosowanej od najwcześniejszego dzieciństwa, zawdzięczam twarde czoło i silną szyję – atrybuty, które mój przeciwnik miał za chwilę odczuć na własnej skórze.

Rozumiałem już, że Chucky nie ma żadnych skrupułów i zamierza spuścić mi lanie. Pozostawało zatem bić się albo uciekać – przy czym w moim przypadku ucieczka z oczywistych względów nie wchodziła w rachubę.

Natarłem na niego ponownie, tym razem nieco szybciej. Wykonałem trzy podskoki i znalazłem się tuż przy nim. Ale zanim zdążyłem pomyśleć, co zrobić dalej, Chucky poczęstował mnie prawym prostym. Padłem jak długi z takim impetem, że aż odbiłem się od ziemi. Łupnąłem głową o betonowe podłoże. Zrobiło mi się ciemno przed oczami, ale po chwili, słysząc krzyk jednej z dziewcząt, wróciłem do siebie.

Modliłem się, żeby jakiś nauczyciel przybył z odsieczą. Dlaczego wicedyrektor nigdy nie spaceruje w pobliżu, kiedy jest naprawdę potrzebny?

Gdy po chwili zacząłem widzieć wyraźniej, zorientowałem się, że ten nikczemnik Chucky odprawia nade mną taniec zwycięstwa.

Dość tego, zaraz mu przywalę!

Obróciłem się na brzuch, podparłem się czołem i wstałem, gotowy do ostatecznego natarcia. Czułem, jak adrenalina buzuje mi w żyłach. Tym razem natarłem na Chucky'ego tak szybko, że udało mi się go zaskoczyć. Zaczął się cofać na kolanach. Odbiłem się od ziemi i wyskoczyłem w górę niczym żywy pocisk. Szybując, trafiłem Chucky'ego głową prosto w nos. Upadł, a ja wylądowałem na nim, po czym sturlałem się z niego i wstałem.

Chucky leżał powalony, trzymając się za nos i wrzeszcząc wniebogłosy.

Zamiast radości z odniesionego zwycięstwa poczułem wyrzuty sumienia. Odezwał się we mnie syn pastora, który teraz prosił o przebaczenie:

– Bardzo przepraszam. Nic ci się nie stało?

– Zobaczcie, krew mu leci z nosa! – zawołała jakaś dziewczyna.

Niemożliwe! – pomyślałem.

Ale rzeczywiście tak było. Chucky starał się zatamować strużkę krwi, zaciskając nos grubymi paluchami. Kiedy na chwilę rozluźnił uścisk, krew pociekła mu po twarzy i pokryła jego koszulkę jasnoczerwoną plamą.

Połowa zgromadzonych wiwatowała, a druga połowa z zażenowaniem przyglądała się Chucky'emu. Pobił go karzeł bez rąk i nóg. Wszyscy zdawali sobie sprawę z tego, że nigdy nie zostanie mu to zapomniane i nie będzie już mógł bezkarnie znęcać się nad słabszymi.

Chucky złapał się za nos i czmychnął do toalety.

Widziałem go wtedy po raz ostatni. Wszystko wskazuje na to, że ze wstydu postanowił zmienić szkołę. Chucky, jeśli gdzieś tam jesteś – przyjmij moje przeprosiny. Mam nadzieję, że Twoje późniejsze życie dobrze się ułożyło.

Byłem dumny z tego, że się obroniłem, lecz jednocześnie czułem wyrzuty sumienia. Po lekcjach wróciłem do domu i od razu przyznałem się do wszystkiego rodzicom. Spodziewałem się surowej kary. Jak się okazało – niepotrzebnie. Mama i tata mi nie uwierzyli! Stwierdzili, że to niemożliwe, bym pokonał większego, starszego, pełnosprawnego kolegę. Uznałem, że najlepiej będzie nie wyprowadzać ich z błędu.

Choć lubię opowiadać tę historię i choć niektóre jej momenty są komiczne, relacjonując ją tutaj, mam mieszane uczucia. Nie popieram przemocy. Wierzę, że prawdziwa siła przejawia się w łagodności. Niemniej na zawsze zapamiętałem swą pierwszą – i jedyną – bójkę, ponieważ odkryłem wtedy, że gdy robi się naprawdę gorąco, potrafię przełamać strach. Duże znaczenie miała też świadomość, że jestem wystarczająco silny, by się obronić. Nauczyłem się, że poczucie wewnętrznej siły nie wyklucza się wzajemnie z łagodnością i opanowaniem.

Bez rąk, bez nóg, bez strachu

Być może odkryłeś już swój życiowy cel, z nadzieją wypatrujesz szans i możliwości, wierzysz w swoją przyszłość, masz zdrowe poczucie własnej wartości i przyjąłeś odpowiednią postawę. Jednak nawet w takiej sytuacji w realizacji marzeń mogą Ci przeszkodzić najróżniejsze obawy. Istnieje wiele rodzajów upośledzenia gorszych niż brak rąk i nóg – należy do nich strach. Nie można być człowiekiem szczęśliwym i spełnionym, jeśli strach paraliżuje nas, gdy tylko mamy podjąć ważną decyzję.

Strach podcina skrzydła i nie pozwala nam w pełni wykorzystać naszego potencjału. A przecież to tylko nastrój, emocja! Jakże często boimy się czegoś – wizyty u dentysty, egzaminu, rozmowy o pracę albo operacji – a później przekonujemy się, że w gruncie rzeczy nie było tak strasznie, jak to sobie wyobrażaliśmy.

Dorośli nazbyt często wracają do dziecinnych lęków. Zaczynają znowu zachowywać się niczym przestraszone dzieci wyobrażające sobie, że gałęzie poruszające się za oknem sypialni to potwór, który tylko czyha, aby je pożreć.

Widziałem, jak w pewnych sytuacjach strach całkowicie paraliżuje rozsądnych skądinąd ludzi. I nie chodzi mi niestety o emocje przeżywane podczas oglądania filmów grozy. Mam raczej na myśli obawę przed porażką lub błędem, strach przed podjęciem zobowiązania czy nawet strach przed... sukcesem. Strach prędzej czy później zapuka do Twoich drzwi. Ale nie musisz wpuszczać intruza do środka. Odpraw go. To Twój wybór!

Myślałem, że w bójce z Chuckym zostanę starty na miazgę, ale ostatecznie wszystko potoczyło się zupełnie inaczej. Bałem się, że Chucky mnie poturbuje, ale przełamałem strach. Postanowiłem nie czekać w nieskończoność na to, aż zbiorę się na odwagę – po prostu zachowałem się odważnie.

Psychologowie twierdzą, że większość rodzajów strachu to stany wyuczone. Rodzimy się tylko z dwiema pierwotnymi reakcjami lękowymi: strachem przed upadkiem i strachem przed hałasem. Jednak nawet w dorosłym wieku nękają nas obawy, które nie mają nic wspólnego z rzeczywistymi zagrożeniami czy problemami. Właśnie dlatego strach definiuje się często jako „fałszywe dowody sprawiające wrażenie prawdziwych" (w języku angielskim słowo „strach" stanowi jednocześnie akronim tej definicji: FEAR – False Evidence Appearing Real – przyp. tłum.). Tak bardzo koncentrujemy się na naszych obawach, że stopniowo nabierają one realnych kształtów – a przynajmniej tak je postrzegamy, oddając im panowanie nad naszymi emocjami.

Aż trudno uwierzyć, że może się czegoś obawiać człowiek sukcesu pokroju Michaela Jordana. A jednak! Podczas ceremonii wprowadzenia do Galerii Sław ligi NBA Jordan opowiadał o swoich dawnych obawach, o tym, jak uczył się je oswajać i przełamywać, by dopingowały go w rozwoju sportowym. Na zakończenie wystąpienia stwierdził: „Pewnego dnia zdziwicie się, widząc, że mam pięćdziesiąt lat i nadal gram w koszykówkę. Nie śmiejcie się. Nigdy nie mów nigdy. Ograniczenia, podobnie jak obawy, są często iluzoryczne".

Jordan jest zapewne bardziej wiarygodny jako koszykarz niż jako życiowy coach, ale w tym przypadku ma rację. Warto zastosować głoszoną przez niego zasadę. Aby przezwyciężyć nasze największe obawy – niezależnie od tego, czy chodzi o strach przed lataniem, lęk przed porażką czy obawy związane z relacjami międzyludzkimi – musimy sobie uświadomić, że strach istnieje realnie wyłącznie w naszej głowie. To emocja, nad którą możemy zapanować.

Musiałem nauczyć się tego już na samym początku kariery zawodowego mówcy. Byłem stremowany i bardzo się bałem. Nie wiedziałem, jak słuchacze zareagują na to, co mam do powiedzenia. Zastanawiałem się, czy w ogóle zechcą mnie słuchać. Na szczęście początkowo przemawiałem jedynie w obecności kolegów i koleżanek ze szkoły. Znaliśmy się i czuliśmy się swobodnie w swoim towarzystwie. Z biegiem czasu zacząłem występować przed większymi grupami młodzieżowymi i wspólnotami kościelnymi, w których rozpoznawałem już tylko pojedynczych znajomych rozproszonych w tłumie. Stopniowo uporałem się z tremą i przezwyciężyłem strach.

Zdarza się, że nadal odczuwam zdenerwowanie, gdy mam przemawiać na spotkaniu z udziałem kilkudziesięciu tysięcy osób. Kiedy odwiedzam odległe zakątki globu, np. Chiny, Amerykę Południową, Afrykę czy inne części świata, nigdy nie wiem, z jakim przyjęciem się spotkam. Obawiam się na przykład, że opowiem żart, który w danej kulturze może zostać odebrany opacznie, i w ten sposób urażę słuchaczy. Z drugiej strony, ta obawa przypomina mi o konieczności skonsultowania przemówienia z tłumaczem lub gospodarzem w celu uniknięcia ewentualnej gafy.

Nauczyłem się posługiwać energią związaną ze strachem – używam jej na przykład jako narzędzia ułatwiającego zachowanie koncentracji podczas przygotowania do wystąpienia. Jeśli obawiam się, że mogę o czymś zapomnieć lub że się pomylę, czuję się zmotywowany do gruntownego przejrzenia i przećwiczenia prezentacji.

W ten sposób można znaleźć praktyczne zastosowanie dla wielu różnych rodzajów strachu. Na przykład obawa przed odniesieniem obrażeń w wypadku drogowym mobilizuje do zapięcia pasów. Obawa przed przeziębieniem lub grypą pomaga pamiętać o myciu rąk i zażywaniu witamin.

Nasze wyuczone reakcje lękowe zbyt często wymykają się jednak spod kontroli. Zamiast stosować zwykłe środki zapobiegawcze w celu uniknięcia grypy, niektórzy popadają w skrajność – zamykają się w domu i odmawiają wyjścia na zewnątrz. Gdy strach nie pozwala nam funkcjonować normalnie i wykorzystywać w pełni naszego potencjału, przestaje być konstruktywny.

„A co jeśli..."

Mam przyjaciółkę, której rodzice rozwiedli się, gdy była jeszcze dzieckiem. Nawet po rozwodzie przez cały czas ze sobą walczyli. Obecnie moja przyjaciółka jest już dorosłą kobietą, ale obawia się wyjść za mąż. „Nie chcę skończyć jak moi rodzice" – tłumaczy.

Czy warto rezygnować z budowania stałego związku z obawy, że może się nie udać? Taki strach jest chory! Zaczynamy myśleć o małżeństwie już tylko w kategoriach pierwszego kroku do rozwodu. A przecież, jak pisał Tennyson w jednym ze swoich wierszy, „lepiej jest kochać i stracić, niż nigdy nie zaznać miłości".

Nie możemy prowadzić szczęśliwego życia, jeśli paraliżuje nas strach przed czymś, co może się wydarzyć kiedyś, gdzieś, pewnego dnia, być może... Gdyby wszyscy zostali dziś w łóżku z obawy przed uderzeniem pioruna lub przed ukąszeniem malarycznego komara, nasz świat byłby dość ponurym miejscem.

Tylu ludzi koncentruje się niepotrzebnie na podszytym strachem pytaniu *A co jeśli*, zamiast powtarzać sobie raczej *Dlaczego nie*.

- A co, jeśli mi nie wyjdzie?
- A co, jeśli się do tego nie nadaję?
- A co, jeśli będą się ze mnie śmiać?
- A co, jeśli nie poradzę sobie z odniesionym sukcesem?

Rozumiem ten tok myślenia. Dorastając, musiałem zmierzyć się z różnymi rodzajami strachu – z lękiem przed odrzuceniem, z poczuciem niższości, z obawą, że będę już zawsze zależny od innych. Nie były to jakieś wyimaginowane problemy – brakowało mi przecież standardowego „wyposażenia". Mama i tata powtarzali mi jednak, że powinienem skupić się nie na tym, czego mi brakuje, lecz na tym, co mam i co mogę stworzyć, jeśli tylko odważę się realizować pomysły podsuwane przez nieskrępowaną niczym wyobraźnię.

– Pozwól sobie na śmiałe marzenia, Nicky, i nie dopuść do tego, by strach przeszkodził ci w wytrwałym dążeniu do osiągnięcia celu – mówili rodzice. – Strach nie może ci dyktować, jaka ma być twoja przyszłość. Wybierz życie, jakie chcesz prowadzić, i zawalcz o nie.

Przemawiałem do milionów ludzi w dziewiętnastu krajach świata. Miałem okazję głosić przesłanie nadziei i wiary tłumom zgromadzonym na stadionach i arenach, w szkołach, kościołach i więzieniach. Nigdy bym tego nie osiągnął, gdyby rodzice nie zachęcali mnie do zrozumienia i przezwyciężenia moich obaw.

Strach jako motywacja

Najprawdopodobniej ani Ty, ani ja nigdy nie osiągniemy sukcesów sportowych na miarę Michaela Jordana, ale możemy naśladować taktykę, którą ten fenomenalny koszykarz zastosował do walki ze strachem. Podobnie jak Jordan, wykorzystajmy obawy jako narzędzie motywacyjne, które pomoże nam w dążeniu do celu i budowaniu wymarzonego życia.

Laura Gregory, moja szkolna przyjaciółka, była inteligentną i bezpośrednią osobą. Zawsze mogłem liczyć na to, że szczerze powie, co myśli – nigdy nie owijała w bawełnę. Gdy jeszcze zbyt dobrze się nie znaliśmy, pewnego dnia spytała mnie:

– Masz asystenta, który pomaga ci w szkole. Ale kto zajmuje się tobą w domu?

– Jak to kto? Rodzice – odpowiedziałem, choć nie byłem pewien, o co tak naprawdę jej chodzi.

– Nie przeszkadza ci to?

Pyszna czekolada!
Dzięki, Mamo!

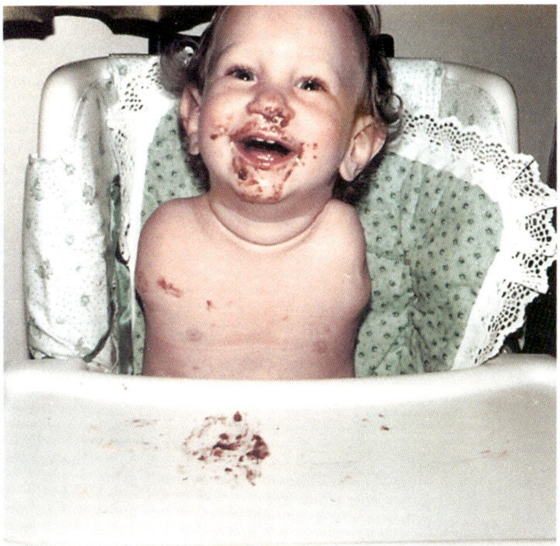

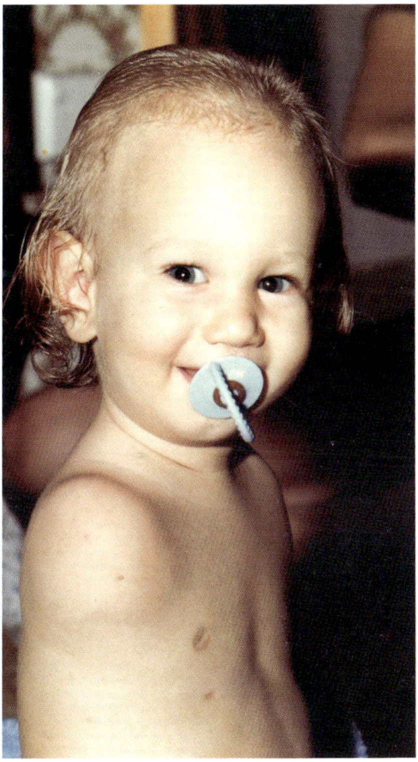

To moje ulubione zdjęcie – mam na nim 6 miesięcy.
Szczęśliwy, pewny siebie i słodki, prawda? Błoga nieświadomość w tym wieku była prawdziwym błogosławieństwem. Nie miałem pojęcia, że jestem inny i że będę musiał zmierzyć się z licznymi wyzwaniami.

Mam dwa i pół roku i właśnie zostałem szczęśliwym posiadaczem czterech kółek. Mistrz kierownicy nadjeżdża – uwaga na stopy!

To jedno z moich ulubionych miejsc. Uwielbiałem zabawy w piasku na słonecznych plażach w Queensland w Australii. Już jako trzylatek próbowałem okiełznać fale uderzające o brzeg.

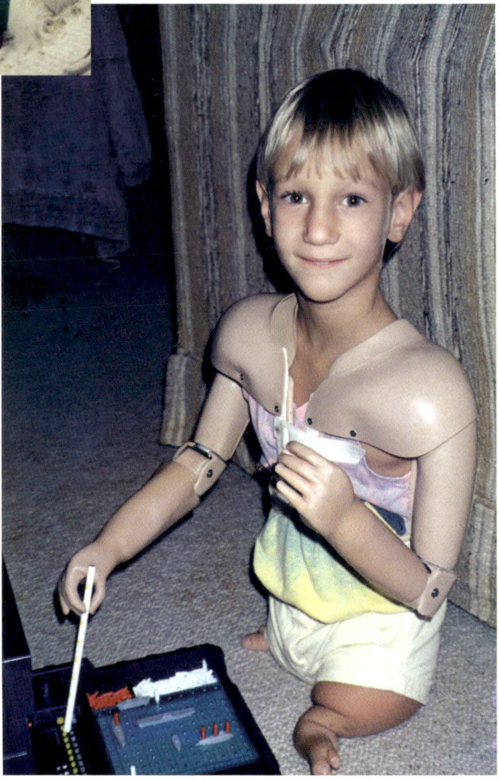

Naszą ulubioną grą z bratem była gra w statki. Czasami używałem protez, ale ostatecznie okazało się, że większość codziennych czynności potrafię wykonać bardziej efektywnie bez nich.

Jak mówi Joni Eareckson-Tada, „wszyscy jedziemy na tym samym wózku". Korzystając z elektronicznego wózka skonstruowanego specjalnie dla mnie, mogę się swobodnie przemieszczać. (Zdjęcie dzięki uprzejmości Ally)

Zadanie wykonane! W 2003 roku, w wieku 21 lat, ukończyłem studia na Uniwersytecie Griffith, uzyskując podwójny tytuł licencjata z planowania finansowego oraz księgowości.

W 2009 roku z rodzicami (Duszką i Borysem) tuż przed wyjściem na scenę na stadionie Anaheim Angel. Przemawiałem do 55 tysięcy osób.

Impreza z bratem Aaronem i jego żoną Michelle.

Rozkoszujemy się latem i odpoczywamy z moją piękną siostrą, Michelle.

Ćwiczymy system sygnałów do komunikowania się z instruktorem podczas nurkowania z akwalungiem w basenie. Świetna sprawa!

Surfowanie z Bethany Hamilton na Hawajach było niesamowitym przeżyciem. Zanim odważyłem się na pierwszą samodzielną rundę, Bethany pozwoliła mi popłynąć z nią w tandemie. (Zdjęcie dzięki uprzejmości NoahHamiltonPhoto.com)

Publiczność na plaży oszalała z zachwytu! (Zdjęcie dzięki uprzejmości NoahHamiltonPhoto.com)

Stremowany podczas wystąpienia przed ogromnym audytorium w Ghanie.

Podczas swoich podróży po całym świecie zachęcam wszystkich do tego, by odważnie stawiali czoła przeciwnościom, polegając na wierze, nadziei, miłości i odwadze. Radość tych chłopców podczas pamiętnej wyprawy do RPA w 2002 roku podniosła mnie na duchu.

To dla mnie duża frajda, gdy udaje mi się nawiązać dobry kontakt z dziećmi przez wspólne rozmowy, gry i zabawy. Dzieci z Kolumbii uwielbiają piłkę nożną. (Zdjęcie dzięki uprzejmości Carlosa Vergary)

Spotkałem na swojej drodze wiele inspirujących osób. Jeanette była prawdziwym skarbem dla tych, którzy mieli szczęście ją znać. Niektórzy mogliby stwierdzić, że przegrała walkę z rakiem, ale ja powiedziałbym raczej, że kochany Tata w Niebie zabrał jej umęczone ciało do domu. Niczego nie straciła. Zostawiła nas ze złamanymi sercami, ale swoją postawą pomogła nam dostrzec, że moc doskonali się w słabości. (Zdjęcie dzięki uprzejmości Tony'ego Cruza)

Jedziemy z koksem!

– To, że rodzice mi pomagają? Pewnie że nie. Jak inaczej miałbym sobie poradzić?

– Wiesz, mam na myśli takie czynności, jak ubieranie się czy korzystanie z prysznica i toalety – wyjaśniła. – Czy to nie narusza twojej godności? Nie sądzisz, że to trochę dziwne, że nie potrafisz się samodzielnie obsłużyć?

Laura nie zamierzała zranić moich uczuć. Należała do osób, które pytają nie po to, by sprawić przykrość, lecz by poznać prawdę. Autentycznie ciekawiło ją, jak radzę sobie w codziennym życiu. Ale trafiła w czuły punkt. Kiedy dorastałem, jedną z moich największych bolączek była świadomość nadmiernej zależności od rodziców i rodzeństwa. Czasami budziłem się w środku nocy oblany zimnym potem na myśl o tym, że po śmierci rodziców ciężar opieki nade mną spadnie na barki Aarona i Michelle.

Te emocje był niezwykle realne, a poczucie zależności – przytłaczające. Jednak pytanie o godność osobistą zadane bez ogródek przez Laurę pomogło mi przejść od etapu *zadręczania się* strachem do bycia przezeń *zmotywowanym*. Pytania o zależność od innych stale pojawiały się gdzieś na granicy mojej świadomości, ale tego dnia postanowiłem wysunąć je na pierwszy plan i energicznie zająć się znalezieniem odpowiedzi.

Sprawdźmy, w jakim stopniu uda mi się funkcjonować samodzielnie, jeśli tylko się postaram. Ta myśl stała się dla mnie czymś w rodzaju „deklaracji misji" stosowanej w firmach i organizacjach. Obawa o to, by nie obciążać najbliższych, była moją główną motywacją i zdopingowała mnie do podjęcia nowego wyzwania. *Muszę być bardziej samodzielny. Tylko jak?*

Rodzice stale zapewniali, że są przy mnie i nie przeszkadza im, że muszą mnie nosić, podsadzać, ubierać czy pomagać mi na inne sposoby. Martwiłem się jednak, że nie potrafię wykonać nawet prostych czynności, takich jak nalanie sobie wody do szklanki. Potrzebowałem też, by ktoś podsadzał mnie na sedes. Z biegiem lat odczuwałem naturalnie coraz silniejszą potrzebę większej niezależności. A strach zmobilizował mnie wreszcie do tego, by podjąć odpowiednie kroki.

Jedną z myśli popychających mnie do działania była wizja przyszłości, w której nie ma już rodziców i w której jestem ciężarem dla brata Aarona. Nieustannie się z tego powodu zamartwiałem, ponieważ wiedziałem, że mój biedny braciszek z całą pewnością zasługuje na normalne życie. Czułem niemal, że Bóg jest mu to winien, skoro przez większą część dzieciństwa i młodości Aaron był na mnie skazany, musiał mi ciągle pomagać i pogodzić się z tym, że uwaga wszystkich jest skupiona na mnie. Mój brat miał ręce i nogi, ale pod tym względem jego los był jeszcze trudniejszy od mojego. Musiał się mną stale opiekować.

Moje dążenie do osiągnięcia większej samodzielności było również przejawem instynktu samozachowawczego. Laura przypomniała mi, że pozostaję zależny od uprzejmości i cierpliwości innych ludzi. Wiedziałem, że nie zawsze będę mógł liczyć na ich wsparcie.

Jakąś rolę odegrała też duma. Jestem w pełni zdolny do tego, by w przyszłości założyć rodzinę. Nie chciałbym jednak, by żona musiała mnie nosić. Pragnę mieć dzieci i zamierzam zostać dobrym ojcem i głową rodziny. Dlatego uznałem, że nie mogę być stale przykuty do wózka.

Strach bywa naszym wrogiem, ale w tym przypadku znalazłem w nim sprzymierzeńca. Oświadczyłem rodzicom, że chcę poszukać nowych sposobów, które pomogą mi samodzielnie obsłużyć się przy różnych codziennych czynnościach. Oczywiście na początku mama i tata byli zmartwieni.

– Nie musisz tego robić. Zapewnimy ci opiekę – powtarzali.

– Mamo, tato, muszę to zrobić dla was i dla siebie! Zastanówmy się wspólnie, jak się do tego zabrać.

Co trzy głowy, to nie jedna. Nasze wysiłki przypominały trochę fabułę starego filmu *Rodzina Robinsonów*. Po rozbiciu statku tytułowi bohaterowie lądują na bezludnej wyspie. Wszyscy członkowie rodziny zakasują rękawy i wynajdują pomysłowe rozwiązania umożliwiające gotowanie, kąpiel czy inne czynności konieczne do przeżycia.

Na początek mama, z zawodu pielęgniarka, i tata „złota rączka" opracowali metodę, która pozwala mi samodzielnie korzystać z prysznica i nanosić szampon na włosy. Tata wymienił okrągłe kurki w kabinie na baterie, których położenie mogę regulować barkami. Mama załatwiła gdzieś obsługiwany stopą dozownik do mydła, z jakiego korzystają lekarze przygotowujący się do operacji. Dostosowaliśmy go do moich potrzeb, dzięki czemu mogę samodzielnie nakładać mydło i szampon.

Następnie wspólnie z tatą stworzyliśmy projekt plastikowego uchwytu mocowanego na ścianie, w którym trzymam elektryczną szczoteczkę do zębów. Po naciśnięciu odpowiedniego przycisku mogę wygodnie umyć zęby, przesuwając się do przodu i do tyłu.

Powiedziałem rodzicom, że chcę się też samodzielnie ubierać. Mama uszyła mi szorty z pasem zapinanym na rzepy. Ogromnym wyzwaniem były dla mnie zawsze guziki, więc kupiliśmy koszule, które potrafię wsunąć na siebie po zarzuceniu na głowę, bez konieczności zapinania i rozpinania guzików.

Chcąc zaradzić mej największej obawie, podjęliśmy się misji, która była trudna, choć zarazem zabawna. Wymyślaliśmy kolejne udogodnienia, aby zapewnić mi większą samodzielność. W ruch poszły piloty zdalnego sterowania, klawiatury komputerowe i systemy zdalnego otwierania drzwi garażowych, które są dla mnie prawdziwym błogosławieństwem, ponieważ pozwalają mi obsługiwać stopą wiele urządzeń.

Niektóre z opracowanych przez nas rozwiązań nie należały do szczytowych osiągnięć techniki. Nauczyłem się wyłączać domowy alarm, naciskając nosem odpowiednie przyciski. Za pomocą kija golfowego zaklinowanego między brodą i szyją potrafię z kolei włączać światło i otwierać niektóre okna. Wpadliśmy też na pomysłowe rozwiązanie, które pozwala mi samodzielne korzystać z toalety, choć z oczywistych względów nie zamierzam tutaj wchodzić w szczegóły.

Z niektórymi z naszych pomysłów można zapoznać się na YouTubie pod tym adresem: www.youtube.com/watch?v=0DxlJWJ_WfA. Bez obaw – film nie zawiera ujęć z toalety.

Jestem wdzięczny Laurze za rozmowę na temat godności i doceniam ważną rolę, jaką w osiągnięciu większej niezależności odegrał mój strach. Opanowanie rutynowych czynności miało cudowny wpływ na moje poczucie własnej wartości. Ale być może nigdy bym się do tego nie zmobilizował, gdybym nie odczuwał negatywnych emocji, które mogłem przekształcić w pozytywną energię.

Zachęcam Cię do tego samego. Podłącz się do energii generowanej przez obawę przed porażką lub lęk przed odrzuceniem i wykorzystaj ją jako „źródło zasilania" dla pozytywnych działań, które przybliżą Cię do realizacji marzeń.

Strach w ryzach

Paraliżujący strach można pokonać jego własną bronią. Pomyśl o swej największej obawie. Powiedzmy, że boisz się sytuacji, w której, występując przed publicznością, zapominasz tekstu przemówienia. Wyobraź sobie najgorszy możliwy scenariusz: nie pamiętasz, co miałeś powiedzieć, i musisz zejść ze sceny przy wtórze gwizdów. Następnie wyobraź sobie, że wygłaszasz znakomite przemówienie, po którym publiczność nagradza Cię owacją na stojąco. Zdecyduj, że wybierasz drugi scenariusz. Skup się na nim podczas przygotowywania przemówienia, tak by obezwładnić strach przed wygwizdaniem i przejść prosto do owacji na stojąco. Ta metoda sprawdza się w moim przypadku – wierzę, że może też pomóc Tobie.

Pokrewna technika radzenia sobie ze strachem polega na odwołaniu się do wspomnień związanych z autentycznymi sytuacjami, w których wykazaliśmy się wytrwałością i pokonaliśmy wyzwania. Po szczyptę odwagi sięgam do archiwum pamięci na przykład wtedy, gdy jestem zdenerwowany przed spotkaniem z ważną osobistością, taką jak Oprah Winfrey. Mówię sobie wówczas tak: *Boisz się z nią spotkać? A cóż takiego Oprah może ci zrobić – uciąć ręce i nogi? Przecież już od prawie trzydziestu lat żyjesz i podróżujesz po świecie bez rąk i nóg! Oprah, jestem gotowy na spotkanie! Pozwól, że cię uścisnę!*

Uporczywy strach

W dzieciństwie odczuwałem instynktowny strach przed strzykawkami. Ilekroć trzeba było zaszczepić się na odrę lub różyczkę, chowałem się za mamusią. Wynikało to po części z faktu, że lekarze dysponowali na moim ciele ograniczoną ilością miejsca, które nadawałoby się do wbicia igły. Inne dzieci szczepiono w ramię lub w pośladek, ale w moim przypadku pozostawała tylko ta druga opcja. Moja pupa znajduje się tuż przy ziemi, więc szczepienie było bardzo bolesne, nawet jeśli pielęgniarka wbijała igłę w najwyższe z możliwych miejsc. Po każdym zastrzyku nie mogłem chodzić przez cały dzień.

Niemniej, ze względu na częste problemy zdrowotne, w pierwszych latach dzieciństwa służyłem lekarzom i pielęgniarkom za coś w rodzaju krawieckiej poduszeczki do igieł. Po pewnym czasie wizyta w gabinecie zabiegowym napawała mnie panicznym lękiem. Słynąłem z tego, że mdlałem już na sam widok strzykawki.

Pewnego razu w podstawówce dwie pielęgniarki szkolne, które najwyraźniej nie znały mojej historii i nie wiedziały zbyt wiele o anatomii człowieka, chwyciły mnie z obu stron i zrobiły mi zastrzyk w oba barki jednocześnie. Poczułem potworny ból. Po opuszczeniu gabinetu poczułem się słabo, więc poprosiłem Jerry'ego, mojego kolegę, żeby pokierował wózkiem. Kolega przejął stery, a ja zemdlałem. Biedny Jerry nie wiedział, co zrobić, więc wjechał ze mną do klasy i poprosił o pomoc nauczyciela.

Kiedy mama zabierała mnie i rodzeństwo na szczepienie do przychodni, nie zdradzała nam prawdziwego celu wizyty. Gdy miałem dwanaście lat, odbyliśmy jedną z takich wizyt, która ze względu na swój szczególnie dramatyczny przebieg przeszła do rodzinnej legendy. Mama powiedziała, że idziemy na „badania okresowe". W poczekalni zorientowałem się, że coś jest nie tak. Przed nami w kolejce czekała dziewczynka w moim wieku. Gdy weszła do gabinetu, usłyszeliśmy krzyk – wszystko wskazywało na to, że zrobiono jej zastrzyk.

– Słyszeliście to? – spytałem Aarona i Michelle. – Nam też wbiją igłę!

Wpadłem w panikę. Płakałem i krzyczałem, tłumacząc mamie, że nie chcę żadnego zastrzyku, że to boli i że chcę wracać do domu. Ponieważ byłem najstarszym dzieckiem, młodsze rodzeństwo poszło za mym niechlubnym przykładem, zawodząc i domagając się powrotu do domu.

Mama – dyplomowana pielęgniarka – pozostawała oczywiście niewzruszona. Była zaprawioną w boju weteranką tego rodzaju batalii.

Zawlokła niesforne, wrzeszczące i zapierające się pazurami towarzystwo do gabinetu zabiegowego niczym żandarm piechoty morskiej, który zamyka pijanych żołnierzy do paki.

Widząc, że nie działa ani panika, ani branie na litość, próbowałem negocjować z lekarzem:

– Czy zamiast zastrzyku nie ma pan lekarstwa, które mógłbym wypić?

– Obawiam się, że nie, chłopcze.

Gdy i to zawiodło, przyszedł czas na plan B jak „brat". Obróciłem się do Aarona i poprosiłem go na ucho, żeby pomógł mi uciec. Aaron miał odwrócić uwagę lekarza, spadając ze stołu do badań, a ja w tym czasie zamierzałem wyśliznąć się z wózka i zwiać. Jednak mama zdążyła mnie złapać. W tym momencie, korzystając z okazji, moja rezolutna siostra rzuciła się do drzwi, ale w korytarzu nadziała się na przechodzącą właśnie pielęgniarkę. Nie dając za wygraną, Michelle zaparła się swymi drobnymi rączkami i nóżkami o framugę, byle tylko nie trafić z powrotem do gabinetu. Byłem z niej dumny!

Nasze histeryczne wrzaski rozchodziły się po całej przychodni. Brzmiało to tak, jakby poddawano kogoś brutalnym torturom, więc wkrótce nadbiegli inni lekarze i pielęgniarki. Niestety, niemal natychmiast posiłki przeszły na stronę wroga – w celu wykonania zastrzyku zostałem unieruchomiony przez dwie osoby. Krzyczałem jak potępieniec i próbowałem się wyrwać. Kiedy lekarz wbijał mi igłę w pośladek, szarpnąłem się gwałtownie, przez co igła wypadła i lekarz musiał ją wbić jeszcze raz.

W drodze powrotnej do domu cała nasza trójka wyła wniebogłosy. Nigdy nie pojmę, jakim cudem udało się nam wszystkim – mnie, rodzeństwu, mamie i personelowi przychodni – przetrwać ten feralny dzień.

Moje obawy tylko spotęgowały ból – gdybym pozwolił lekarzowi spokojnie wykonać zastrzyk, wyszedłbym na tym o wiele lepiej. Ale nie opanowałem strachu, dlatego cierpiałem podwójnie i zamiast przez jeden dzień, nie mogłem chodzić przez dwa dni. Zapamiętaj morał płynący z tej rodzinnej anegdoty: gdy strach kieruje Twoimi poczynaniami, prosisz się o dotkliwy ból w pewnej części ciała!

7

„Upadnij siedem razy, wstań osiem"

Jak łatwo można sobie wyobrazić, moje dzieciństwo naznaczyły liczne upadki, siniaki i guzy. Spadałem ze stołów, krzeseł, łóżek, schodów i podestów. Ponieważ nie mogłem zamortyzować upadku ręką, lądowałem na brodzie, o nosie i czole nie wspominając. Bywałem nieraz mocno potłuczony.

Ale zawsze się podnosiłem. Japończycy powtarzają przysłowie, które dobrze oddaje mój przepis na sukces: „Upadnij siedem razy, wstań osiem".

Wszyscy upadamy. Zdarza się to nawet najlepszym, więc tym bardziej całej reszcie. Jednak ten, kto nie podnosi się z upadku, postępuje tak, jakby uznawał porażkę za ostateczną – a przecież życie nie jest jednorazowym egzaminem, który można zaliczyć albo oblać. Jest raczej procesem, w którym dochodzimy do pożądanych rezultatów metodą prób i błędów. Cel udaje się osiągnąć tym, którzy uczą się na własnych błędach, a w trudnościach i komplikacjach dostrzegają wartość edukacyjną. Każda ze znanych mi osób, które odniosły sukces, wcześniej, na pewnym etapie życia, zawaliła coś ważnego. Dla wielu z nich popełnione błędy stawały się nierzadko punktem przełomowym. Gdy coś nie wychodziło, ludzie ci nie rezygnowali, lecz diagnozowali problem, wkładali jeszcze więcej wysiłku i poszukiwali lepszych rozwiązań. Jeśli nie udawało się pięć razy z rzędu, próbowali po raz szósty. Winston Churchill trafnie uchwycił istotę tej postawy: „Sukces to umiejętność przechodzenia od porażki do porażki z niewzruszonym entuzjazmem".

Jeśli nie potrafisz przejść do porządku dziennego nad doznaną porażką, być może za bardzo bierzesz ją do siebie. Przegrana nie oznacza, że jesteś nieudacznikiem, tak jak przestrzelenie karnego przez znakomitego piłkarza nie oznacza, że odtąd powinien już wyłącznie grzać ławę rezerwowych. Dopóki jesteś na boisku i dopóki się nie poddajesz, możesz jeszcze zostać bohaterem meczu. Natomiast jeśli nie chcesz wykonać koniecznej pracy, problemem nie jest porażka, której doznałeś – problemem jest Twoje podejście. Aby osiągnąć sukces, musisz poczuć, że na to zasługujesz, a następnie wziąć odpowiedzialność za realizację swoich planów.

Właściwe podejście do porażek demonstruję podczas swych publicznych wystąpień. Najpierw opadam na brzuch i leżę w tej pozycji, kontynuując przemówienie. Większość słuchaczy zakłada, że nie uda mi się samodzielnie podnieść, ponieważ nie mam kończyn.

Rodzice twierdzą, że nauczyłem się wstawać z pozycji leżącej jeszcze jako niemowlę. Początkowo próbowali mi podkładać poduszki do podparcia. Ale oczywiście robiłem wszystko po swojemu, nawet jeśli tak było trudniej. Podczołgiwałem się do ściany, krzesła lub kanapy, napierałem czołem o przeszkodę i wspinałem się mozolnie centymetr po centymetrze.

To nie takie proste – spróbuj, jeśli masz ochotę. Połóż się twarzą do podłogi i przejdź do klęczek bez podpierania się na rękach i nogach. Zapewne poczujesz się dość niezgrabnie. Ale gdybyś miał tylko taką alternatywę, to czy wolałbyś zostać na ziemi, czy raczej podnieść się, choćby wymagało to wysiłku? Nie zostaliśmy stworzeni do pełzania po ziemi – naszym przeznaczeniem jest uparcie podnosić się z upadków, aż uda nam się zrealizować cały drzemiący w nas potencjał.

Kiedy podczas przemówienia demonstruję tę prawdę na swoim przykładzie, od czasu do czasu dochodzi do zupełnie nieprzewidzianych sytuacji. Zwykle przemawiam z podwyższenia, z podestu lub nawet z biurka lub blatu stołu, zwłaszcza gdy występuję w klasie szkolnej lub w sali konferencyjnej. Pewnego razu padłem na brzuch i dopiero wtedy zorientowałem się, że przed moim wystąpieniem jakaś życzliwa dusza nawoskowała stół. Jego powierzchnia lśniła jak lodowisko olimpijskie. Próbowałem wytrzeć fragment blatu, żeby uzyskać większą przyczepność, ale okazało się to niewykonalne. Ze wstydem musiałem przerwać tę „lekcję poglądową" i poprosić o pomoc.

Podczas imprezy charytatywnej w Houston przemawiałem do licznego grona znamienitych osobistości, wśród których był między innym gubernator Florydy Jeb Bush ze swoją żoną Columbą. Kiedy opowiadałem o tym, że nigdy nie wolno się poddawać, w pewnej chwili, chcąc zilustrować tę prawdę, padłem na brzuch. Publiczność ucichła.

– Od czasu do czasu każdemu coś nie wychodzi – powiedziałem. – Ale z porażką jest tak jak z upadkiem. Jeśli upadniesz, musisz się podnieść. Nigdy nie rezygnuj ze swoich marzeń.

Wszyscy słuchali w skupieniu, jednak zanim zdążyłem pokazać, że nawet ja potrafię się podnieść, nagle z drugiego końca sali podbiegła do mnie nieznana mi kobieta.

– Pozwól, że pomogę ci wstać – powiedziała.

– Ale ja nie potrzebuję pomocy – wyszeptałem przez zaciśnięte zęby. – To jest część mojego przemówienia.

– Nie wygłupiaj się. Pomogę ci – nalegała.

– Proszę pani, naprawdę nie potrzebuję pomocy. Położyłem się celowo, chcę coś w ten sposób zademonstrować.

– No dobrze, skarbie, jeśli jesteś pewien... – zgodziła się niechętnie i wróciła na miejsce.

Podejrzewam, że gdy wreszcie usiadła, zgromadzona publiczność odetchnęła z ulgą i cieszyła się niemal tak samo, jak chwilę później z mego powstania. Ludzie często reagują emocjonalnie, gdy widzą, ile wysiłku wymaga w moim przypadku prosta na pozór czynność, taka jak dźwignięcie się z podłogi. Utożsamiają się z moimi zmaganiami, ponieważ wszyscy borykamy się z najróżniejszymi trudnościami, a nieprzewidziane komplikacje nieraz krzyżują plany każdemu z nas. Próby i przeciwności są nieodłączną częścią ludzkiej egzystencji.

Nawet jeśli konsekwentnie realizujesz swój życiowy cel, z wiarą spoglądasz w przyszłość, pielęgnujesz w sobie nadzieję, dbasz o poczucie własnej wartości i przyjmujesz pozytywną postawę, nie zrażając się obawami – i tak nie ominą Cię rozczarowania i niepowodzenia. Jednak nigdy nie myśl, że porażka jest ostateczna. Właśnie w naszych zmaganiach dotykamy najgłębszej istoty życia. Pozostajemy w grze, a wyzwania, z którymi musimy się zmierzyć, wzmacniają nas tylko i przygotowują do odniesienia przyszłych zwycięstw.

Przegrana, która uczy

Czy porażka może być darem, który przygotowuje nas na przełomowe zmiany? Czy z niepowodzeń może wynikać coś dobrego? Przychodzą mi na myśl następujące cztery korzyści:

1. Porażka jest skutecznym nauczycielem.
2. Porażka buduje charakter.
3. Porażka motywuje.
4. Porażka pomaga docenić sukces.

Porażka jest skutecznym nauczycielem

Każdy zwycięzca ma na swoim koncie wiele przegranych, a każdy mistrz musiał niejeden raz zadowolić się drugim miejscem. Roger Federer uznawany jest za najlepszego tenisistę wszechczasów, a mimo to nie wygrywa każdego gema, seta czy meczu. Zdarza mu się trafić w siatkę lub zaserwować w aut. W ciągu jednego meczu popełnia kilkanaście lub kilkadziesiąt błędów. Gdyby poddawał się po nieudanym zagraniu, zawsze przegrywałby z kretesem. Mistrz uczy się na własnych błędach, analizuje przyczyny straconych punktów i pozostaje w grze – właśnie dlatego jest mistrzem.

Czy Federer zawsze *stara się* perfekcyjnie uderzać piłkę i wygrywać każdy gem, set i mecz? Oczywiście – i Ty też powinieneś się starać, by wszystko, co robisz, wykonywać jak najlepiej. Pracuj ciężko. Ćwicz. Opanuj podstawy. Nie żałuj wysiłku. Ale pamiętaj, że czasem Ci nie wyjdzie, ponieważ droga do mistrzostwa prowadzi przez niepowodzenia.

Mój młodszy brat żartuje sobie czasem z nieporadnych początków mojej drogi zawodowej. Często nie udawało mi się nawet znaleźć zainteresowanej publiczności, która chciałaby mnie wysłuchać. Zabiegałem o możliwość wystąpienia w wielu szkołach i zwracałem się do różnych organizacji, ale odmawiano mi ze względu na młody wiek lub brak doświadczenia – a czasami po prostu dlatego, że uznawano mnie za zbyt osobliwy przypadek. Czułem się sfrustrowany, ale rozumiałem, że muszę się jeszcze wiele nauczyć, żeby zostać wziętym mówcą.

Kiedy Aaron był już w liceum, obwoził mnie po całym mieście w poszukiwaniu choćby garstki osób, które zechciałby mnie wysłuchać. Przemawiałem za darmo, byle tylko zdobyć nowe doświadczenia. Oferowałem swoje usługi, dzwoniąc do większości szkół w Brisbane. Początkowo spotykałem się najczęściej z odmową, ale każde *nie* mobilizowało mnie do jeszcze większych starań o kolejne *tak*.

– Czy ty się nigdy nie poddajesz? – pytał nieraz Aaron.

Nie poddawałem się, ponieważ każda odmowa bardzo mnie bolała. Paradoksalnie, dzięki bólowi, jakiego wtedy doświadczałem, zrozumiałem też, że najprawdopodobniej odkryłem swą życiową pasję – naprawdę chciałem zostać mówcą.

Jednak nawet gdy znajdowaliśmy publiczność, nie każde wystąpienie mogłem zaliczyć do udanych. W jednej ze szkół na początku przemówienia coś mnie rozproszyło i nie potrafiłem już wrócić na właściwy tor. Spociłem się z nerwów. Powtarzałem w kółko tę samą myśl. Ze wstydu chciałem się zapaść pod ziemię. Obawiałem się, że wieść o mojej kompromitacji pójdzie w świat i że już nikt nigdy nie da mi kolejnej szansy. Kiedy opuszczaliśmy to miejsce, czułem, że zrobiłem z siebie pośmiewisko i moja reputacja legła w gruzach.

Często sami jesteśmy swymi najsurowszymi krytykami. Tamtego dnia wystawiłem sobie najgorszą notę. Jednak spartaczone wystąpienie zdopingowało mnie do jeszcze większego wysiłku i do doszlifowania formy prezentacji. Jeśli rozumiemy, że perfekcja to tylko ideał, do którego dążymy, wtedy łatwiej jest pogodzić się z niepowodzeniem. Nawet potknięcie jest w pewnym sensie kolejnym krokiem do przodu, kolejną lekcją, kolejną szansą na to, by następnym razem poszło nam lepiej.

Jeśli zniechęcamy się porażką i dajemy za wygraną, możemy nigdy się nie podnieść. Ale jeśli wyciągamy naukę z niepowodzeń i staramy się coś poprawić, nasz wysiłek zostanie nagrodzony. I to nie tylko w formie uznania ze strony innych ludzi – przede wszystkim będziemy odczuwać satysfakcję towarzyszącą świadomości, że maksymalnie wykorzystujemy każdy darowany nam dzień.

Porażka buduje charakter

Czy niepowodzenia mogą przygotować do odniesienia sukcesu w przyszłości? Oczywiście! Odpowiednio przeżyta porażka nie niszczy, lecz wzmacnia i dopinguje do większej koncentracji, pomysłowości oraz determinacji w dążeniu do spełnienia marzeń.

Nierzadko chcielibyśmy osiągnąć sukces zbyt szybko – i zasadniczo nie ma w tym niczego złego, lecz trzeba pamiętać, że cierpliwość jest cnotą, która rozwija się pod wpływem doznanych niepowodzeń. Mój harmonogram niekoniecznie pokrywa się z Bożym kalendarzem – czasem muszę po prostu cierpliwie zaczekać.

Nauczyłem się tego, gdy wraz z moim wujkiem Samem Radojevicem otworzyliśmy firmę, której celem jest produkcja zaprojektowanego przez wujka roweru poziomego o nazwie Hippo Cycle. Zaczęliśmy w 2006 roku, ale nasze przedsięwzięcie nie osiągnęło jeszcze fazy produkcyjnej. Kiedy zakładaliśmy firmę, gospodarka pogrążyła się w recesji i musieliśmy zaczekać na zmianę trendów rynkowych. Zauważyliśmy jednak, że wraz z każdą kolejną przezwyciężoną trudnością uczymy się czegoś nowego i stopniowo zbliżamy się do celu. Rozwijamy biznes, a jednocześnie przechodzimy szkołę kształtowania charakteru.

Thomas Edison przeprowadził ponad dziesięć tysięcy nieudanych eksperymentów, zanim udało mu się opracować wersję żarówki nadającą się do produkcji. Edison stwierdził, że ludzie najczęściej poddają się zbyt szybko, nie zdając sobie nieraz sprawy, że są już tylko o krok od osiągnięcia celu. Niewiele brakuje, by porażka przerodziła się w sukces, jednak często rezygnujemy, zanim los zdąży się do nas uśmiechnąć.

Nigdy nie wiadomo, co czeka na Ciebie tuż za rogiem. Może będzie to spełnieniem Twoich marzeń? A zatem weź się w garść, nie poddawaj się i nie trać nadziei. To nic, jeśli znowu się nie uda. To nic, jeśli upadniesz. Jak powiedział Edison, „każda nieudana próba, z której wyciąga się wnioski, to kolejny krok naprzód".

Jeśli zrobisz wszystko, co w Twojej mocy, Bóg zajmie się resztą i poprowadzi Cię właściwą drogą. Żeby zwyciężać, musisz mieć silny charakter, a każda porażka – jeśli tylko na to pozwolisz – może przyczynić się do jego wzmocnienia.

W 2009 roku przemawiałem w Oaks Christian School w Westlake w Kalifornii. Ta niewielka uczelnia słynie z sukcesów futbolowych. Do niedawna głównym rozgrywającym w jej drużynie reprezentacyjnej był syn znanego zawodnika NFL Joego Montany, na pozycji pomocnika grał syn Wayne'a Gretzky'ego, legendy hokeja, a skrzydłowym był z kolei syn wybitnego aktora Willa Smitha. Drużyna Oaks Christian School zdobyła sześć tytułów mistrzowskich pod rząd. Kiedy poznałem założyciela szkoły Davida Price'a, zrozumiałem, od kogo miejscowi sportowcy uczą się siły charakteru.

David był prawnikiem w dużej hollywoodzkiej kancelarii obsługującej gwiazdy kina i studia filmowe. Następnie podjął pracę w firmie biznesmena, do którego należy wiele hoteli, ośrodków wypoczynkowych i pól golfowych w Kalifornii. David znał się na zarządzaniu i zauważył, że większość klubów golfowych działa nieefektywnie. Zwykle kierują nimi zawodowi golfiści, którzy nigdy nie przyswoili sobie podstawowych zasad biznesowych.

Pewnego dnia David udał się do swojego szefa i powiedział, że chce kupić od niego pole golfowe.

– Zacznijmy od tego, że jesteś moim pracownikiem – odparł szef. – Dlaczego miałbym ci cokolwiek sprzedać? Po drugie, przecież ty w ogóle nie znasz się na golfie. A po trzecie – nie masz pieniędzy!

Początkowo Davidowi nie udało się przekonać szefa, ale nie zrezygnował. Zadręczał przełożonego propozycjami, aż wreszcie dopiął swego i kupił od niego upatrzone pole golfowe. Był to pierwszy z trzystu pięćdziesięciu klubów golfowych, które David zakupił lub wydzierżawił w kolejnych latach.

Kiedy branżę pól golfowych dotknął kryzys, David musiał sprzedać wszystkie należące do niego kluby. Obecnie kupuje i wynajmuje lotniska w całym kraju. Czego nauczyły Davida początkowe niepowodzenia? Z całą pewnością cierpliwości i wytrwałości. Nie zrezygnował z marzenia. Gdy na rynku pól golfowych nastąpiła dekoniunktura, David zrobił bilans i uświadomił sobie, że jego kluczową umiejętnością nie jest zarządzanie klubami golfowymi, lecz zarządzanie firmami w ogóle, dlatego po prostu przeniósł swą aktywność na inną dziedzinę.

Obecnie David zasiada w radzie nadzorczej prowadzonej przeze mnie organizacji charytatywnej „Life Without Limbs". Powtarza często, że podejmując coraz większe wyzwania, hartujemy nasze charaktery.

– Nick, gdybyś urodził się z rękami i nogami, nie sądzę, by udało ci się dojść do tego, co możesz osiągnąć bez kończyn. Ilu młodych ludzi chciałoby cię słuchać, gdyby nie było widać już na pierwszy rzut oka, że niewyobrażalne ograniczenia przekułeś w coś pozytywnego?

Przypomnij sobie o tym, kiedy przeżywasz trudności. Jeśli nie możesz wejść drzwiami, wejdź oknem. Nie skupiaj się na ograniczeniach, ale wypatruj w nich swojej szansy. Znalazłeś się na tym świecie po to, by wypełnić określone zadanie. Nie daj sobie wmówić, że jakiekolwiek niepowodzenie przekreśla szansę na ostateczną wygraną. Dopóki żyjesz, wszystko jest możliwe.

Porażki nauczyły mnie cierpliwości i determinacji, wykształciły cechy charakteru, które przydają się w pracy i w czasie wolnym. Jedną z moich ulubionych rozrywek jest wędkowanie. Rodzice po raz pierwszy zabrali mnie na ryby, gdy miałem sześć lat. Wtykali wędkę w ziemię lub umieszczali ją w specjalnym uchwycie, a kiedy ryba brała przynętę, obejmowałem wędkę brodą, blokowałem kołowrotek i czekałem, aż ktoś przybiegnie z pomocą.

Pewnego dnia długo nie miałem szczęścia. Przez trzy godziny cierpliwie wpatrywałem się w żyłkę. Spiekłem się na słońcu, ale stwierdziłem, że nie dam za wygraną i że muszę złowić choć jedną rybę. Rodzice odeszli nieco dalej, więc byłem sam, gdy ryba wreszcie chwyciła przynętę. Nadepnąłem na żyłkę i krzyknąłem do mamy i taty, żeby do mnie podbiegli. Kiedy rodzice wyciągnęli rybę na brzeg, okazało się, że jest dwa razy większa ode mnie. Nie złowiłbym jej, gdybym nie wykazał się uporem i wytrwałością.

Oczywiście porażka uczy też pokory. W liceum nie zaliczyłem rachunkowości, co było dla mnie dość upokarzające. Uznałem, że najwyraźniej nie mam talentu do liczb, ale nauczyciel dopingował mnie i udzielał mi korepetycji. Przyłożyłem się do nauki, co kilka lat później zaowocowało podwójnym dyplomem z księgowości i planowania finansowego.

Potrzebowałem tej lekcji pokory. Musiałem poznać smak porażki, żeby przekonać się, że nie wiem wszystkiego. Pokora zmotywowała mnie do rozwoju. Jak twierdzi pisarz Thomas Merton: „Człowiek pokorny nie boi się porażki. W istocie nie boi się niczego, nawet samego siebie, ponieważ doskonała pokora zawiera w sobie doskonałą ufność w moc Boga, wobec Którego żadna inna władza nie ma znaczenia i dla Którego nie istnieją żadne przeszkody".

Porażka motywuje

To od nas samych zależy, jak reagujemy na niepowodzenia – czy poddajemy się rezygnacji, czy raczej czujemy się zmotywowani do solidniejszej pracy i uczymy się na błędach. Mam przyjaciela, który jest instruktorem fitnessu. Słyszałem, jak zachęca klientów podnoszących sztangę, by „celowali w porażkę". W treningu siłowym dąży się do nadmiernego obciążenia mięśni, tak by z każdym kolejnym treningiem ustawić poprzeczkę nieco wyżej i osiągnąć lepsze rezultaty.

Do najważniejszych czynników decydujących o powodzeniu, zarówno w sporcie, jak i w życiu, należy niewątpliwie ćwiczenie. Trenowanie nowych umiejętności jest w pewnym sensie serią porażek prowadzących do sukcesu. Dla tak rozumianego podejścia do ćwiczenia mogę podać przykład z własnego życia – przykład związany z obsługą telefonu komórkowego. Ludzie myślą, że smartfon to świetny wynalazek, ale dla mnie to coś więcej – to prawdziwy dar z nieba. Czasami wydaje mi się, że jego wynalazcy mieli właśnie mnie na uwadze, kiedy projektowali jedno urządzenie, dzięki któremu nawet osoba bez rąk i nóg może rozmawiać przez telefon, wysyłać e-maile i wiadomości tekstowe, odtwarzać muzykę, nagrywać notatki głosowe, a także sprawdzać pogodę i wiadomości ze świata.

Z mojego punktu widzenia smartfon ma jednak pewną wadę – ekran dotykowy obsługuję stopą, czyli tą częścią ciała, która jest najbardziej oddalona od ucha i ust. Oczywiście mogę włączyć głośnik, ale kiedy przebywam na lotnisku lub w restauracji, nie chcę, by wszyscy wokół uczestniczyli w rozmowie.

Musiałem więc obmyślić, jak po wystukaniu numeru stopą umieścić telefon bliżej ust. Opanowanie tej techniki wymagało dłuższego treningu, co dobrze ilustruje zasadę, że sukcesu nie osiąga się bez porażek. I siniaków. Przez cały tydzień ćwiczyłem podrzucanie aparatu stopą na bark, tak bym mógł zablokować go brodą i odbyć rozmowę. Dzieci, nie próbujcie tego w domu! Zaliczyłem mnóstwo nieudanych podrzutów i posiniaczyłem sobie całą twarz.

Ćwiczyłem tylko wtedy, gdy nikogo nie było w pobliżu – gdyby ktoś mnie zobaczył, mógłby pomyśleć, że celowo robię sobie krzywdę. Nie przyznam się, ile razy telefon lądował na czole lub nosie ani ile aparatów zakończyło swój żywot podczas tego treningu. Czułem, że mogę sobie pozwolić na kilka sińców oraz na wymianę telefonu na nowy – ale na pewno nie na to, żeby się poddać.

Każda nieudana próba dopingowała mnie do kolejnego podejścia i w końcu opanowałem nową umiejętność do perfekcji. Pech chciał, że wkrótce potem wprowadzono zestawy słuchawkowe Bluetooth, które mocuje się wygodnie na uchu. Nie muszę już podrzucać telefonu – dziś jest to już tylko sztuczka, którą zabawiam przyjaciół, kiedy nie mamy nic lepszego do roboty.

Postaraj się dostrzec w swych niepowodzeniach potencjalne źródło motywacji. Nie musisz wstydzić się błędów, potknięć czy kiksów, ale niech każda porażka mobilizuje Cię do większego wysiłku.

Porażka pomaga docenić sukces

Czwartym pozytywnym aspektem porażki jest to, że pomaga nam ona docenić sukces. Po całym tygodniu obijania twarzy telefonem czułem ogromną satysfakcję, gdy w końcu udało mi się chwycić aparat brodą i barkiem. Im więcej wysiłku trzeba w coś włożyć, tym większe odczuwamy później zadowolenie. Im trudniejsza wspinaczka, tym piękniejszy widok ze szczytu. Z przyjemnością delektujemy się smakiem zwycięstwa odniesionego po długiej walce.

W dzieciństwie jedną z moich ulubionych opowieści biblijnych była historia Józefa. W domu rodzinnym jego ojciec zawsze go faworyzował, ale w konsekwencji zawistni bracia sprzedali Józefa do niewoli. Przez dłuższy czas Józef dostawał od życia w kość. Został fałszywie oskarżony o przestępstwo i wrzucony do więzienia. Ludzie, którym ufał, raz po raz go zawodzili. Ale Józef się nie poddawał. Nie ulegał zgorzknieniu i rezygnacji. Wytrwał w trudnych chwilach i został później współwładcą Egiptu, a także wybawicielem swych rodaków.

Ze zmiennych kolei losu Józefa można wyciągnąć wiele ważnych wniosków. Na przykład taki, że droga do osiągnięcia sukcesu bywa naznaczona cierpieniem. Historia Józefa pomogła mi zrozumieć, że choć moje życie wydaje się wyjątkowo trudne, w rzeczywistości inni ludzie borykają się niejednokrotnie z większymi problemami – a mimo to dochodzą do wielkich osiągnięć. Uświadomiłem sobie, że Bóg nas kocha, ale nie obiecuje, że życie będzie łatwe. Zrozumiałem też, że Józef mógł zatryumfować jako szlachetny i sprawiedliwy władca dopiero wtedy, gdy poradził sobie z licznymi przeciwnościami i rozczarowaniami

Jeśli wytrwale zmierzamy do obranego celu, nie zważając na ból i cierpienie, satysfakcja z odniesionego zwycięstwa motywuje do sięgania po kolejne trofea. Nie sądzę, by był to przypadek. Niewykluczone, że jest to jeden z głównych czynników decydujących o największych osiągnięciach ludzkości. Świętujemy zwycięstwa okupione wielkim trudem nie dlatego, że włożyliśmy w nie pewien wysiłek, lecz dlatego, że w naszej naturze leży dążenie do nieustannego rozwoju i poszukiwanie coraz głębszego spełnienia.

Wierzę, że zmuszając mnie do większych starań w dążeniu do celu i umieszczając na mojej drodze kolejne przeszkody, Bóg przygotowuje mnie na lepsze dni. Stawia przede mną wyzwania, ponieważ wie, że właściwie przeżyta i przemyślana porażka rozwija charakter.

Spoglądając wstecz na wszystkie przeciwności – ból, niepewność, samotność – które musiałem pokonać w tak młodym wieku, nie czuję smutku. Czuję wdzięczność, że udało mi się przezwyciężyć liczne wyzwania, bowiem to sprawia, że sukces smakuje jeszcze bardziej. Trudności i problemy zahartowały mój charakter i wyposażyły mnie w umiejętności potrzebne do tego, aby wyjść do innych z pomocą. Nie doznawszy bólu, nigdy nie byłbym w stanie pomóc drugiemu cierpiącemu człowiekowi. Nie umiałbym tak naturalnie nawiązywać kontaktu z innymi ludźmi.

W okresie nastoletnim świadomość odniesionych zwycięstw dodawała mi pewności siebie. To z kolei przyciągało do mnie innych rówieśników i pomogło mi zbudować szeroki krąg przyjaciół i przyjaciółek. Uwielbiałem znajdować się w centrum uwagi. Jeździłem na wózku po całej szkole i napawałem się popularnością.

Oczywiście wiadomo, dokąd mnie to mogło zaprowadzić – do polityki. Zebrałem się na odwagę i wystartowałem w wyborach na przewodniczącego szkolnego samorządu. Uczęszczałem wtedy do MacGregor State School, jednej z największych szkół w Queensland, w której uczyło się tysiąc dwustu uczniów w różnych grupach wiekowych, od starszych klas gimnazjum po klasy maturalne.

Nie dość, że byłem pierwszym niepełnosprawnym ubiegającym się o stanowisko przewodniczącego, to jeszcze stanąłem w szranki z jednym z najlepszych sportowców w historii szkoły, Matthew McKayem – który jest obecnie słynnym australijskim piłkarzem. Moja nauczycielka, pani Hurley, zdopingowała mnie do kandydowania w wyborach po tym, jak zupełnie niespodziewanie otrzymałem nominację od kolegów i koleżanek z klasy. Motywem przewodnim mojej kampanii była różnorodność i wielokulturowość. Obiecywałem między innymi, że w szkolnym dniu sportu zorganizuję wyścigi wózków inwalidzkich.

Zwyciężyłem przytłaczającą większością głosów – nie miej mi za złe, Matthew! Mama do dzisiaj przechowuje wycinek z gazety „Courier-Mail", w której zamieszczono duże zdjęcie oraz artykuł na mój temat pod znamiennym tytułem *Przebojowy przewodniczący*. Cytowano w nim jedno z moich haseł wyborczych, w którym postulowałem, by „wszyscy młodzi ludzie na wózku odważnie próbowali wszystkiego". Ta dewiza nie jest może tak efektowna, jak slogan firmy Nike „Just Do It!" („Po prostu zrób to!" – przyp. tłum.), niemniej dobrze mi się przysłużyła.

Każdy może upaść, gdy droga jest wyboista. Porażka jest wpisana w ludzką kondycję. Ale pamiętaj, że jest ona także darem, który warto jak najlepiej spożytkować. Nie zatrzymuj się, Przyjacielu. Odważnie próbuj wszystkiego!

8

Obcy w obcym kraju

Kiedy miałem dwanaście lat, rodzice postanowili przeprowadzić się z Australii do Stanów Zjednoczonych. Czułem się przytłoczony tym, że będę musiał zacząć wszystko od początku – w obcym miejscu, wśród obcych ludzi. Na pokładzie samolotu, którym lecieliśmy do naszego nowego domu, ćwiczyliśmy amerykański akcent z młodszym bratem i siostrą, żeby nie dokuczano nam w szkole.

Nie mogłem nic poradzić na to, że mam nietypowe ciało, ale pomyślałem, że spróbuję chociaż poprawić wymowę. Dopiero później dowiedziałem się, że większość Amerykanów uwielbia australijski akcent. Kilka lat wcześniej wielką furorę zrobił tutaj słynny australijski hit kinowy *Krokodyl Dundee*. Siląc się na amerykański akcent, zmarnowałem doskonałą okazję do zaimponowania nowym koleżankom!

Przeprowadzka do Ameryki była pierwszą poważną zmianą w moim życiu i oprócz próby dostosowania akcentu popełniłem przy tej okazji jeszcze mnóstwo innych błędów. Zacząłem naukę w Lindero Canyon Middle School u podnóża gór Santa Monica, niedaleko mojego obecnego miejsca zamieszkania. To świetna szkoła, ale początkowo było mi ciężko – jak każdemu dziecku, które przeprowadza się w nieznane miejsce, zmienia szkołę i poznaje nowych rówieśników. Oprócz typowych problemów związanych z byciem „tym nowym" miałem jeszcze jeden – nie wyglądałem normalnie. Byłem jedynym uczniem na wózku inwalidzkim i jedynym, któremu przydzielono asystenta. Większość nastolatków obawia się wyśmiania z tak błahego powodu jak trądzik, więc łatwo sobie wyobrazić, co czułem, mając o wiele poważniejsze powody do zmartwień.

O zdobycie akceptacji ze strony otoczenia walczyłem już dwukrotnie jeszcze w Australii – w pierwszej szkole w Melbourne, a potem ponownie, kiedy przeprowadziliśmy się do Brisbane. Przekonanie rówieśników, że naprawdę jestem wystarczająco fajny, by się ze mną zakolegować, kosztowało mnie mnóstwo wysiłku. Teraz zaczynałem wszystko od nowa.

Zmiany, ach te zmiany...

Gdy odkryliśmy już swój życiowy cel, mamy silną nadzieję, wiarę i poczucie własnej wartości, zachowujemy pozytywną postawę, odważnie stawiamy czoła obawom i nie zniechęcamy się porażkami – mimo wszystko nie uda nam się ruszyć z miejsca, jeśli załamujemy się w obliczu nieuniknionych życiowych zmian. Poważne zmiany wywierają na nas ogromny wpływ, często nieuświadomiony. Do typowych symptomów należą stres, wewnętrzny opór, a nawet stany depresyjne.

Staramy się unikać zmian, ale na dobrą sprawę któż z nas chciałby przejść przez życie w całkowitej stagnacji? Wiele spośród naszych najciekawszych i najbardziej satysfakcjonujących doświadczeń to przecież bezpośredni rezultat przeprowadzki w nowe miejsce, zmiany pracy bądź kierunku studiów lub nawiązania nowej znajomości.

Nasze życie charakteryzują nieustanne zmiany. Przechodzimy kolejne etapy – od dzieciństwa, przez młodość i dorosłość, aż po wiek średni i jesień życia. Uparte trwanie w tym samym miejscu byłoby niemożliwe – i śmiertelnie nudne. Z drugiej strony musimy być cierpliwi. Nierzadko konieczność wprowadzenia zmian spada na nas wbrew naszej woli. Nie zawsze panujemy też nad ich przebiegiem. Z kolei zmiany, których oczekujemy, mogą nie zachodzić właśnie wtedy, kiedy byśmy sobie tego życzyli.

Istnieją dwa zasadnicze rodzaje zmian, które stanowią dla nas wyzwanie i mogą zburzyć naszą codzienną rutynę. Pierwszy to zmiany, które zachodzą wokół nas, a drugi – zmiany, które dokonują się w naszym wnętrzu. Nie jesteśmy w stanie panować nad zmianami pierwszego typu, ale możemy i powinniśmy mieć władzę nad tym, co dzieje się w naszym wnętrzu.

Kiedy rodzice podejmowali decyzję, że przeniesiemy się do Stanów, nie miałem nic do powiedzenia – tak jak nie ode mnie zależało, że urodziłem się bez rąk i nóg. To fakty, na które nie miałem żadnego wpływu. Ale podobnie jak w kwestii niepełnosprawności, tak i teraz mogłem zdecydować, w jaki sposób zareaguję. Uznałem, że pogodzę się z przeprowadzką do nowego kraju i zrobię wszystko, by jak najlepiej odnaleźć się w nowej sytuacji.

Ty też możesz zdecydować, jak zareagujesz na niechciane lub niespodziewane zmiany. Życie potrafi niemile zaskoczyć, gdy bliska osoba nagle umiera, tracisz pracę, masz wypadek lub dotyka Cię ciężka choroba. Początkowo możesz się nawet nie zorientować, że w Twoim życiu dokonuje się poważna zmiana o dalekosiężnych konsekwencjach. Pierwszym krokiem umożliwiającym właściwe poradzenie sobie ze zmianą jest jej umiejętne rozpoznanie i pogodzenie się z faktem, że – na dobre i złe – rozpoczyna się jakiś nowy etap. Już samo uświadomienie sobie tego redukuje stres. Staraj się myśleć pozytywnie: *No dobrze, to coś nowego. Od teraz będzie trochę inaczej, ale nie ma co panikować. Muszę być opanowany i cierpliwy. Wierzę, że wszystko dobrze się ułoży.*

Kiedy przeprowadziliśmy się do Stanów, miałem dużo czasu, żeby zaakceptować zmiany dokonujące się w życiu naszej rodziny. Niemniej chwilami czułem się przytłoczony i zdezorientowany. Czasami chciało mi się krzyczeć: „Chcę wrócić do domu, do mojego prawdziwego życia!".

Przykro mi, że muszę Ci o tym powiedzieć, Przyjacielu, ale Ciebie też czekają trudne chwile związane ze zmianami. Z perspektywy czasu w swoich reakcjach na zmiany związane z przeprowadzką dostrzegam element komizmu – zwłaszcza że obecnie znowu mieszkam w Kalifornii i uwielbiam to miejsce. Mam nadzieję, że pewnego dnia Ty również będziesz się śmiał z frustracji i złości, jakie dziś przeżywasz. Tymczasem pamiętaj, że są to naturalne emocje towarzyszące poważnym życiowym zmianom. Daj sobie nieco czasu na przystosowanie. To trochę tak jak z przeprowadzką do nowego miasta – potrzebujesz czasu, żeby poznać rozkład ulic, zaaklimatyzować się i odkryć ulubione miejsca.

Spodziewaj się zaskoczenia

Podczas pierwszych tygodni w Ameryce przeżywałem szok kulturowy. Już pierwszego dnia w szkole wpadłem w popłoch, gdy cała klasa wstała, by wyrecytować przysięgę na wierność sztandarowi. Nie praktykowaliśmy tego w Australii. Czułem się tak, jakbym przez pomyłkę wszedł do klubu, do którego nie należę.

Innym razem rozdzwoniły się nagle wszystkie dzwonki i nauczyciele kazali nam szybko wczołgać się pod ławki. Myślałem, że to Marsjanie atakują, ale był to tylko alarm próbny na wypadek trzęsienia ziemi. *Trzęsienia ziemi?*

Mój brak kończyn prowokował dziwne spojrzenia i niestosowne uwagi. Amerykańscy koledzy wypytywali mnie z niezdrową ciekawością, jak radzę sobie w toalecie. Modliłem się o trzęsienie ziemi, które wreszcie położyłoby kres niekończącym się przesłuchaniom na temat sposobu załatwiania potrzeb fizjologicznych.

Musiałem też przyzwyczaić się do nieustannych wędrówek z klasy do klasy. W Australii lekcje ze wszystkich przedmiotów odbywały się w jednym pomieszczeniu. Natomiast w Lindero Canyon można było odnieść wrażenie, że uczniowie zajmują się przede wszystkim przemierzaniem szkoły w drodze na kolejne zajęcia.

Nie radziłem sobie w nowym otoczeniu. Na domiar złego, nie było dla mnie miejsca w szóstej klasie o profilu ogólnym, więc trafiłem do grupy z programem zaawansowanym. Dotąd zawsze dobrze się uczyłem, ale w nowej szkole szybko narobiłem sobie zaległości. Miałem coraz gorsze stopnie. Kiedy wspominam tamten okres, rozumiem, że byłem po prostu zestresowany. W sumie nie ma się czemu dziwić – całe moje życie zostało przecież spakowane do walizki i przerzucone na drugą półkulę.

W Stanach nie mieliśmy nawet własnego domu. Tata pracował dla wujka Batty i umówił się z nim, że zamieszkamy z jego rodziną, dopóki nie znajdziemy dla siebie odpowiedniego mieszkania lub domu. Co gorsza, prawie w ogóle nie widywałem rodziców, ponieważ byli zajęci szukaniem pracy, dojeżdżaniem do niej i szukaniem nowego domu.

Miałem tego wszystkiego dosyć. Czułem się przeciążony umysłowo, emocjonalnie i fizycznie. Zamykałem się w sobie jak ślimak chowający się do skorupy. Podczas szkolnych przerw wałęsałem się samotnie lub ukrywałem się w krzakach koło boiska. Moją ulubioną kryjówką była jednak sala muzyczna nadzorowana przez pana McKagana.

Pan McKagan, który do dzisiaj pracuje w Lindero Canyon, był niesamowitym nauczycielem. Uczniowie uwielbiali go i traktowali niemal jak gwiazdę rocka. Nawiasem mówiąc, jego brat Duff to legendarny basista, który grał z Guns N' Roses i innymi znanymi zespołami. Skoro już jesteśmy przy temacie gwiazd, muszę dodać, że był to kolejny dziwny aspekt przeprowadzki do Kalifornii – czułem, że porzuciliśmy normalne życie w cichym zakątku i trafiliśmy do jakiegoś surrealistycznego popkulturowego królestwa. Zamieszkaliśmy na obrzeżach Los Angeles i Hollywood, więc robiąc zakupy w supermarkecie lub w galerii, stale wpadaliśmy na gwiazdy kina czy celebrytów znanych z telewizji. Połowa koleżanek i kolegów z klasy miała aspiracje aktorskie. Gdy po lekcjach wracałem do domu, włączałem telewizor i podziwiałem efekciarską grę sympatycznego kolegi szkolnego Jonathana Taylora Thomasa w popularnym serialu *Pan Złota Rączka*.

W moim życiu dokonała się prawdziwa rewolucja – nie byłem w stanie tego wszystkiego udźwignąć. Straciłem wiarę w siebie, którą tak mozolnie budowałem przez ostatnie lata. W Australii cieszyłem się już akceptacją kolegów, a teraz byłem znowu obcy w obcym kraju, mówiłem z dziwnym akcentem i miałem nietypowe ciało. Pan McKagan zauważył, że chowam się w jego klasie. Zachęcał mnie, bym wychodził na przerwę i nawiązywał kontakty z innymi uczniami. Ale nie znajdowałem w sobie wystarczającej motywacji.

Walczyłem ze zmianą, na którą nie miałem żadnego wpływu, zamiast skupić się na czymś, co było ode mnie zależne – na swojej postawie i swym zachowaniu. Powinienem był lepiej to rozumieć. Miałem wprawdzie zaledwie dwanaście lat, ale pokonałem już wiele przeciwności, pogodziłem się z brakiem kończyn i ogólnie byłem szczęśliwym, samodzielnym dzieckiem. Jednak przeprowadzka wytrąciła mnie z równowagi.

Czy zauważyłeś, że w okresie poważnych życiowych zmian nasze zmysły są jakby wyostrzone? Po bolesnym rozstaniu z ukochaną osobą wydaje nam się, że każdy film i serial zawiera ukryte przesłanie adresowane właśnie do nas. Mamy wrażenie, że wszystkie przeboje radiowe opowiadają o naszym cierpiącym sercu. Intensyfikacja emocji i rozbudzenie zmysłów mogą być przejawem działania mechanizmu obronnego, który uruchamia się pod wpływem stresu i może pomóc nam w oswojeniu nowej rzeczywistości. Do dzisiaj pamiętam, że ukojenie dla nerwów rozstrojonych przeprowadzką do Ameryki znajdowałem w kontemplacji cudownych widoków – szczytów górskich lub zachodów słońca na plaży. Nadal uważam, że Kalifornia jest pięknym miejscem, ale w tamtym okresie wydawała mi się wprost olśniewająca.

Zmiana – niezależnie od tego, czy pozytywna, czy negatywna – jest czymś stresującym, dlatego naszą pierwszą reakcją na nią bywa często opór. Na studiach miałem zajęcia z zarządzania. Uczono nas, że większość liczących się korporacji zatrudnia „agentów zmian" – menedżerów, którzy zajmują się głównie mobilizowaniem opornych pracowników i zdobywaniem ich poparcia dla ważnych zmian dokonujących się w firmie, takich jak fuzja z innym przedsiębiorstwem, utworzenie nowego działu czy wprowadzenie odmiennego modelu działalności.

Już jako szef własnej firmy zaobserwowałem z kolei, że różni pracownicy mają odmienne sposoby radzenia sobie ze zmianami i innowacjami. Niektórzy są podekscytowani nowymi przedsięwzięciami, ale pozostali – i właśnie oni stanowią większość – reagują niechętnie, ponieważ przyzwyczaili się do status quo lub obawiają się, że ich życie zmieni się na gorsze.

„Zmianoodporni"

Rozumiemy, że nic nie trwa wiecznie, a mimo to, kiedy zdarzenia lub okoliczności zmuszają nas do opuszczenia oswojonego kącika, czujemy się zagubieni, sfrustrowani i poirytowani. Nawet gdy warunki, w jakich funkcjonujemy, pozostawiają wiele do życzenia – na przykład nie mamy żadnych perspektyw w pracy, wpadliśmy w złe towarzystwo czy żyjemy w związku, w którym dochodzi do przemocy – często nie chcemy pójść inną drogą, ponieważ wolimy to co znane i oswojone.

Poznałem niedawno George'a, fizjoterapeutę i instruktora fitnessu. Powiedziałem mu, że mam problemy z kręgosłupem i muszę regularnie ćwiczyć, ale jest mi trudno zachować dyscyplinę ze względu na napięty grafik podróży i obowiązki w firmie. George najwyraźniej nie zamierzał się ze mną patyczkować:

– Jeśli chcesz zmagać się z coraz większym bólem już do końca życia, to proszę bardzo, powodzenia!

Drwił ze mnie – miałem ochotę mu przyłożyć. Ale rozumiałem też, że George próbuje mnie w ten sposób zmotywować, że wskazuje na grożące mi konsekwencje, jeśli nie zmienię podejścia. W jego ironicznej odpowiedzi krył się następujący komunikat: *Nick, jeśli nie masz ochoty, nie musisz się zmieniać. Ale jedyną osobą, która może coś zrobić dla twojego kręgosłupa, jesteś ty sam!*

Moja postawa była klasycznym przykładem negatywnego nastawienia do konieczności zmiany stylu życia. Jednak nawet osoby znajdujące się w znacznie gorszych tarapatach przejawiają podobny opór wobec posunięć, które mogłyby pozytywnie wpłynąć na ich życie. Ludzie wolą trzymać się kurczowo utartych – choćby i szkodliwych – schematów, ponieważ te są oswojone.

Ponadto wielu ludzi odmawia przyjęcia odpowiedzialności za swoje życie. Kiedy coś pokrzyżuje nam plany, możemy winić za to wszechświat, rodziców i kolegę, który w trzeciej klasie ukradł nam kanapkę. Jednak w ostateczności przerzucanie winy na innych do niczego nie prowadzi. Jedynym sposobem zachowania równowagi na życiowych wirażach jest wzięcie odpowiedzialności za swoje życie i przyjęcie pozytywnego nastawienia do zmian. Moje doświadczenia nauczyły mnie, że odpowiednio przeżyta zmiana powinna obejmować pięć kluczowych etapów.

1. Uznanie potrzeby zmiany

Niestety dość często nie dostrzegamy potrzeby zmiany. Popadamy w rutynę, nawet jeśli jest uciążliwa, i z lenistwa lub ze strachu pozostajemy bierni. Nierzadko dopiero coś wstrząsającego lub przerażającego zmusza nas do przyznania, że zmiany są konieczne. Dla mnie takim przeżyciem była próba samobójcza. Całymi latami robiłem dobrą minę do złej gry, ale wewnątrz walczyłem z depresyjnymi myślami, które przywiodły mnie w końcu do targnięcia się na swoje życie. Dopiero wtedy zorientowałem się, że już najwyższy czas, by wziąć odpowiedzialność za własne szczęście.

2. Wizja nowego

Mój przyjaciel Ned musiał niedawno przekonać swoich rodziców, by wyprowadzili się z domu, w którym mieszkali od czterdziestu lat, i przenieśli się do ośrodka dla seniorów. Ojciec Neda podupadł na zdrowiu, a ciężar opieki nad nim był już dla matki nie do uniesienia. Jednak rodzice nie chcieli się wyprowadzić. Woleli zostać we własnym domu, otoczeni przez sąsiadów, których dobrze znali. „Jesteśmy tutaj szczęśliwi. Dlaczego mielibyśmy opuścić to miejsce?" – pytali.

Ponad rok zajęło Nedowi namówienie rodziców do złożenia wizyty w eleganckim ośrodku położonym zaledwie kilka ulic dalej. Rodzice Neda mieli dotąd negatywne wyobrażenie o „domu starców" – ponurej instytucji, do której starsi ludzie wybierają się tylko po to, by umrzeć. Tymczasem odkryli miejsce ciepłe, przytulne, tętniące życiem i aktywnością, w którym zamieszkiwało wielu spośród ich dawnych sąsiadów. Na terenie ośrodka zlokalizowana była przychodnia medyczna zatrudniająca lekarzy, pielęgniarki i terapeutów, którzy mogliby przejąć od obciążonej matki Neda część obowiązków związanych z opieką nad mężem.

Kiedy rodzice mieli już konkretną wizję nowego miejsca, zgodzili się na przeprowadzkę. „Nigdy nie sądziliśmy, że w ośrodku dla seniorów może być tak miło" – stwierdzili.

Jeśli ciężko Ci ruszyć z miejsca, warto najpierw uzyskać wyraźną wizję celu. Może w tym pomóc rekonesans w miejscu, które mogłoby być Twoim nowym domem, nawiązanie nowych znajomości czy rozmowa z przedstawicielem zawodu, który chciałbyś wykonywać. Oswojenie się z tym, co nowe, ułatwia porzucenie utartych ścieżek i podjęcie ryzyka.

3. Porzucenie tego, co stare

Dla wielu ludzi jest to najtrudniejszy etap. Wyobraź sobie, że wspinasz się w górach po ścianie skalnej. Jesteś już w połowie drogi na szczyt, kilkaset metrów od podnóża. Właśnie dotarłeś do niewielkiej półki skalnej. Wiesz, że możesz mieć kłopoty, jeśli się na niej zatrzymasz, a wiatr przybierze na sile lub nadejdzie burza, ale półka oferuje przynajmniej namiastkę poczucia bezpieczeństwa.

Aby kontynuować wspinaczkę (albo zejść na ziemię), musisz porzucić tę namiastkę i poszukać innego punktu zaczepienia. Nie tak łatwo zrezygnować z bezpiecznej przystani, niezależnie od tego, czy chodzi o wspinaczkę wysokogórską czy o wybór nowej ścieżki życia. Trzeba wypuścić z rąk to, co stare, i uchwycić się nowego. Wielu ludzi nie potrafi się przemóc. A gdy wreszcie zdecydują się ruszyć z miejsca, wkrótce tracą animusz i szybko się poddają. Jeśli i Ty znajdziesz się w takiej sytuacji, spróbuj sobie wyobrazić, że wspinasz się po drabinie. Żeby przejść wyżej, musisz uwolnić uchwyt i sięgnąć po następny szczebel.

4. Oswojenie się ze zmianą

To może być kolejny trudny etap. Nawet jeśli porzuciliśmy już to, co stare, i zaczęliśmy nowy rozdział, możemy nadal odczuwać pokusę, by wycofać się na z góry upatrzoną pozycję, dopóki nie oswoimy się z sytuacją. *No dobrze, jestem tutaj. Co dalej?* – to typowe pytanie, które zadajemy sobie na tym etapie.

Kluczem do oswojenia się ze zmianą jest pilnowanie myśli odtwarzanych w głowie. Należy odsiewać myśli niepożądane, które włączają się automatycznie w „trybie paniki" – na przykład: *O rety, co ja najlepszego narobiłem?* – a zamiast tego koncentrować się na scenariuszu optymistycznym, powtarzając sobie na przykład: *To wspaniała przygoda!*

W pierwszych miesiącach po przeprowadzce do Stanów długo nie mogłem znaleźć sobie miejsca. W ciągu dnia narzekałem na nowe otoczenie, a nocą przewracałem się z boku na bok. W szkole chowałem się przed innymi uczniami, z obawy że zostanę wyśmiany i odrzucony. Jednak powoli, stopniowo, zaczynałem doceniać niektóre aspekty nowego domu. Cieszyłem się na przykład z faktu, że mam tutaj tak wielu kuzynów – wprawdzie nie znałem się z nimi tak dobrze jak z kuzynami w Australii, ale szybko się zaprzyjaźniliśmy. Do tego zamieszkaliśmy w doskonałym położeniu – z naszego domu można było robić szybkie wypady na plażę, w góry lub na pustynię.

I kiedy już zaczynałem wierzyć, że może jednak Kalifornia nie jest taka zła, rodzice postanowili wrócić do Australii. Niemniej spodobało mi się w Stanach na tyle, że gdy skończyłem studia, wróciłem do Kalifornii. Teraz czuję się tutaj jak u siebie!

5. Rozwijanie potencjału w nowym otoczeniu

To najważniejszy etap udanej życiowej zmiany. Nowe środowisko stwarza bowiem doskonałą okazję do rozwoju, który nie byłby możliwy w dawnym miejscu. Choć opisany tutaj proces może być stresujący i wyczerpujący emocjonalnie i fizycznie, jest wart podjęcia wysiłku, ponieważ pozwala nam rozwinąć skrzydła.

Dostrzegam tę prawidłowość w firmie, którą prowadzę. Kilka lat temu musiałem ją zrestrukturyzować. To oznaczało konieczność zwolnienia niektórych pracowników. Zwalnianie wychodzi mi fatalnie, po prostu tego nie znoszę. Jestem raczej typem opiekuńczym i ciężko mi przekazać osobom, na których mi zależy, jakąkolwiek przykrą wiadomość. Sceny zwalniania pracowników, których dobrze poznałem i z którymi zdążyliśmy się zaprzyjaźnić, do dzisiaj powracają do mnie w sennych koszmarach. Jednak spoglądając wstecz, zdaję sobie sprawę z tego, że firma nigdy by się nie rozwinęła, gdybym nie wprowadził zmian. Restrukturyzacja przyniosła pozytywne rezultaty, ale nie powiem, że cieszę się ze zwolnienia dawnych pracowników – często mi ich brakuje.

Poczucie dyskomfortu bywa sygnałem, że wytężamy wszystkie siły, by wznieść się na wyższy pułap. Choć towarzyszące temu symptomy mogą być nieprzyjemne, poprzedzają zwykle moment przełomu, który poprowadzi nas w stronę lepszej przyszłości.

Zmienić świat

Podróżując po świecie, obserwuję ludzi znajdujących się na każdym z opisanych wyżej etapów zmiany. Podczas pobytu w Indiach w 2008 roku przemawiałem w Mumbaju, znanym także pod dawną nazwą Bombaj. To największe miasto w Indiach i druga pod względem liczby mieszkańców metropolia świata. Leży na zachodnim wybrzeżu Indii, nad Morzem Arabskim, i pełni rolę głównego ośrodka finansowego i kulturalnego kraju.

Większość mieszkańców miasta to wyznawcy hinduizmu i islamu, a chrześcijanie stanowią tylko niewielki procent. Obok ostentacyjnego bogactwa Mumbaj epatuje równocześnie przejawami skrajnej nędzy. Ostatnio znalazł się w centrum uwagi całego świata jako sceneria nagrodzonego Oskarem filmu *Slumdog. Milioner z Ulicy*. Choć jest to znakomity film, pokazuje jedynie zdawkowo horror rozgrywający się w slumsach Mumbaju, w których kwitnie handel niewolnicami seksualnymi.

Szacuje się, że w Mumbaju do sprzedawania swojego ciała przymuszanych jest ponad pół miliona ludzi. Są to przeważnie osoby porwane z małych wiosek w Nepalu i Bangladeszu. Wiele spośród kobiet to *devadasi*, wyznawczynie jednej z hinduskich bogiń zmuszane do prostytucji przez swych „kapłanów". Prostytucją trudnią się też *hijras*, wykastrowani mężczyźni. Ofiary haniebnego procederu trafiają do obskurnych kamienic i każdej nocy są zmuszane do nierządu z wieloma klientami. Wirus HIV rozprzestrzenia się w zawrotnym tempie – na AIDS zmarły już miliony zarażonych. Pewnego dnia zabrano mnie do dzielnicy czerwonych latarni, w miejsce zwane „ulicą klatek", gdzie mogłem przekonać się na własne oczy, jakiemu upodleniu poddawane są ofiary tak zwanej „branży seksualnej".

Zostałem zaproszony do Mumbaju przez pastora K. K. Devaraja, założyciela miejscowego oddziału misji Teen Challenge. Organizacja ta ratuje ofiary niewolnictwa seksualnego i pomaga im rozpocząć nowe życie. Wujek Dev, jak nazywają go przyjaciele i podopieczni, prowadzi też ośrodek dla sierot chorych na AIDS, kuchnię charytatywną, przychodnię medyczną, klinikę dla nosicieli wirusa HIV, a także program rehabilitacyjny dla „chłopców z ulicy" uzależnionych od narkotyków. Pastor Devaraj zobaczył jeden z moich filmów i uznał, że mogę mu pomóc jako „agent zmiany". Chciał, żebym namawiał kobiety pracujące jako prostytutki do porzucenia niewolniczej pracy i przeprowadzki do schroniska. Pastor podkreśla, że każda zniewolona kobieta jest w istocie „drogocenną perłą".

Teen Challenge cieszy się w slumsach Mumbaju powszechnym szacunkiem. Nawet sutenerzy i właścicielki domów publicznych – w przeważającej większości wyznawcy hinduizmu – pozwalają pracownikom tej chrześcijańskiej instytucji prowadzić działalność na ich terenie, mimo że misjonarze nieustannie namawiają prostytutki do przyjęcia wiary w Chrystusa, do porzucenia pracy w domach publicznych i do wyboru lepszego życia. Konsekwentna działalność organizacji stopniowo przynosi coraz większe owoce i przyczynia się do przemiany serc.

Dziewczęta są zwykle porywane z rodzinnych wiosek w młodym wieku, gdy mają od dziesięciu do trzynastu lat. Werbownicy starają się czasem zdobyć względy ich rodziców – obiecują, że załatwią córce pracę zapewniającą niebotyczne zarobki. Niestety, zdarza się też nader często, że po prostu kupują dziewczynę od rodziców. Osoby zajmujące się rekrutacją i transportem dziewczynek to pierwsze ogniwo w długim łańcuchu okrutnych zwyrodnialców. Na jego drugim końcu znajdują się sutenerzy, którzy zniewalają dziewczyny i przemocą zmuszają je do pracy.

Podczas pobytu w Mumbaju przeprowadziliśmy rozmowy z kilkoma byłymi niewolnicami seksualnymi uratowanymi przez Teen Challenge. Ich rozdzierające serce historie nie należą niestety do wyjątkowych. Jeśli nie zgadzały się na prostytuowanie, były bite, gwałcone i zamykane w klatkach w obskurnych piwnicach, gdzie nie mogły się nawet wyprostować. Głodzono je, maltretowano i poddawano praniu mózgu tak długo, aż ulegały. Następnie trafiały do domów publicznych, gdzie informowano je, że zostały zakupione za kilkaset dolarów amerykańskich i mają trzy lata na odpracowanie długu. Zmuszano je do nierządu setki razy, a za każdego klienta odpisywano z ich konta raptem dwa dolary.

Większość dziewczyn zakłada, że nie ma innego wyjścia. Sutenerzy przekonują je, że rodziny nigdy nie przyjmą ich z powrotem ze względu na hańbę, jaką się okryły. Z biegiem czasu wiele kobiet zaraża się chorobami wenerycznymi lub zachodzi w ciążę. Upodlone ofiary czują, że nie mają się dokąd udać.

Choć żyją w potwornych warunkach, często boją się jakiejkolwiek zmiany. Tracą wszelką nadzieję i poczucie ludzkiej godności. Nie wierzą, by kiedykolwiek udało im się wyrwać z niewoli. Psychologowie obserwują tę samą rezygnację u kobiet, które żyją w związkach z maltretującymi je partnerami. Kobiety takie boją się i cierpią, ale nie decydują się na zerwanie związku, ponieważ bardziej obawiają się tego, co nieznane. Utraciły zdolność marzenia o lepszym życiu, więc nie widzą dla siebie innego wyjścia.

Być może uważasz za oczywiste, że niewolnice seksualne powinny za wszelką cenę uciekać, ale czy zawsze równie jasno oceniasz szczegóły własnego położenia? Czy przeżyłeś kiedyś sytuację, w której na początku czułeś się zamknięty w pułapce okoliczności zewnętrznych, a później odkryłeś, że jedyną pułapką był tak naprawdę brak wizji, brak odwagi lub nieumiejętność dostrzeżenia alternatywnych możliwości? Żeby dokonać zmiany, musimy wyobrazić sobie, co czeka nas po drugiej stronie. Potrzebujemy nadziei, wiary w Boga, a także przekonania, że można znaleźć dobre rozwiązanie.

Pracownicy misji Teen Challenge w Mumbaju doskonale rozumieją, że zniewolone, maltretowane i szantażowane kobiety nie dostrzegają żadnego wyjścia z sytuacji. Niektóre z nich są przekonane, że nie zasługują już nie tylko na miłość, ale nawet na przyzwoite traktowanie.

Widziałem na własne oczy ogrom cierpienia, jakiego doświadczają kobiety w domach publicznych i slumsach Mumbaju. Ale widziałem też niezwykłe rezultaty działalności wujka Deva i jego oddanych współpracowników wśród niewolnic seksualnych i ich dzieci, zwanych „wróbelkami", które nierzadko żyją na ulicy, pozbawione dachu nad głową.

Chodziliśmy od drzwi do drzwi. W jednym z domów publicznych przedstawiono mnie właścicielce, która wstała na przywitanie i za pośrednictwem tłumacza zaproponowała, bym „wygłosił kazanie do jej dziwek i namówił je do lepszego życia".

Jedną z wykorzystywanych kobiet poznaliśmy nieco bliżej. Wyglądała na czterdziestolatkę. Powiedziała nam, że porwano ją z rodzinnej wioski, gdy miała dziesięć lat, i zmuszono do prostytucji.

– Odpracowałam swój dług i kiedy skończyłam trzynaście lat, pozwolono mi odejść – opowiadała przez tłumacza. – Po raz pierwszy wyszłam wtedy na ulicę, zostałam pobita i zgwałcona. Mimo wszystko udało mi się wrócić do domu, ale rodzina nie chciała mieć ze mną nic wspólnego. Wróciłam tutaj i znowu zaczęłam pracować jako prostytutka. Miałam dwoje dzieci, jedno z nich zmarło. Przedwczoraj dowiedziałam się, że mam AIDS i mój alfons mnie zwolnił. Nie mam dokąd pójść.

Patrząc na tę sytuację z boku, moglibyśmy stwierdzić, że ta kobieta miała co najmniej kilka możliwości wydźwignięcia się z bagna, jednak ona sama, przytłoczona okolicznościami, nie widziała żadnego dobrego rozwiązania. Podobnie bywa i w naszym życiu. Pamiętaj, że zmiana zawsze jest możliwa, nawet kiedy wydaje się, że wszystkie drzwi są zamknięte. Jeśli nie potrafisz samodzielnie znaleźć wyjścia, poproś o pomoc. Poszukaj doradcy, który spojrzy na problem obiektywnie. Takim doradcą może być przyjaciel, krewny, psycholog czy życzliwy urzędnik. Nigdy nie gódź się z myślą, że nie ma rozwiązania. Zawsze jest jakieś wyjście!

Okazało się, że opisana przeze mnie kobieta miała zaledwie dwadzieścia lat. Pomodliłem się z nią. Przekonaliśmy ją, że może opuścić dom publiczny i zamieszkać w schronisku Teen Challenge w Mumbaju, a także skorzystać z pomocy medycznej w przychodni prowadzonej przez tę organizację. Kiedy otworzyły się jej oczy i zobaczyła drogę prowadzącą do lepszego życia, była gotowa na zmiany i znalazła wiarę.

– Słuchając twojego przemówienia, zrozumiałam, że Bóg nie uchronił mnie od HIV i AIDS, ponieważ w obecnej sytuacji mogę przyprowadzić do Chrystusa inne kobiety – powiedziała. – Nie mam środków do życia, ale wiem, że Bóg jest ze mną.

Nie mogłem wydobyć z siebie słowa, widząc pokój i nadzieję w jej oczach. Była tak piękna w swej prostej wierze. Powiedziała, że wierzy, iż Bóg nie zapomniał o niej nawet wtedy, gdy groziła jej śmierć. Teraz postanowiła wykorzystać swe cierpienie dla dobra. Była promiennym przykładem hartu ludzkiego ducha i przejawem mocy Bożej miłości, na przekór wszechobecnej nędzy, rozpaczy i okrucieństwu.

Pastor Devaraj wraz ze swym zespołem misjonarzy opracował kilka skutecznych metod docierania do niewolnic seksualnych w Mumbaju. Teen Challenge zapewnia na przykład opiekę nad dziećmi tych kobiet i prowadzi zajęcia szkolne, na których dzieci uczą się o Jezusie i Jego miłości. Dzieci rozmawiają potem ze swymi matkami i przekonują je, że one też są kochane przez Boga i zasługują na lepszy los.

Zachęcam Cię do ochoczego przyjęcia każdej zmiany, która może pozytywnie wpłynąć na Twoje życie. Bądź również „agentem zmiany", przyczyniając się do poprawy warunków życia innych ludzi.

9

Ufaj ludziom (ale ostrożność nie zawadzi)

Kiedy skończyłem jedenaście lat, rodzice zabrali mnie na plażę w Gold Coast – znanej miejscowości turystycznej w Australii. Mama i tata spacerowali w pewnej odległości, a ja siedziałem na piasku tuż przy brzegu, obserwowałem fale i napawałem się morską bryzą. Miałem na sobie koszulkę w większym rozmiarze, która chroniła mnie przed oparzeniem słonecznym i częściowo skrywała brak kończyn.

Przechodziła tamtędy młoda dziewczyna. Uśmiechnęła się do mnie i powiedziała:

– To robi wrażenie!

– Co masz na myśli? – spytałem, zakładając, że najprawdopodobniej nie chodzi jej o moje imponujące bicepsy.

– Ile czasu zajęło ci zakopanie nóg?

Myślała, że ukryłem nogi w piasku. Byłem akurat w nastroju do żartów, więc podjąłem grę.

– Oj, musiałem się nieźle napocić!

Zaśmiała się i poszła dalej, ale liczyłem na to, że jeszcze się obejrzy, więc czekałem. I rzeczywiście – obróciła głowę, by rzucić mi pożegnalne spojrzenie, a wtedy wystrzeliłem jak z procy i w paru susach doskoczyłem do wody.

Nic nie powiedziała, tylko czmychnęła z plaży, potykając się po drodze.

W dzieciństwie takie sytuacje sprawiały mi przykrość, ale z biegiem czasu uodporniłem się i zacząłem wykazywać więcej zrozumienia dla innych. Jak owa dziewczyna, nauczyłem się, że pierwsze wrażenie bywa mylące, a ludzie, których tak szybko oceniamy, mogą nas czasem zaskoczyć – pozytywnie lub negatywnie.

Podstawowe znaczenie dla osiągnięcia życiowego powodzenia ma sztuka „czytania" ludzi, nawiązywania kontaktu i prowadzenia dialogu, a także wyczucie, komu można zaufać. Równie ważne jest, rzecz jasna, staranie się o to, by w ocenie innych być osobą godną zaufania. Trudno osiągnąć sukces bez umiejętności budowania więzi opartych na wzajemnym zrozumieniu i zaufaniu. Wszyscy potrzebujemy przyjaciół, mentorów, doradców i sprzymierzeńców, którzy aprobują naszą życiową wizję i pomagają nam realizować marzenia.

Aby stworzyć „drużynę marzeń" – zespół sojuszników, którym leży na sercu Twoje dobro – musisz najpierw okazać się w ich oczach osobą godną zaufania, wspierając ich i stając w ich obronie, gdy zachodzi taka potrzeba. Koledzy i przyjaciele będą Cię traktować tak, jak Ty ich traktujesz. Jeśli inwestujesz w ich sukces, pomagasz im, dodajesz otuchy i szczerze dzielisz się z nimi krytycznymi uwagami, możesz liczyć na to, że w zamian otrzymasz to samo. A jeśli mimo wszystko nie otrzymujesz od swych znajomych wsparcia, znajdź inne osoby, które będą chciały zagrać w Twojej drużynie.

Gdy więzi łączące nas z innymi ludźmi nie spełniają naszych oczekiwań, być może sami za mało zwracamy uwagę na to, jak odnosimy się do drugiej osoby i jaki jest nasz wkład w relację. Jednym z największych błędów, jakie można popełnić w tej dziedzinie, jest nadmierne skupienie się na sobie, opowiadanie w kółko o swoich radościach i smutkach, obawach i frustracjach. Tymczasem przyjaciół zdobywa się przez słuchanie, przez poznawanie ich świata i odkrywanie wspólnych zainteresowań – to wszystko pomaga budować obopólnie satysfakcjonujące więzi.

Pielęgnowanie relacji międzyludzkich przypomina prowadzenie rachunku oszczędnościowego. Nie można z niego niczego wypłacić, jeśli najpierw nie wpłacimy jakieś kwoty. Wszyscy powinniśmy od czasu do czasu zrobić przegląd naszych umiejętności relacyjnych, oceniając, które z nich sprawdzają się w praktyce, a które wymagają jeszcze rozwinięcia.

Jak odnosisz się do innych?

Wyraźne określenie celu, nadzieja, silna wiara, samoakceptacja, pozytywna postawa, odwaga, upór i właściwe podejście do zmian – to wszystko pozwala nam zajść bardzo daleko, ale ostatecznie nikt nie osiągnie swego celu w pojedynkę. Żeby było jasne: cenię sobie samodzielność. Ciężko pracowałem na to, by nauczyć się samodzielnie funkcjonować. Ale nadal potrzebuję innych ludzi – wszyscy jesteśmy do pewnego stopnia zależni od życzliwości i pomocy bliźnich.

Często słyszę pytanie: „Czy nie jest ci ciężko, że musisz tak bardzo polegać na innych?". Proponuję wtedy rozmówcy, by sam opowiedział sobie na tak postawione pytanie. Czy jesteś tego świadomy czy nie, zależysz od innych ludzi prawie tak samo jak ja. Potrzebuję szczególnej asysty przy niektórych czynnościach, ale nikt na tym świecie nie odnosi sukcesu bez mądrości, uprzejmości i pomocnej dłoni drugiego człowieka.

Wszyscy potrzebujemy wiernych przyjaciół, bratnich dusz. Ale do budowania bliskich relacji konieczne jest wzajemne zaufanie, dlatego musimy pokazać, że jesteśmy osobami godnym zaufania. Ludzie instynktownie dbają przede wszystkim o własny interes, ale jeśli swoim zachowaniem wykażemy, że autentycznie interesujemy się drugim człowiekiem i zależy nam na jego powodzeniu, najpewniej druga osoba odpłaci nam tym samym.

Nawiązywanie kontaktu

Kiedy byłem chłopcem, mama zabierała mnie na zakupy do sklepu oraz w inne miejsca, gdzie przewijały się tłumy ludzi. Mama załatwiała swoje sprawy, ja tymczasem siedziałem na wózku inwalidzkim i całymi godzinami obserwowałem twarze ludzi wokół. Taksowałem przechodniów, próbując odgadnąć ich zawód i cechy temperamentu. Choć nie mogłem nigdy zweryfikować tych amatorskich profilów osobowościowych, nauczyłem się studiować język ciała i mimikę.

Moje zachowanie było w dużej mierze intuicyjne, ale kiedy myślę o tym po latach, rozumiem, że instynktownie rozwijałem w ten sposób ważną umiejętność. Nie mam rąk potrzebnych do obrony ani nóg, które w razie zagrożenia pozwoliłyby mi uciec, dlatego muszę błyskawicznie ocenić, czy mogę zaufać danej osobie. Z biegiem czasu wykształciła się we mnie większa od przeciętnej „wrażliwość na ludzi".

Jestem szczególnie wyczulony na panujący w otoczeniu nastrój i emocje. Odbieram nawet subtelne sygnały i bodźce. Może zabrzmi to zaskakująco, ale gdy ktoś kładzie rękę na oparciu mojego wózka, czuję się tak, jakbyśmy podawali sobie dłonie. Mam wrażenie, że nawiązaliśmy niemal fizyczny kontakt. Kiedy ktoś z rodziny lub kręgu przyjaciół opiera dłoń na moim krześle, czuję ciepło i akceptację.

Brak kończyn wpływa też na sposób nawiązywania kontaktu ze słuchaczami podczas wystąpień publicznych. W odróżnieniu od większości mówców nie martwię się o to, co zrobić z rękami. Musiałem natomiast popracować nad mimiką. Ponieważ nie mogę podkreślić ważnego punktu lub wyrazić emocji za pomocą gestykulacji, posługuję się innymi środkami ekspresji pozawerbalnej, takimi jak zmiana wyrazu twarzy czy bardziej skupione spojrzenie.

Moja siostra stwierdziła ostatnio:

– Nick, ty naprawdę uwielbiasz kontakt wzrokowy. Po prostu świdrujesz rozmówcę spojrzeniem. Nie umiem tego inaczej opisać...

Michelle dobrze mnie zna. Spoglądam w oczy, ponieważ są oknem duszy. Lubię podziwiać piękno innych ludzi i często znajduję je właśnie w ich oczach. Wszyscy łatwo dostrzegamy wady i niedoskonałości, ale ja staram się raczej koncentrować na tym, co jest w drugim człowieku piękne i szlachetne.

– ...W ten sposób sprawiasz, że rozmowa jest szczera i konkretna – wyjaśniła moja młodsza siostra. – Zauważam to, kiedy rozmawiasz z moimi przyjaciółmi. Docierasz prosto do serca drugiej osoby i przykuwasz jej uwagę, tak że chłonie każde twoje słowo.

Nauczyłem się szybko nawiązywać głęboki kontakt. Spoglądam rozmówcy w oczy i zadaję pytanie lub dzielę się uwagą pozwalającą wzajemnie się do siebie zbliżyć. Kiedy nie miałem jeszcze problemów z kręgosłupem, jednym z moich ulubionych sposobów przełamywania pierwszych lodów było zachęcenie drugiej osoby do przytulenia mnie.

Zapraszam nowo poznane osoby do podejścia bliżej, ponieważ zależy mi na tym, by czuły się swobodnie w moim towarzystwie. Wychodzenie do innych, szukanie wspólnego języka i budowanie porozumienia to umiejętności społeczne, które powinien dobrze opanować każdy z nas. Od nich zależy jakość naszych kontaktów z innymi ludźmi.

Relacyjny „niezbędnik"

Rzadko spotyka się dobrze sformułowaną definicję szeroko rozpowszechnionego określenia „umiejętności interpersonalne". Wszyscy lubimy myśleć, że nasze umiejętności interpersonalne stoją na wysokim poziomie. Na podobnej zasadzie ludzie przeważnie łudzą się, że są świetnymi kierowcami. Jeśli chodzi o prowadzenie samochodu, mój brat żartuje, że jestem najgorszym na świecie „kierowcą z tylnego siedzenia", w dodatku bez prawa jazdy. Jednocześnie Aaron uważa, że moje umiejętności interpersonalne nadal wymagają pewnego doszlifowania.

Twoje najpewniej też – nikt z nas nie powinien uważać, że osiągnął już w tej dziedzinie absolutne mistrzostwo. Nie da się prowadzić życia bez ograniczeń bez zbudowania więzi międzyludzkich opartych na wzajemnym zaufaniu i lojalności. Dlatego warto nieustannie weryfikować i doskonalić swoje podejście do budowania relacji. Psychologowie twierdzą, że do kluczowych umiejętności interpersonalnych należą:

- właściwe odczytywanie emocji i nastrojów,
- słuchanie z uwagą tego, co i w jaki sposób mówią inni,
- trafna ocena i interpretacja sygnałów pozawerbalnych wysyłanych przez otoczenie oraz adekwatne reagowanie na nie,
- dobre maniery i obycie towarzyskie,
- zacieśnianie kontaktu,

- urok osobisty,
- takt i wyrozumiałość,
- troska o innych przejawiająca się w działaniu.

Przyjrzyjmy się teraz bliżej każdej z wymienionych umiejętności.

Zmysł obserwacji

Każdy z nas w większym lub mniejszym stopniu umie odczytywać język ciała drugiej osoby, interpretować jej ton głosu, wyraz twarzy czy spojrzenie. Wyławiamy tego rodzaju sygnały niemal bezwiednie. Większość ludzi potrafi nawet rozpoznać, gdy ktoś tylko udaje, że jest rozgniewany, lub gdy symuluje ból, żeby zwrócić na siebie uwagę. Psychologowie twierdzą, że umiejętność ta rozwija się z wiekiem i że kobiety na ogół lepiej odczytują emocje niż mężczyźni. Szczególną biegłością wykazują się w tym względzie matki, co akurat nie jest dla mnie zaskoczeniem. Moja mama czytała we mnie jak w otwartej księdze. Nieraz wiedziała szybciej niż ja, że coś mi dolega, że jestem smutny, zdenerwowany lub sfrustrowany.

Słuchanie ze zrozumieniem

To właśnie mieli na myśli rodzice, kiedy pouczali nas, że „Bóg dał nam tylko jedne usta, a dwoje uszu, po to byśmy dwa razy więcej słuchali niż mówili". Często nie słuchamy ze zrozumieniem, a jedynie powierzchownie – na tyle tylko, by móc cokolwiek odpowiedzieć rozmówcy. Tymczasem jeśli naszym celem jest nawiązanie głębokiego kontaktu, musimy zwracać uwagę nie tylko na same słowa, lecz także na kryjące się za nimi uczucia. Choć nie jestem ekspertem, zaobserwowałem, że mężczyźni mają z tym ogromny problem. U kobiet intuicja odgrywa większą rolę, dlatego mogą czuć się sfrustrowane literalnym podejściem do komunikacji typowym dla mężczyzn, którzy koncentrują się na słowach, a nie na emocjach.

Trafna ocena i odpowiednia reakcja

Uważne słuchanie i obserwowanie to jedna rzecz, ale jeszcze ważniejsze jest umiejętne interpretowanie tego, co do nas dociera, i adekwatne reagowanie. Ludzie, którzy dobrze opanowali tę sztukę, mają na ogół harmonijne relacje z innymi i osiągają wysokie wyniki w pracy.

Niekiedy od tej umiejętności może nawet zależeć nasze życie. „The New York Times" opisał historię dwóch amerykańskich żołnierzy na misji w Iraku. Żołnierze patrolowali przydzieloną im okolicę. Zauważyli zaparkowany samochód, w którym siedziało dwóch młodych chłopców. Okna auta były szczelnie zamknięte, mimo że na zewnątrz panował piekielny upał. Jeden z żołnierzy spytał drugiego – swego dowódcę – czy może podać chłopcom trochę wody, a gdy otrzymał zgodę, ruszył w stronę samochodu.

Dowódca rozejrzał się dookoła i podświadomie wyczuł niebezpieczeństwo. Dał rozkaz do odwrotu. Gdy jego podkomendny zaczął się cofać, w samochodzie wybuchła bomba. Młodzi Irakijczycy zginęli na miejscu. Żołnierz, który chciał im podać wodę, został ugodzony odłamkiem, ale przeżył.

Dowódca opowiadał później, że gdy obserwował swego towarzysza podchodzącego do samochodu, poczuł nagle chłód na całym ciele. Zorientował się, że grozi im niebezpieczeństwo. Powiązał to z innymi subtelnymi sygnałami, które odbierał tego dnia: od samego rana nie usłyszeli ani jednego wystrzału, a na patrolowanych ulicach panował nietypowy spokój.

Badania dowodzą, że żołnierze mający doświadczenie bojowe potrafią błyskawicznie rozpoznać i ocenić, co dzieje się w otoczeniu. Wychwytują subtelne wrażenia lub język ciała, czują, że „coś tutaj nie gra". Taka umiejętność jest nieoceniona zarówno na polu walki, jak i w życiu codziennym, w relacjach z innymi ludźmi.

Ogłada towarzyska

Kolejną ważną umiejętnością interpersonalną jest stosowne zachowanie się w różnych sytuacjach społecznych. Czy będzie to kolacja ze znajomymi, czy firmowy wyjazd integracyjny, przyjęcie w ekskluzywnym klubie lub parafialna impreza charytatywna – należy uszanować normy obowiązujące w danym miejscu. Kiedy odwiedzam inne kraje, często proszę gospodarza lub tłumacza o pomoc w zrozumieniu miejscowych zwyczajów i tradycji, aby uniknąć gafy, przez którą mógłbym zrazić do siebie otoczenie.

Przykładowo, niektóre zachowania przy posiłku najzupełniej normalne w kulturze jednego kraju uznaje się za absolutnie niedopuszczalne w innych krajach. W większości kultur bekanie uchodzi za nietakt, jednak są też miejsca, w których porządne, gromkie beknięcie uznaje się za komplement dla kucharza. Żeby odwołać się do poważniejszego przykładu: są sytuacje, w których nie należy poruszać niektórych tematów – możemy popełnić nietakt, rozpoczynając rozmowę o dawnych wojnach i waśniach, o polityce, a w niektórych przypadkach nawet o religii.

Jednak wiem z doświadczenia, że zawsze można znaleźć płaszczyznę porozumienia, jeśli tylko staramy się wysłuchać drugiego człowieka i jesteśmy nastawieni na szukanie tego, co łączy. Takie podejście to podstawa wyrobienia towarzyskiego, które pomaga odnaleźć się w różnych sytuacjach społecznych.

Zacieśnianie kontaktu

Zacieśniamy kontakt nie tylko przez słowa, lecz także przez wyraz twarzy, gestykulację i język ciała, obejmujący między innymi sposób fizycznego ustawienia się względem innych osób. Nierzadko nie zdajemy sobie nawet sprawy z ogromnej wagi tego czynnika, dopóki ktoś o słabszym wyczuciu przestrzennym nie naruszy naszej sfery osobistej. Nasz rozmówca może na przykład nadmiernie nachylać się w naszą stronę w celu zacieśnienia kontaktu – co wywołuje wręcz odwrotny skutek, ponieważ odruchowo się wycofujemy. Byłem kiedyś na przyjęciu, na którym mój przyjaciel w pewnej chwili posłał mi błagalne spojrzenie – zapędziły go do rogu cztery osoby domagające się jednocześnie jego uwagi. Został szczelnie otoczony i wyglądał jak zając zaszczuty przez ogary. Czasami wyznaczenie jasnej granicy sprawia jednak pewną trudność, bowiem nie traktujemy wszystkich jednakowo – niektóre osoby są mile widziane nawet w przestrzeni osobistej.

Charyzma

Z łatwością zwracam na siebie uwagę innych ludzi, ale utrzymanie zdobytej uwagi to już wyzwanie. Kiedy spotykam nowe osoby, są zaintrygowane moim ciałem, lecz nie zawsze czują się wystarczająco swobodnie, żeby mi się dobrze przyjrzeć. Mam tylko kilka sekund na rozładowanie napięcia, więc korzystam z poczucia humoru i uroku osobistego. Gdy rozmawiam z dziećmi i nastolatkami, żartuję na przykład, że „dałbym sobie za coś rękę uciąć" albo że „wziąłem nogi za pas". Pokazuję w ten sposób, że słyszałem już wszelkie złośliwe docinki na swój temat i że potrafię się z nich śmiać. Jednak najważniejszym sprawdzianem autentycznej charyzmy jest to, czy dajemy odczuć każdej napotkanej osobie, że gdy z nami rozmawia, skupiamy na niej całą swoją uwagę.

Takt i wyrozumiałość

Na ogół uważamy, że jesteśmy taktowni i uprzejmi, ale kiedy trzeźwo oceniam swoje zachowanie, widzę, że daleko mi pod tym względem do ideału. Mój brat przypomina mi nieraz, że w dzieciństwie lubiłem nim dyrygować. Aaron przeszedł ze mną twardą szkołę. Nawet gdy rodzice byli w domu, musiał mi pomagać w różnych czynnościach, ponieważ zwykle znajdował się najbliżej. Zdarzało się też, że miałem wobec niego wygórowane oczekiwania. Pewnego razu odwiedził nas jego kolega Phil. Gdy Aaron wszedł z kolegą do kuchni, spytałem ich, czy mają ochotę na jajecznicę.

– Pewnie, dzięki Nick! – odpowiedział Phil.

Zabrałem się za przygotowanie posiłku... czyli krzyknąłem do Aarona:

– Wyjmij jajka z lodówki i przygotuj patelnię! Postaw ją na kuchence. Rozbij jajka, a gdy jajecznica będzie gotowa, przejmę od ciebie pałeczkę.

Kiedy Aaron był już nieco starszy, znalazł na mnie sposób. Jeśli za bardzo nim rządziłem, groził, że wsadzi mnie do szafy, zatrzaśnie drzwi i zostawi mnie w środku. Chcąc nie chcąc, musiałem wypracować bardziej taktowne podejście.

Od słów do czynów

Wszyscy znamy osoby, które co innego mówią, a co innego robią. Ktoś może być świetnym słuchaczem, a przy tym pełną empatii, kontaktową, miłą i taktowną osobą, ale jeśli nie jest gotowy zaoferować drugiemu człowiekowi konkretnej pomocy, gdy sytuacja tego wymaga, jego umiejętności interpersonalne są zupełnie bezwartościowe. Samo powiedzenie komuś „współczuję ci" nie wystarczy. Czyny mówią głośniej niż słowa.

W relacjach zawodowych oznacza to na przykład, że nie ograniczamy się jedynie do swojego poletka i nie stawiamy wyłącznie na własny sukces, ale pomagamy współpracownikom w wypełnianiu ich obowiązków oraz wspieramy ich dążenia i aspiracje.

Aby nauczyć się opisanych wyżej umiejętności, musimy choć na chwilę odłożyć na bok własne sprawy, troski i plany, po to by wczuć się w sytuację drugiego człowieka. Zamiast brylować w towarzystwie i skupiać uwagę na sobie, powinniśmy nawiązywać kontakt z innymi ludźmi na ich warunkach. Gdy poczują się przy nas swobodnie, sami zaproszą nas do swojego świata.

Na co dzień mamy do czynienia z różnymi rodzajami relacji: od kontaktów jednorazowych i powierzchownych (sprzedawca w sklepie, kelnerka, listonosz, pasażer zajmujący sąsiednie miejsce w pociągu), przez relacje z ludźmi, z którymi stykamy się regularnie (sąsiad, współpracownik, klient), po więzi z osobami zajmującymi ważne miejsce w naszym życiu (małżonek, najbliższy przyjaciel, członkowie rodziny). W zależności od rodzaju relacji inny jest też stopień zażyłości. Każdy z poziomów wymaga określonych umiejętności interpersonalnych, które pozwalają budować harmonijne, satysfakcjonujące więzi międzyludzkie.

Pomocna dłoń

Warto wspomnieć o jeszcze jednej umiejętności, często pomijanej lub lekceważonej, która jest mi szczególnie bliska – chodzi o gotowość pokornego poproszenia o pomoc. Nawet Jezus, choć był Synem Bożym, rzadko działał samotnie. Zwykle towarzyszyło Mu co najmniej kilku uczniów. Ty też nie musisz robić wszystkiego w pojedynkę. Prośba o pomoc nie jest przejawem słabości. To oznaka siły. W Biblii czytamy następujące słowa: „Proście, a będzie wam dane; szukajcie, a znajdziecie; kołaczcie, a otworzą wam. Każdy bowiem, kto prosi, otrzymuje; kto szuka, znajduje; a kołaczącemu otworzą".

Kilka lat temu z uwagi na coraz częstsze podróże postanowiłem, że znowu zacznę korzystać z pomocy opiekunów. Długo się przed tym wzbraniałem. Chciałem udowodnić światu, że w codziennym życiu potrafię się obyć bez innych ludzi. Samodzielność była dla mnie priorytetem. Aby zachować spokój ducha i wysoką samoocenę, musiałem się przekonać, że w razie potrzeby poradzę sobie w pojedynkę.

Jednak gdy zacząłem otrzymywać zaproszenia z całego świata, zrozumiałem, że codzienne krzątanie się wokół osobistych potrzeb pochłania zbyt dużo mojej energii, zwłaszcza kiedy podróżuję. A przecież wystąpienia w wielu różnych miejscach przed ogromną liczbą ludzi wymagają maksymalnej koncentracji i pełnego zaangażowania. Dlatego zatrudniam opiekunów, choć mam nadzieję, że w przyszłości ożenię się, założę rodzinę i wrócę do samodzielnego funkcjonowania.

W kontakcie z opiekunem niedostateczne umiejętności interpersonalne podopiecznego szybko dają o sobie znać. Nawet jeśli opiekun otrzymuje godziwą pensję, nie mogę oczekiwać, że będzie ze mną podróżował, karmił mnie, golił, ubierał i przenosił, jeśli mnie nie polubi. Na szczęście zawsze utrzymywałem dobre relacje z opiekunami – choć czasem nie mieli ze mną łatwego życia.

Po raz pierwszy zatrudniłem asystenta w 2005 roku. Craig Blackburn usłyszał moje przemówienie w kościele i poczuł się zainspirowany złożonym przeze mnie świadectwem wiary. Zaoferował swoją pomoc w charakterze opiekuna, kierowcy i koordynatora podczas trzytygodniowego cyklu wystąpień na słonecznym wybrzeżu Queensland. Miałem pewne opory na myśl o wyjeździe w trasę z człowiekiem, którego zbyt dobrze nie znam, ale pomodliłem się w tej sprawie, sprawdziłem referencje Craiga i postanowiłem mu zaufać. Craig wyświadczył mi nieocenioną pomoc i pozwolił spożytkować całą energię na przemówienia oraz związane z nimi obowiązki.

Powinienem zdecydować się na takie rozwiązanie znacznie wcześniej, ponieważ jako zawodowy mówca często podróżowałem i potrzebowałem pomocy – ale nie pozwalała mi na to źle pojęta duma i determinacja, by udowodnić światu, że radzę sobie samodzielnie. Nie popełnij tego samego błędu. Nie wszystko jesteś w stanie zrobić sam. Zadbaj o zdrowie i równowagę psychiczną, prosząc o wsparcie, gdy sytuacja tego wymaga. Ale pamiętaj, że zwrócenie się z prośbą o pomoc do przyjaciół lub współpracowników jest niestosowne, jeśli ze swojej strony nigdy nie okazujesz im zainteresowania i troski. Nikt nie jest Ci nic dłużny poza tym, co sam wcześniej zaoferujesz.

W ostatnich latach opiekowało się mną kilka osób z kręgu rodziny, przyjaciół i ochotników. Jednak przeważnie pomagają mi opłacani pracownicy, ponieważ opieka nade mną to w istocie ciężka praca, szczególnie biorąc pod uwagę mój napięty harmonogram. Na zawodowych opiekunów zacząłem się decydować coraz częściej od czasu pamiętnej podróży po Stanach Zjednoczonych w 2006 roku. Do pomocy w charakterze kierowcy i opiekuna zgłosił się wtedy na ochotnika George. Kiedy mieliśmy wyruszyć w trasę, George podjechał małym, rozklekotanym samochodem. Podczas jazdy w aucie panował nieznośny hałas i czuć było nieprzyjemny zapach. Ze zdziwieniem odkryłem też prześwitującą na wylot dziurę w podłodze. Wyobrażałem sobie ciągle, jak wypadam przez nią na drogę i ginę pod kołami nadjeżdżającej ciężarówki. Nigdy nie czułem się w tym samochodzie całkiem bezpiecznie, ale George okazał się oddanym przyjacielem i świetnym opiekunem.

Jeden z moich obecnych opiekunów, Bryan, przeszedł ciężką próbę podczas podróży po Europie w lecie 2008 roku. Byliśmy w trasie non stop przez tydzień, aż wreszcie dotarliśmy do znajdującej się w Rumunii Timiszoary – pięknego miasta w Alpach Transylwańskich, zwanego także „Małym Wiedniem".

Padaliśmy ze zmęczenia. Zatrzymaliśmy się w hotelu na jedną noc, żeby porządnie odpocząć, ponieważ był to pierwszy dłuższy przystanek na trasie. Miałem wcześniej problemy z zaśnięciem, więc Bryan zaproponował mi tabletkę melatoniny, która pomaga dojść do siebie po zmianie strefy czasowej.

Początkowo wzbraniałem się, ponieważ ze względu na małą masę ciała cierpię na nadwrażliwość na niektóre leki i suplementy. Bryan przekonał mnie jednak, że melatonina jest bezpieczna. Na wszelki wypadek wziąłem tylko połowę dawki. Całe szczęście, że nie połknąłem całej tabletki, bo niemal od razu zasnąłem.

Czasami jestem przemęczony do tego stopnia, że w nocy bezwiednie siadam na łóżku i zaczynam przemawiać przez sen, zupełnie jakbym zwracał się do publiczności. Tej nocy zbudziłem śpiącego w sąsiednim pokoju Bryana – wygłaszałem kazanie. Na dodatek po serbsku!

Bryan ocucił mnie, żebym nie pobudził wszystkich gości hotelowych. Zorientowaliśmy się przy okazji, że obaj jesteśmy niemiłosiernie spoceni, ponieważ przestała działać klimatyzacja pokojowa. Chcąc wpuścić trochę świeżego powietrza, otworzyliśmy okna i wykończeni wróciliśmy do swoich łóżek.

Po godzinie znowu się przebudziliśmy. Pożerały nas żywcem gigantyczne komary – a przynajmniej mieliśmy nadzieję, że są to tylko komary! Byłem zmęczony, spocony i swędziało mnie całe ciało, a do tego nie miałem się czym podrapać. Czułem się jak na torturach!

Pod wpływem sugestii Bryana wziąłem prysznic, żeby uśmierzyć dokuczliwe swędzenie. Następnie Bryan spryskał ukąszone miejsca specjalnym preparatem na świąd. Wróciłem do łóżka, jednak dziesięć minut później musiałem ponownie wezwać swego opiekuna. Moje udręczone ciało wprost płonęło – zareagowałem alergicznie na preparat. Bryan wygramolił się z łóżka i jeszcze raz zaciągnął mnie pod prysznic. Po drodze potknął się, upadł i uderzył głową o muszlę klozetową, o mało nie tracąc przytomności.

Nie był to niestety koniec naszych przygód podczas tej koszmarnej nocy. Ze względu na niedziałającą klimatyzację w pokoju panowała nieznośna duchota. W tym momencie nie myślałem już trzeźwo, więc poprosiłem Bryana, żeby przyniósł mi poduszkę.

– Na korytarzu klimatyzacja jest włączona, więc prześpię się na zewnątrz – powiedziałem.

Bryan nie miał siły się spierać. Wrócił do łóżka, a ja zrobiłem sobie legowisko przed naszym pokojem, zostawiając uchylone drzwi, tak by opiekun mógł mnie w razie czego usłyszeć. Udało mi się usnąć, ale po godzinie wpadł na mnie przechodzący korytarzem nieznajomy mężczyzna. Zlustrował mnie, po czym wmaszerował do naszego apartamentu, obudził Bryana i zaczął go besztać łamaną angielszczyzną.

Robił mojemu opiekunowi wyrzuty przez kilka minut. Mężczyzna był wściekły, ponieważ wydawało mu się, że Bryan wyrzucił mnie na korytarz i zmusił do spania na podłodze. Przez dłuższą chwilę usiłowaliśmy przekonać tego dobrego samarytanina, że położyłem się na korytarzu z własnej woli.

Kiedy nieznajomy wreszcie wyszedł, wczołgałem się z powrotem do łóżka, a Bryan położył się w swoim pokoju. Już niemal zasypialiśmy, gdy nagle rozdzwoniła się komórka Bryana. Odebrał telefon i usłyszał soczystą wiązankę. To był koordynator naszej trasy. Życzliwy nieznajomy z korytarza najwyraźniej nie dał się przekonać i zgłosił problem ochronie hotelowej. Obsługa hotelu zrobiła piekło koordynatorowi, który teraz groził z kolei Bryanowi, że wytarza go w smole i pierzu.

Mając na uwadze tę i podobne historie, nietrudno zrozumieć, dlaczego zatrudniam zwykle trzech opiekunów, którzy pełnią dyżury na zmianę. Dzisiaj żartujemy sobie z Bryanem z owej feralnej nocy w Rumunii, ale wtedy doszliśmy do siebie dopiero po kilku spokojnych noclegach w chłodnych pomieszczeniach bez insektów.

Nauczyłem się, że nie muszę się wstydzić, gdy proszę o pomoc. Niezależnie od tego, czy dysponujemy wszystkimi standardowymi częściami ciała, czy nie, przychodzą w życiu takie chwile, gdy nie poradzimy sobie w pojedynkę. Pokora to ważna umiejętność interpersonalna, a zarazem Boży dar. Potrzebujemy pokory, by poprosić o pomoc członka rodziny, przyjaciela, opiekuna czy mentora. Większość ludzi zareaguje pozytywnie, oferując wsparcie i dzieląc się swym czasem. Natomiast gdy zachowujemy się tak, jakbyśmy pozjadali wszystkie rozumy i nie potrzebowali niczyjej łaski, jest mało prawdopodobne, że spotkamy się z życzliwym potraktowaniem.

Bez rąk, bez nóg... bez majtek

W dzieciństwie uczono mnie, że wszelka chwała należy się Bogu. Jako dorosły mężczyzna uświadamiam sobie coraz wyraźniej, że gdy osiągam jakiś sukces, nie jest to moja zasługa, lecz rezultat Bożego działania za moim pośrednictwem. Wydaje mi się, że od czasu do czasu Bóg udziela mi lekcji pokory właśnie po to, bym o tym nie zapominał i nie stracił umiejętności budowania bliskich więzi z innymi ludźmi. Lekcje te bywają bolesne, ale czasami wiążą się z sytuacjami wręcz komicznymi.

W 2002 roku, kiedy jeszcze mieszkałem w Australii, zaproszono mnie do Stanów na kościelny obóz młodzieżowy, na którym miałem być jednym z mówców. Towarzyszył mi mój kuzyn, Nathan Poljak. Dotarliśmy na miejsce wieczorem, wycieńczeni po długim locie i zmianie strefy czasowej.

Następnego dnia zaspaliśmy. Zamierzałem wstać wcześnie rano, żeby poprowadzić lekcję biblijną, ale przebudziłem się z kamiennego snu dopiero na piętnaście minut przed planowym rozpoczęciem zajęć. Nocowaliśmy niedaleko, więc uznałem, że mamy jeszcze szansę zdążyć. Popędziliśmy na teren obozu. Na miejscu poczułem, że muszę skorzystać z toalety. Normalnie obywam się bez pomocy – nigdy nie ujawnię swych sekretnych technik, ale mogę zdradzić, że nieocenioną rolę odgrywają tutaj zapięcia na rzepy zastępujące zamek i guziki. Jednak tym razem bardzo się spieszyliśmy i Nathan zaproponował, że mi pomoże. Wniósł mnie do jednej z kabin w toalecie i ustawił mnie tak, bym mógł się załatwić.

Kiedy skończyłem, Nathan wrócił, żeby pomóc mi się pozbierać. Ale tuż po uruchomieniu spłuczki kuzyn nieopatrznie upuścił moje szorty do muszli klozetowej! Patrzyliśmy z rozdziawionymi ustami, jak moja bielizna znika w wirującej otchłani. Cudownie! Byłem już spóźniony na wykład biblijny i właśnie straciłem majtki. Przerażony spojrzałem na kuzyna. On też był w szoku. Ale po chwili obaj parsknęliśmy śmiechem. Ogarnęła nas kompletna głupawka i zamiast ratować szorty, rechotaliśmy do rozpuku. Nathan ma zaraźliwy śmiech i kiedy już zacznie, ja też nie potrafię się opanować. Jestem pewien, że ludzie czekający w kolejce do toalety zastanawiali się, co tak rozbawiło towarzystwo w kabinie numer trzy.

Wychowując się z bratem, siostrą i kuzynami, nauczyłem się śmiać z komicznych sytuacji, które mi się przytrafiają. Moi bliscy nauczyli mnie też, że mogę bez skrępowania prosić o pomoc i polegać na ludziach, którzy są gotowi mnie wesprzeć.

Wręczyć czy wyręczyć?

Na przestrzeni lat miałem wielu wspaniałych opiekunów. Niejeden pozostał moim przyjacielem nawet wtedy, gdy znalazł już inną pracę. Większość wywodziła się z kręgu znajomych, a niektórych poznałem przy okazji moich wystąpień publicznych. W przypadku każdej z tych relacji obie strony musiały się na początku nieco dotrzeć, co bywało dość zabawne.

Ludzie stykający się ze mną po raz pierwszy twierdzą, że szybko zapominają o brakujących kończynach i że po pewnym czasie moja niepełnosprawność przestaje mieć jakiekolwiek znaczenie. Na ogół bardzo się z tego cieszę – pod warunkiem że osoba formułująca taką opinię nie jest moim opiekunem. Gdy proszę początkującego opiekuna o wodę, ten często próbuje mi wręczyć szklankę. Wyciąga ją w moim kierunku i przez chwilę czeka, aż ją przejmę. Następnie zazwyczaj czerwieni się, uświadamiając sobie: *O rety! Próbuję podać szklankę wody facetowi, który nie ma rąk. Gdzie ja mam głowę?*

– Nic się nie stało – uspokajam go. – Już do tego przywykłem.

Być może nie potrzebujesz pomocy wykwalifikowanego asystenta przez całą dobę, siedem dni w tygodniu. Jednak wszyscy potrzebujemy różnego rodzaju „opiekunów", którzy nas wysłuchają, zdopingują, szczerze nam doradzą i będą naszymi wzorami lub mentorami.

Wędrówka z przewodnikiem

Aby przyznać się do tego, że nie wiemy wszystkiego i potrzebujemy pomocy, musimy wykazać się nie tylko pokorą, lecz także odwagą. Kiedy odkrywamy życiowy cel i zaczynamy realizować marzenia, zawsze znajdzie się kilku krytyków. Na szczęście zjawiają się wtedy – nieraz w najmniej spodziewanych okolicznościach – także inne osoby, które zagrzewają nas do boju i dają nam cenne wskazówki. Warto nawiązać z nimi bliższe znajomości, ponieważ są to kontakty, które mogą zmienić nasze życie.

Wyróżniam trzy kategorie przewodników, którzy na przestrzeni lat wywarli na mnie największy wpływ. Są to: mentorzy, wzory do naśladowania oraz towarzysze podróży.

Mentorzy osiągnęli już to, do czego my dopiero aspirujemy, a zarazem znają nas, wspierają nasze dążenia i dopingują nas do realizacji marzeń. W dzieciństwie i młodości naturalnymi mentorami są dla nas rodzice, ale w późniejszych latach spotykamy innych ludzi gotowych służyć nam w tej roli. Jednym z moich pierwszych mentorów był wujek ze strony mamy, Sam Radojevic, który mieszka w Australii z ukochaną ciocią i kuzynami. Wujek Sam ma serce przedsiębiorcy, pomysłowość wynalazcy i odwagę poszukiwacza przygód. Jest zawsze otwarty na nowe doświadczenia. Kiedy byłem młodszy, wuj pomagał mi rozwinąć skrzydła. Nauczył mnie, że jedynymi prawdziwymi przeszkodami w życiu są te, które sami sobie narzucamy. Swymi mądrymi radami i wsparciem emocjonalnym zmotywował mnie do poszerzania horyzontów.

Znam wiele osób, które przez całe życie robią sobie wyrzuty – w przeciwieństwie do nich wujek Sam nigdy nie ogląda się za siebie. Nawet gdy popełni błąd, zawsze prze do przodu i z niespożytą energią człowieka zakochanego w życiu szuka kolejnej szansy. Jego pasją jest projektowanie i konstruowanie motocykli i rowerów. W swojej pracy wujek nie skupia się wyłącznie na własnej korzyści. Pomógł władzom Wiktorii w uruchomieniu programu resocjalizacyjnego, w ramach którego więźniowie naprawiają i odnawiają stare rowery. Są one następnie przekazywane dzieciom z ubogich rodzin – dzięki temu programowi do potrzebujących trafiły już tysiące rowerów.

Wujek Sam zachęca mnie, bym podobnie jak on patrzył przed siebie. Zawsze we mnie wierzył, nawet gdy ja sam wątpiłem w swoje możliwości. Kiedy skończyłem trzynaście lat, powiedział mi: „Nicholas, przyjdzie taki dzień, że będą cię podejmować prezydenci, królowie i królowe". Już wtedy wierzył, że Bóg ma wobec mnie wielkie plany.

Cudownie jest mieć takich mentorów! Namawiam Cię do ich aktywnego poszukiwania w swoim otoczeniu. Ale weź pod uwagę, że prawdziwi mentorzy nie są bezkrytycznymi potakiwaczami. Jeśli uznają, że zboczyłeś z właściwego kursu, nie omieszkają Ci tego wytknąć. Musisz być gotowy nie tylko na pochwałę, lecz także na słowa krytyki, pamiętając o tym, że ich autorom leży na sercu Twoje dobro.

Inną osobą, którą bardzo szanowałem i która wywarła na mnie duży wpływ, jest mój kuzyn Duncan Jurisic. Jako dziecko czułem się często skrępowany, gdy musiałem prosić kogoś o zaprowadzenie mnie do toalety. Żeby pomóc mi przełamać wstyd, Duncan wymyślił zabawne powiedzonko: „Gdy musisz iść za potrzebą, śmiało poproś o pomoc, kolego". W późniejszych latach Duncan i jego mama, ciocia Danilka, pomogli mi przezwyciężyć obawy i wątpliwości związane z pierwszymi wystąpieniami w roli mówcy. Rodzina Jurisiców prowadzi w Melbourne agencję zajmującą się organizacją imprez i konferencji, dlatego ich wskazówki były bezcenne.

Z osobami będącymi dla nas **wzorami do naśladowania** nie łączą nas zwykle tak bliskie więzi jak z mentorami. Na ogół przyglądamy im się z daleka, analizujemy ich poczynania, czytamy wydane przez nich książki i śledzimy przebieg kariery. Są to często autorytety w dziedzinie, którą zajmujemy się na co dzień, osoby, które odniosły sukces, są sławne i podziwiane. Jednym z moich niedościgłych wzorów jest pastor Billy Graham. Zawsze chciałem poznać go osobiście. Treścią swego życia pastor Graham uczynił wezwanie Jezusa z Ewangelii według św. Marka – które jest również moim życiowym mottem: „Idźcie na cały świat i głoście Ewangelię wszelkiemu stworzeniu!".

Niektóre osoby mógłbym zaliczyć do kategorii pośredniej między mentorami a wzorami do naśladowania. Tak traktuję na przykład Vica i Elsie Schlatterów. Odwiedzam ich co najmniej raz w roku. Spotkania z nimi zawsze inspirują mnie do tego, by stawać się dojrzalszym chrześcijaninem i lepszym człowiekiem. Vic i Elsie mieszkają w Australii, ale założyli prawie siedemdziesiąt kościołów i placówek misyjnych w różnych rejonach Południowego Pacyfiku. Są dla mnie wzorem w swym podejściu do działalności misyjnej. Pracują po cichu, bez rozgłosu, i nigdy nie pysznią się swymi osiągnięciami, choć przyczynili się do przemiany serc tysięcy ludzi.

Kiedy Elsie była jeszcze nastolatką, miała wizję – zobaczyła Jezusa, który stanął przed nią i kazał jej „iść". Elsie odebrała to jako Boże powołanie do służby misyjnej. Vic pracował przez pewien czas w elektrowni atomowej należącej do firmy General Electric. Gdy ożenił się z Elsie, razem założyli swą pierwszą placówkę kościelną i zaczęli planować wyjazd misyjny. Ich wybór padł na Papuę-Nową Gwineę, niewielkie państwo plemienne na Południowym Pacyfiku, w którym chrześcijaństwo nie odgrywało w tamtym czasie ważniejszej roli. Liczba mieszkańców oscyluje w granicach kilku milionów, ale jest to kraj o niezwykłym zróżnicowaniu etnicznym i językowym (w użyciu jest ponad siedemset dialektów). Vic i Elsie zakochali się w tym zakątku świata.

Obecnie mieszkają na północnym wybrzeżu Australii. Ich dom stanowi bazą wypadową, z której prowadzą prace misyjne w różnych rejonach Południowego Pacyfiku. Vic napisał kilka książek religijnych, a ponadto przetłumaczył Pismo Święte na lokalny dialekt angielski oraz na dialekty używane przez plemiona, wśród których pracują wraz z Elsie.

Nieco trudniej jest mi wskazać moich **towarzyszy podróży**, ponieważ podążam w życiu dość nietypowym szlakiem. Towarzyszami podróży są zwykle rówieśnicy, współpracownicy i inne osoby, które mają podobne cele i które idą przez życie podobną drogą. Mogą to być nawet nasi rywale, jeśli tylko zachowujemy względem siebie życzliwe nastawienie.

Aby się nawzajem zachęcać i wspierać, warto myśleć w kategoriach obfitości. Wierzymy w obfitość, kiedy uznajemy, że Bożych błogosławieństw – okazji do osiągnięcia spełnienia, szczęścia i miłości – jest pod dostatkiem dla każdego. Zachęcam Cię do przyjęcia takiego punktu widzenia, ponieważ to pomaga otworzyć się na innych ludzi. Natomiast jeśli postrzegasz świat jako miejsce o ograniczonych zasobach i szansach, wtedy w towarzyszach podróży zaczynasz widzieć wrogów, którzy tylko czyhają na to, by sprzątnąć Ci co najlepsze sprzed nosa. Myśląc w kategoriach obfitości, wierzymy, że nagród wystarczy dla wszystkich. Rywalizacja polega wtedy raczej na dawaniu z siebie wszystkiego i na zachęcaniu innych do tego samego.

Takie podejście pomaga nam traktować towarzyszy podróży po koleżeńsku. Nauczyłem się tego dzięki przyjaźni z Joni Eareckson-Tadą, która podąża ścieżką podobną do mojej. Jak już wspomniałem, Joni była dla mnie wzorem do naśladowania na długo przedtem, zanim poznałem ją osobiście. Została później moim mentorem i pomogła mi przebić się w Stanach Zjednoczonych. Teraz jest towarzyszem podróży – wysłuchuje mnie z życzliwością i dzieli się mądrymi uwagami.

Kolejną osobą, która na różne sposoby okazywała mi wsparcie, jest Jackie Davidson. Nasze rodziny mieszkały w sąsiedztwie. Jackie była już wtedy mężatką i miała małe dzieci, ale gdy jako nastolatek potrzebowałem się zwierzyć, zawsze znajdowała czas, by mnie wysłuchać. Dzieliła nas stosunkowo nieduża różnica wieku, więc Jackie była dla mnie raczej kimś w rodzaju mądrego przyjaciela niż krytycznie nastawionego dorosłego. Pokochałem jej rodzinę i zostałem nieoficjalnym starszym bratem jej dzieci – bawiłem się z nimi i pomagałem im przy zadaniach domowych.

W 2002 roku przeżywałem trudny okres na studiach i w życiu osobistym. Czułem się całkowicie zagubiony. Zerwałem z sympatią, z którą chodziliśmy przez dłuższy czas, i byłem bliski załamania. Poszedłem do Jackie i poprosiłem, by pomogła mi zrozumieć ostatnie wypadki. Wylewałem przed nią serce, a Jackie siedziała ze złożonymi rękami i cierpliwie słuchała. Po pewnym czasie uderzyło mnie, że w ogóle się nie odzywa, więc w końcu przerwałem i spytałem:

– Co mam robić? Powiedz mi!

Jackie uśmiechnęła się promiennie i powiedziała po prostu:

– Dziękuj Bogu!

Nieco zbity z tropu odpowiedziałem:

– Mam dziękować Bogu? Ale za co?

– Po prostu dziękuj Bogu, Nick.

Gapiłem się w podłogę, myśląc: *Czy to wszystko, co ma mi do powiedzenia? O co jej chodzi?*

Jackie chciała mi przez to powiedzieć, że Bóg o mnie nie zapomniał. Zachęcała, bym zaufał Bogu i nie pokładał wiary w mądrości ludzkiej, lecz w mocy Bożej. Bym poddał się Bogu i dziękował Mu, nawet jeśli nie czuję, że Bóg zasłużył na dziękczynienie – bym dziękował Mu z góry za błogosławieństwa, które miały się dopiero wyłonić z bolesnego doświadczenia. Jackie jest osobą głębokiej wiary. Ilekroć czuję się zagubiony lub zraniony, zawsze zachęca mnie, bym zawierzył Bogu, ponieważ On ma wobec nas wszystkich wspaniały plan.

Różnica zdań

Kontakty z opisanymi wyżej przewodnikami życiowymi nie zawsze należą do kategorii „łatwych i przyjemnych". W razie potrzeby nasi mentorzy, doradcy czy towarzysze sprowadzą nas na ziemię lub nawet pogonią do roboty kopniakiem wymierzonym w niewymowną część ciała. Zależy im na nas, dlatego zmuszają nas przemyślenia tego, co robimy, dokąd zmierzamy, dlaczego się w coś angażujemy i co planujemy w dalszej kolejności. Warto mieć takie osoby wokół siebie.

Gdy postanowiłem, że zostanę zawodowym mówcą i że w publicznych wystąpieniach będę dzielił się wiarą z innymi ludźmi, zakomunikowałem swoją decyzję rodzinie i przyjaciołom. Niektórzy z moich najbliższych – w tym rodzice – byli zaniepokojeni. Wprawdzie Apostolski Kościół Chrześcijański, do którego należę, prowadzi prace misyjne, buduje sierocińce i pomaga potrzebującym, jednak rodzice mieli wątpliwości, czy stan zdrowia pozwala mi na podjęcie działalności ewangelizacyjnej i czy Bóg rzeczywiście mnie do niej powołuje.

Wysłuchałem ich, ponieważ wiedziałem, że zależy im na moim szczęściu. Ty też powinieneś uważnie słuchać tego, co mają do powiedzenia na temat Twoich planów członkowie kibicującej Ci „drużyny marzeń", zwłaszcza jeśli chcesz, by wspierali Cię na kolejnych etapach Twych działań. Okaż im szacunek poprzez dogłębne przemyślenie udzielanych przez nich rad i sugestii. Choć nie musisz się ze wszystkim zgodzić, doceń szczerych przewodników, którym zależy na Tobie tak bardzo, że mają odwagę powiedzieć Ci coś nie po Twojej myśli.

Rozumiałem obawy rodziców, ale czułem, że Bóg powołuje mnie do działalności ewangelizacyjnej. Moją powinnością na tamtym etapie było zatem okazanie posłuszeństwa Bogu i cierpliwa, wytrwała modlitwa, by rodzice zaakceptowali moje plany i przekonali się, że są one zgodne z wolą Bożą. Dzięki Bogu moje powołanie zostało ostatecznie rozpoznane nie tylko przez rodziców, lecz także przez wspólnotę kościelną. Jej liderzy poparli moje dążenia i zostałem pierwszym ordynowanym ewangelizatorem naszego kościoła.

Nie ma żadnych gwarancji, że każda osoba, którą spotkamy na naszej drodze, będzie chciała nam pomóc. Niektórzy będą nam nawet celowo przeszkadzać w dążeniu do osiągnięcia celu. Ale trzeba pamiętać, że są też tacy, którzy mają jak najlepsze intencje i martwią się nie bez powodu. Wątpliwości moich rodziców nie były irracjonalne, ale modliłem się, by ich wiara przezwyciężyła wszelkie obawy.

Rodzice i ich dorosłe dzieci we wzajemnych relacjach często muszą pogodzić się z tym, że druga strona pozostanie przy swoim zdaniu. To samo dotyczy kontaktów z innymi członkami naszej „drużyny marzeń". Podejmując decyzję sprzeczną z ich sugestiami, możemy popełnić błąd. Z drugiej strony może się też okazać, że to my mieliśmy rację. Tyle że w ostatecznym rozrachunku nie chodzi przecież o to, kto ma rację.

Czuję ogromną wdzięczność, że ja i moi rodzice nauczyliśmy się wzajemnie respektować odmienne opinie i decyzje. Z Bożą pomocą nasza relacja pomyślnie przeszła tę próbę i jeszcze bardziej zbliżyliśmy się do siebie. Gdybyśmy nie rozmawiali otwarcie o swoich uczuciach, ostateczny rezultat mógłby być mniej satysfakcjonujący.

Dalej uczęszczałem regularnie na spotkania naszego kościoła i starałem się być mentorem dla młodych ludzi. Ale jednocześnie zacząłem odwiedzać nowe miejsca, przemawiać w innych kościołach i nawiązywać kontakty z nowymi środowiskami. Wielu młodych ludzi, z którymi miałem wtedy styczność, pogłębiło swoją więź z Bogiem i trwa w wierze do dzisiaj. Za to Jemu niech będą dzięki.

Mama i tata modlili się za mnie i ze mną owego pamiętnego dnia, gdy w 2008 roku ordynowano mnie na ewangelizatora. Było to doświadczenie, które pozwoliło nam osiągnąć nowy pułap wzajemnego szacunku i miłości. Rodzice zrozumieli, że głoszenie Słowa Bożego jest moim powołaniem, któremu odtąd poświęcam swoje życie. Nigdy nie zapomnę niezwykłej chwili, gdy mama i tata błogosławili mnie przed całym zgromadzeniem kościelnym.

Chcę podkreślić, że rodzice są do dzisiaj moimi największymi sprzymierzeńcami, a oceniając moje najważniejsze decyzje życiowe, rzadko się mylili – o wiele częściej mieli rację. Warto inwestować w więzi z najbliższymi członkami rodziny. Dobre owoce takiej postawy zbiera się przez całe życie.

Zastanów się teraz przez chwilę nad swoimi umiejętnościami interpersonalnymi i nad jakością relacji łączących Cię z innymi. Co w nie wnosisz? Czy jesteś osobą godną zaufania? Czy sam ufasz swoim bliskim? Czy przyciągasz do siebie osoby, które chcą inwestować w Twój sukces? Czy okazujesz im szacunek i wdzięczność? Czy w więziach z ludźmi starasz się nie tylko brać, lecz także dawać?

Ilekroć spotykam się z rodziną, nie możemy się nacieszyć swoim towarzystwem. Uświadamiam sobie wtedy, że właśnie dla takich szczęśliwych chwil naprawdę warto żyć. Mam nadzieję, że pewnego dnia moi najbliżsi uznają przewagę plaż San Diego nad plażami australijskimi i że zamieszkamy niedaleko siebie. Trzymaj się tak blisko ukochanych osób, jak się da, dopóki tylko możesz.

Jakość Twoich więzi z innymi ludźmi ma ogromny wpływ na jakość Twojego życia, więc troskliwie pielęgnuj relacje. Jak mówi Biblia: „Lepiej jest dwom niż jednemu, gdyż mają dobry zysk ze swej pracy. Bo gdy upadną, jeden podniesie drugiego. Lecz samotnemu biada, gdy upadnie, a nie ma drugiego, który by go podniósł".

10

Chwytaj wiatr w żagle

Joshua i Rebekah Weigel to uznani twórcy filmowi z Los Angeles mający na swoim koncie wiele nagród. Ich filmy bawią, a zarazem inspirują. Kiedy Weiglowie zobaczyli jedno z moich nagrań wideo, postanowili napisać scenariusz do filmu fabularnego ze mną w roli głównego bohatera. Zaczęli pracę nad szkicem i różnymi kanałami próbowali się ze mną skontaktować, ale w tym czasie wyjechałem akurat na tournée i byłem nieosiągalny. Pewnej niedzieli Joshua i Rebekah wybrali się na nabożeństwo do kościoła w Westlake Village, gdzie natknęli się na swego starego znajomego, Kyle'a.

– Co u ciebie słychać? – spytali Kyle'a.

– Pracuję jako opiekun pewnego człowieka. Nazywa się Nick Vujicic.

Joshua i Rebekah byli zszokowani.

To niesamowite! Jak często zdarza się, że utalentowani filmowcy piszą scenariusz dla nieznanej im osoby, a potem szukają z nią kontaktu, proponując nakręcenie filmu? To fantastyczna szansa, marzenie, które w moim przypadku stało się rzeczywistością!

Czy zdarzyło Ci się przegapić świetną okazję, ponieważ byłeś zbyt zajęty lub z różnych przyczyn nie mogłeś się pozbierać? Czy kiedykolwiek przyglądałeś się z rezygnacją, jak ktoś inny wchodzi przez otwarte drzwi, których nie dostrzegłeś w odpowiednim momencie? Ucz się z tych doświadczeń i weź się w garść, Przyjacielu! Walter Chrysler, założyciel słynnego koncernu motoryzacyjnego, powiedział kiedyś, że wielu ludzi niczego w życiu nie osiąga między innymi dlatego, że gdy okazja puka do ich drzwi, są akurat w ogródku, zajęci szukaniem czterolistnej koniczyny. Znam wiele osób, które grają w totolotka, zamiast na poważnie zawalczyć o swoją przyszłość przez ciężką pracę, wytrwałe dążenie do celu i wypatrywanie dogodnych okazji.

Jeśli nie dostałeś jeszcze swoich pięciu minut, być może po prostu nie uznano Cię za gotowego... Jesteś odpowiedzialny za swój sukces. Podejmij tę odpowiedzialność, przygotowując się najlepiej, jak potrafisz. A kiedy będziesz już gotowy, okazja zapuka do Twoich drzwi we właściwym czasie. Uwierz w siebie! Uwierz w możliwości, które się przed Tobą otwierają. Uwierz w wartość swego życia na tej planecie. Jeśli nie czujesz się godny, by wyrosły Ci skrzydła, nigdy nie oderwiesz się od ziemi.

Zabierz się do roboty. Ubrudź sobie ręce. Weź się ostro do nauki. Thomas Edison stwierdził, że często nie rozpoznajemy okazji, ponieważ jest ubrana w kombinezon roboczy i zapowiada się na ciężką pracę. Czy jesteś na to gotowy? Czy dasz z siebie wszystko?

Muszę się przyznać, że gdy Weiglowie po raz pierwszy skontaktowali się ze mną za pośrednictwem Kyle'a, zignorowałem ich propozycję. Biedny Kyle był tak podekscytowany. Próbował przekazać mi wiadomość o znajomych filmowcach i projekcie, który chcą mi przedstawić.

– Znam kogoś, kto ma dla ciebie świetny pomysł na film... – tyle tylko zdążył powiedzieć, zanim mu przerwałem.

– Kyle, nie mam teraz czasu dla twoich znajomych! – odpowiedziałem zniecierpliwiony.

Byłem zmęczony i poirytowany po podróży, którą właśnie odbyłem. Poza tym właśnie sparzyłem się na innej propozycji filmowej. Po zapoznaniu się ze szkicem scenariusza (miał to być pełnometrażowy film fabularny) byłem bardzo podekscytowany – film rokował duże nadzieje. Niestety, gdy kilka miesięcy później producenci przesłali mi pełną wersję scenariusza, okazało się, że chcą, bym zagrał ordynarną postać, która żuje tytoń i przez większą część filmu poniewiera się w worku na kartofle zarzuconym na ramię przez drugiego bohatera.

Nie była to rola, od jakiej chciałbym zacząć swą filmową karierę – ani taka, na jakiej chciałbym ją zakończyć. Odmówiłem. Nie każda okazja zasługuje na to, by z niej skorzystać. Musisz być wierny wyznawanym wartościom – to na nich należy budować swoje plany i na ich podstawie wyznaczać cele do osiągnięcia. Jaki ślad chcesz po sobie pozostawić? Za co chciałbyś zostać zapamiętany? Ja nie chciałem, by pewnego dnia moi wnukowie odkryli film DVD, na którym dziadek Nick ślini się sokiem z tytoniu cieknącym mu po brodzie, przeklina i żyje jak degenerat. Dlatego uprzejmie podziękowałem za tę propozycję.

Podobał mi się sam pomysł nakręcenia filmu, ale nie zamierzałem sprzeniewierzyć się swoim wartościom. Ty też możesz stanąć przed tego rodzaju dylematem. Bądź odważny. Trzymaj się zasad, które wyznajesz. Ale nie popełnij mojego błędu – kiedy odrzuciłem pierwszą propozycję, zamknąłem też swoje serce, nie dopuszczając do siebie kolejnych okazji.

Właśnie dlatego, kiedy Kyle usiłował przedstawić mi propozycję Weiglów, zgasiłem go bez zastanowienia, nie pozwalając mu nawet dokończyć zdania. Ponieważ ciągle jeszcze spoglądałem w lusterko wsteczne, nie widziałem dla tego projektu żadnych perspektyw. To był duży błąd.

Na szczęście Weiglowie nie dali się tak łatwo zniechęcić. Poprosili innego znajomego, by skontaktował się z pracownikiem mojej organizacji odpowiedzialnym za współpracę z mediami. Człowiek ten zapoznał się ze scenariuszem, zachwycił się nim i przyniósł go do mnie. Kiedy i ja go przeczytałem, zrozumiałem, że Kyle zasługuje na przeprosiny. Film Weiglów miał opowiadać o nadziei i odkupieniu – tematach bliskich memu sercu.

Byłem, rzecz jasna, idealnym kandydatem do obsadzenia głównej roli, skoro autorzy scenariusza właśnie z myślą o mnie stworzyli postać „Willa, człowieka bez kończyn". Na początku filmu bohater jest zgorzkniałym odmieńcem, demonstrowanym publiczności jako osobliwa atrakcja w podrzędnym cyrku objazdowym. Później jednak Will otrzymuje propozycję dołączenia do innej trupy cyrkowej, pełnej uprzejmych, życzliwych ludzi. W nowej ekipie bohater zostaje gwiazdą wieczoru, wykonującą emocjonujący skok z dużej wysokości.

Postanowiłem przyjąć tę propozycję. Podziękowałem Kyle'owi i poprosiłem go o umówienie spotkania z Weiglami. Wypadki potoczyły się w zawrotnym tempie. Spotkaliśmy się, szybko znaleźliśmy wspólny język i podpisaliśmy kontrakt. Byłem zachwycony, gdy usłyszałem, że w pozostałych rolach twórcy obsadzili już kilku znanych i doświadczonych aktorów.

Był to niskobudżetowy projekt ze stosunkowo krótkim kalendarzem zdjęciowym, więc uwinęliśmy się w jeden tydzień z nagraniem wszystkich scen, w których występuję. Jeśli chcesz się przekonać, czy mam szansę na karierę w show-biznesie, musisz sprawdzić recenzje i obejrzeć nasz film. Powiem tylko tyle, że *Cyrk motyli* (*The Butterfly Circus*) wygrał główną nagrodę i sto tysięcy dolarów na festiwalu The Doorpost Film Project (www.thedoorpost.com), który promuje twórców filmów niosących przesłanie nadziei. *Cyrk motyli* pokonał ponad sto innych produkcji krótkometrażowych o podobnej tematyce. Główna nagroda festiwalowa zapewniła naszemu projektowi duży rozgłos i Weiglowie planują teraz nakręcenie filmu w wersji pełnometrażowej. Mam nadzieję, że w nim wystąpię – w końcu nie tak wielu aktorów może zagrać rolę człowieka bez kończyn, który skacze, pływa, nurkuje, a do tego mówi z perfekcyjnym australijskim akcentem!

Światło, kamera, akcja!

Aby realizować marzenia, musisz działać. Ruszyć z miejsca. Wykazać inicjatywę. Wykorzystaj życiową szansę, która z Bożą pomocą może się przed Tobą otworzyć. Przygotuj się na nią. Zrób wszystko, co powinieneś zrobić, aby być w pełni gotowym. Naucz się wszystkiego, co powinieneś wiedzieć. A jeśli okazja sama do Ciebie nie zapuka, zacznij jej szukać. Wówczas uda Ci się osiągnąć to, o czym marzysz.

Bądź dostępny dla innych. Żyj tu i teraz, ciesząc się każdą chwilą. Zanim zacząłem mieć problemy z kręgosłupem, po zakończeniu każdego przemówienia zostawałem na sali nieco dłużej. Wielu ludzi ustawiało się w długiej kolejce tylko po to, by mnie uścisnąć i zamienić ze mną kilka słów. Każdy rozmówca miał do zaoferowania coś wyjątkowego i zostawiał mnie z wartościowym darem – komplementem, pocieszeniem, zachętą czy serdecznym uściskiem. Chciałbym, żebyś przyjął podobne podejście w stosunku do okazji, które Ci się trafiają. Nawet te na pozór mniej obiecujące mogą ujawnić cały swój potencjał, gdy odważnie je wykorzystasz i zaczniesz działać.

Zrób wyłom

Nawet jeśli odkryłeś już swój życiowy cel i zgromadziłeś wystarczające pokłady nadziei i wiary, posiadasz pozytywną samoocenę, przyjmujesz właściwą postawę, jesteś odważny, elastyczny i budujesz dobre relacje międzyludzkie – nawet wtedy nie wolno Ci siedzieć bezczynnie. Nie licz na to, że następny krok Twej wspinaczki wykona się sam. Działaj. Uchwyć się mocno liny i szukaj kolejnego punktu podparcia. Jeśli trzeba, zrób wyłom, w którym bezpiecznie postawisz stopę, by wspiąć się jeszcze wyżej. Wykaż się odwagą i determinacją.

W naszej organizacji „Life Without Limbs" posługujemy się często dewizą „Kolejny dzień, kolejna szansa". Ale nie jest to dla nas tylko piękny aforyzm do oprawienia w ramki i powieszenia na ścianie – codziennie staramy się żyć według tej zasady. Dr Cara Barker, psycholog zajmująca się coachingiem liderów, odniosła się do naszej maksymy na swoim blogu w witrynie „Huffington Post". Napisała tak: „Nick Vujicic udowadnia, że można budzić serca i inspirować innych, będąc w sytuacji, którą niemal każdy uznałby za paraliżującą. Vujicic to prawdziwy bohater, który dostrzega okazję tam, gdzie większość ludzi nie widzi żadnych perspektyw".

Przyjmuję jej słowa z wdzięcznością i pokorą. Dorastając, nawet nie marzyłem o tym, że ktokolwiek uzna mnie kiedyś za inspirację czy autorytet. Ale już wtedy widziałem, że gdy czuję się sfrustrowany swoimi brakami i ograniczeniami, zniechęcam do siebie innych. Z kolei kiedy staram się służyć innym – ludzie do mnie lgną. Nauczyłem się, że nie mogę czekać z założonymi rękami, ale muszę przeć do przodu i szukać swojej szansy. Kiedy przemawiam, biorę udział w jakimś wydarzeniu lub odwiedzam inną część świata, zawsze poznaję nowych ludzi, nawiązuję kontakty i zbieram informacje, które w dalszej perspektywie otwierają przede mną nowe możliwości.

Nie ma tego złego...

Dr Barker słusznie zauważa, że od chwili gdy przestałem skupiać się na ograniczeniach wynikających z niepełnosprawności, a skoncentrowałem się na tym, jak mogę je przezwyciężyć, moje życie zmieniło się na lepsze. Ty możesz postąpić tak samo. Skoro ja potrafię dostrzec cudowny Boży dar nawet w moim niepełnosprawnym ciele, Ty też staraj się docenić dobro ukryte w swoim życiu. Poszukaj go nawet w tym, co uznajesz dzisiaj za swą największą słabość lub ograniczenie.

Spojrzenie z właściwej perspektywy może zmienić wszystko. Życie przyniesie niejeden cios, niejedno rozczarowanie. Poczujesz się wtedy sfrustrowany, zły i smutny. Mimo wszystko zachęcam Cię, byś porzucił zgorzknienie. Pod naporem gigantycznej fali możesz utonąć, ale możesz też na jej grzbiecie dopłynąć do brzegu. Podobnie przeciwności życiowe mogą Cię stłamsić albo – przeciwnie – wynieść w górę. Jeśli udało Ci się przetrwać, bądź wdzięczny. Niech wdzięczność stanie się Twoją siłą, która wydźwignie Cię ze stanu przygnębienia i rozgoryczenia. Zrób pierwszy krok, a później kolejny. Zacznij budować życie, jakiego pragniesz.

Niepełnosprawność zmotywowała mnie do odważnego nawiązywania kontaktów z rówieśnikami i osobami dorosłymi. Już w młodości zacząłem publicznie przemawiać. Przykładałem się też pilnie do matematyki, a po maturze zdobyłem wykształcenie ekonomiczne, by mieć wyjście awaryjne, na wypadek gdyby nie udało mi się zostać zawodowym mówcą. Trudności związane z niepełnosprawnością zahartowały mnie i zdopingowały do wysiłku, a z drugiej strony pomogły mi wykształcić w sobie więcej wrażliwości i współczucia dla innych. Na podobnej zasadzie niepowodzenia, których doświadczyłem, pomagają mi docenić odniesione sukcesy i uczą mnie empatii dla osób, którym się nie powiodło i które borykają się z problemami.

Okazja na miarę

Nie wszystkie okazje są sobie równe. Na początku rozdziału opisałem historię swej pierwszej roli filmowej, którą przyjąłem po odrzuceniu wcześniejszej propozycji.

Will, główny bohater *Cyrku motyli*, jest w pierwszych scenach filmu postacią zgorzkniałą i odpychającą. Jednak przyjąłem tę rolę, ponieważ w dalszej części Will przechodzi metamorfozę. Niczym gąsienica przeobrażająca się w motyla, Will powoli porzuca rozgoryczenie i nienawiść. Dokonuje się w nim niezwykła przemiana w osobę inspirującą i pełną miłości.

Chciałbym być takim człowiekiem jak Will. Właśnie tak pragnę zostać zapamiętany. A Ty? W poprzednich rozdziałach zastanawialiśmy się nad tym, jak ważne jest odkrycie i realizowanie swego życiowego celu. Kiedy otrzymujesz różne propozycje i otwierają się przed Tobą nowe możliwości, zawsze musisz zadać sobie pytanie: „Czy to poprowadzi mnie ku osiągnięciu moich celów i czy da się pogodzić z moimi wartościami?".

Jakie kryteria musi spełnić dobra okazja? Przede wszystkim powinna to być szansa na postąpienie choć o krok bliżej w stronę Twego marzenia. Są też oczywiście inne rodzaje okazji. Być może znajomi zaprosili Cię wczoraj na miasto i upiliście się do nieprzytomności. Albo grałeś w gry wideo, zamiast przygotować się na spotkanie w pracy czy przeczytać książkę, by podnieść swe kwalifikacje. Wybory, których dokonujesz, przekładają się na jakość Twojego życia.

Wybieraj mądrze. Podejmując decyzję o tym, w jaki sposób inwestujesz swój czas i energię, przyjmij wysokie standardy i surowe kryteria. Nie kieruj się tym, co sprawia chwilową przyjemność, ale szukaj tego, co najbardziej zbliży Cię do realizacji Twoich nadrzędnych celów. Oceniaj okazje miarą własnych wartości i zasad. Ja sam posługuję się tutaj „regułą Dziadka Nicka": *Czy moi wnukowie będą dumni z tej decyzji, czy pomyślą raczej, że dziadek zaczął przejawiać oznaki demencji, jeszcze zanim na dobre się zestarzał?*

Jeśli potrzebujesz narzędzia ułatwiającego przeprowadzenie sformalizowanej procedury oceny okazji, usiądź przed komputerem lub weź kartkę papieru i utwórz „arkusz oceny". Zastanawiając się nad każdą nową okazją, zanotuj wszystkie za i przeciw. Zapisz też, w jakim stopniu dana okazja współgra z Twoimi wartościami, z zasadami, jakimi się kierujesz, i z celami, które obrałeś. Następnie spróbuj sobie wyobrazić, co będzie, gdy skorzystasz z tej możliwości. Pomyśl również, co stanie się, jeśli zamkniesz drzwi i zrezygnujesz z wejścia do środka.

Jeśli mimo wszystko nadal trudno Ci podjąć decyzję, pokaż arkusz oceny zaufanemu przyjacielowi lub mentorowi, osobie, która w Ciebie wierzy i której zależy na Twoim szczęściu. Omów z nią plusy i minusy każdego wariantu i posłuchaj, co ma do powiedzenia. Bądź otwarty na rady i sugestie, ale pamiętaj, że ostatecznie odpowiedzialność spoczywa na Tobie. To Twoje życie. Ty zbierzesz dobre lub złe owoce swojej decyzji – a zatem wybieraj mądrze.

Właściwy czas

Kolejny czynnik, który warto wziąć pod uwagę przy ocenie okazji, to właściwy czas. Nierzadko otrzymujemy kuszące propozycje, ale z jakiegoś powodu nie jest to dobry moment, by z nich skorzystać. Nie należy na przykład przyjmować oferty pracy, do której na razie nie mamy odpowiednich kwalifikacji (a w krótkim czasie nie będziemy ich w stanie zdobyć). Nie powinniśmy też wyjeżdżać na luksusowe wakacje, jeśli aktualnie nie możemy sobie pozwolić na duży wydatek. Podejmując decyzję bez rozważenia, czy jest to dogodny moment, narażamy się na przykre konsekwencje.

Jednym z największych błędów, jakie popełniłem na początkowym etapie swojej drogi zawodowej, było przedwczesne przyjęcie zaproszenia do wystąpienia przed dużym audytorium. Nie chodziło o to, że nie miałem nic do powiedzenia. Po prostu nie potrafiłem jeszcze wówczas należycie uporządkować materiału i doszlifować formy prezentacji. Brakowało mi też pewności siebie potrzebnej do udanego wystąpienia przed liczną grupą.

W trakcie przemówienia jąkałem się i zacinałem. Choć słuchacze byli dla mnie wyrozumiali, wiedziałem, że spartaczyłem robotę. Ale to doświadczenie czegoś mnie nauczyło. Gdy już doszedłem do siebie, postanowiłem, że odtąd będę korzystał tylko z takich okazji, na które jestem już gotowy. Nie chcę przez to powiedzieć, że nie powinno się podejmować ambitnych wyzwań zmuszających nas do wysiłku, a przez to prowadzących do rozwoju. Czasami jesteśmy bardziej gotowi, niż nam się wydaje. W takich chwilach Bóg popycha nas delikatnie do przodu, byśmy zrobili krok przybliżający nas do celu.

Podobna idea przyświecała twórcom wielkiego przeboju amerykańskiej telewizji – programu *American Idol*. W każdym odcinku wielu młodych uczestników załamuje się pod wpływem stresu lub uświadamia sobie, że kariera gwiazdy nie jest im pisana. Jednak od czasu do czasu trafia się prawdziwy brylant – osoba, która pomimo ogromnej presji ujawnia nieprzeciętny talent. Niektórzy uczestnicy, zwłaszcza Carrie Underwood, Jennifer Hudson, Chris Daugherty oraz Kelly Clarkson, rozpoczęli w ten sposób oszałamiającą karierę, ponieważ dali z siebie wszystko, pokonali przeciwności, a potem nadal pracowali nad swoim rozwojem.

Musisz przeanalizować otwierające się przed Tobą możliwości i ocenić, które z dróg doprowadzą Cię do obranego celu podróży, a na których raczej potkniesz się lub pobłądzisz. Podobnie jak w przypadku mojej pierwszej propozycji filmowej, skorzystanie z niektórych okazji pozwoliłoby Ci wprawdzie osiągnąć jakiś drobny sukces, ale nie przyczyniłoby się do realizacji dalekosiężnych założeń i planów. Twój dzisiejszy wybór jutro podąży w ślad za Tobą.

Młodzi ludzie nierzadko pochopnie rozpoczynają związek, nie zastanawiając się, czy dana osoba w dłuższej perspektywie jest dla nich właściwym partnerem. Inny przykład to lekkomyślne korzystanie z Internetu. Powinniśmy chronić nasze dane finansowe, reputację i życie prywatne. Pamiętajmy, że każde opublikowane w Internecie zdjęcie i nagranie wideo, każdy wysłany przez nas e-mail, wszystkie notki na blogu czy komentarze, które zamieszczamy w swojej witrynie, pojawią się gdzieś w wyszukiwarce i zapewne pozostaną dostępne w ogólnoświatowej sieci nawet wtedy, gdy my zejdziemy już z tego świata. Obowiązuje tutaj ta sama zasada, którą stosujemy przy ocenie innych rodzajów okazji: każdy nasz czyn ma swoje długofalowe konsekwencje – pozytywne albo negatywne. Nawet jeśli natychmiastowe korzyści przedstawiają się obiecująco, zastanów się, jakie będą reperkusje danego wyboru w dłuższej perspektywie.

Zrób krok do tyłu i spróbuj uzyskać szerszy ogląd sytuacji. Twoje codzienne decyzje przekładają się na jakość całego życia, więc nie podejmuj ich lekkomyślnie. Zastanów się dobrze, sprawdź, co podpowiada Ci serce, pomódl się o mądrość potrzebną do podjęcia właściwego wyboru, weź głęboki oddech i... działaj!

Właściwe miejsce

Jeśli przygotowałeś się najlepiej, jak potrafisz, a mimo to wszystkie drzwi pozostają zamknięte, być może powinieneś zaoferować swoje talenty gdzieś indziej. Jeśli chcesz zostać mistrzem świata w surfingu, Alaska nie jest najlepszym miejscem zamieszkania – sugerowałbym przeprowadzkę w cieplejsze rejony. Kilka lat temu zdałem sobie sprawę, że skoro chcę zdobyć ogólnoświatowy rozgłos jako mówca, muszę przeprowadzić się z Australii do Stanów Zjednoczonych. Kocham Australię. Większość członków mojej rodziny nadal tam mieszka. Ale antypody są zbyt egzotycznym miejscem jak na bazę wypadową profesjonalnego mówcy i nie zapewniają równie szerokiego wachlarza możliwości jak Stany.

Gdy już zamieszkałem w Ameryce, musiałem jeszcze zawalczyć o swoją szansę. Jednym z moich najmądrzejszych posunięć było nawiązanie regularnych kontaktów zawodowych z innymi osobami, które podzielają moją pasję do przemawiania i motywowania. Większość z nas dowiaduje się o ciekawych ofertach pracy właśnie za pośrednictwem sieci znajomych i współpracowników. Wiadomości tego typu rozchodzą się na ogół o wiele szybciej pocztą pantoflową niż oficjalnymi kanałami. Niezależnie od tego, czy szukasz pracy czy miłości, wskazówek inwestycyjnych czy okazji do rozwijania zainteresowań, warto przyłączyć się do jakiejś większej grupy, która pomoże Ci w poszukiwaniach: lokalnego klubu, izby handlowej, kościoła czy organizacji charytatywnej. Idealnym narzędziem ułatwiającym nawiązywanie nowych kontaktów jest Internet, a zwłaszcza serwisy społecznościowe takie jak Twitter, Facebook, LinkedIn czy Plaxo. Im szerszy jest krąg Twoich znajomych i przyjaciół, tym większe są też szanse na znalezienie okazji do realizowania marzeń.

Nie ograniczaj się wyłącznie do osób, organizacji czy witryn internetowych związanych bezpośrednio z interesującą Cię dziedziną. Warto poznać się bliżej z każdym człowiekiem, który ma jakieś pasje i realizuje swoje marzenia, nawet jeśli są to pasje i marzenia zupełnie innego rodzaju niż Twoje. Uwielbiam takich ludzi, ponieważ przyciągają do siebie okazje jak magnes.

Z drugiej strony, jeśli zadajesz się z towarzystwem, które nie podziela Twoich marzeń i nie pomaga Ci w rozwijaniu charakteru i poszerzaniu horyzontów, radziłbym poszukać innych znajomych. Stali bywalcy barów, klubów nocnych i salonów gier wideo rzadko wybijają się ponad przeciętność.

Gdy nie otrzymujesz propozycji, do jakich aspirujesz, być może będziesz musiał wspiąć się nieco wyżej, zdobywając wyższe wykształcenie. Jeśli nie masz najlepszych wyników na świadectwie maturalnym czy wystarczająco zasobnego portfela na opłacenie czesnego na renomowanym uniwersytecie, zacznij od mniej znanej uczelni lub złóż podanie o stypendium socjalne. Jeśli masz już dyplom licencjata, zastanów się nad zrobieniem magisterium, a jeśli jesteś magistrem – nad studiami doktoranckimi.

Przyłącz się do organizacji zawodowej albo społeczności internetowej zrzeszającej osoby o podobnej specjalności. Jeśli okazja nie może trafić do Twoich drzwi, musisz zmienić miejsce na takie, w którym łatwiej Cię będzie znaleźć – lub które będzie doskonałą pozycją wyjściową, byś sam zawalczył o swoją szansę.

Twórcza wizja

Śmierć bliskiej osoby, zerwany związek, trudności finansowe czy choroba to doświadczenia, które mogą nas złamać, jeśli pogrążymy się w smutku i rozpaczy. Jednym ze sposobów radzenia sobie z tego rodzaju wyzwaniami jest wyczulenie na okazje nadarzające się nawet wtedy, gdy życie rzuca nam kłody pod nogi.

Na planie zdjęciowym *Cyrku motyli* poznałem Glennis Siverson. Glennis mieszka w Orlando, ale przyjechała do Kalifornii na zaproszenie zaprzyjaźnionych z nią reżyserów filmu, żeby zająć się obsługą fotograficzną naszego projektu. Jest uznanym fotografem, a jej prace ukazują się w czasopismach i gazetach, witrynach internetowych i reklamach. Glennis zajmuje się także fotografią portretową i przyrodniczą. Kocha fotografowanie. To jej pasja.

Przez ponad dwadzieścia lat Glennis pracowała w dziale kadr dużej korporacji. Gdy nadszedł kryzys gospodarczy, straciła ciepłą posadkę i musiała sobie znaleźć inne zajęcie. Wtedy postanowiła przekuć swą pasję fotograficzną w pełnoetatową pracę.

– Pomyślałam: teraz albo nigdy! – wyznała mi Glennis.

Inspirująca historia Glennis doskonale obrazuje, w jaki sposób negatywne doświadczenie może stać się okazją do zbudowania lepszego życia.

Jednak to nie wszystko! Glennis – uznana artystka z wieloma nagrodami na swoim koncie – prawie w ogóle nie widzi! Pod względem prawnym ma status osoby niewidomej.

– Od dzieciństwa miałam słaby wzrok – twierdzi Glennis. – Kiedy skończyłam pięć lat, zaczęłam nosić okulary, ale z roku na rok było coraz gorzej. W połowie lat dziewięćdziesiątych zdiagnozowano u mnie chorobę rogówki. Okazało się, że moja rogówka jest zdeformowana i wystąpiły w niej zmiany zwyrodnieniowe. Doszło do tego, że przestałam widzieć na lewe oko. Ponieważ miałam też dużą krótkowzroczność, nie kwalifikowałam się już do operacji laserowej. Jedynym wyjściem był przeszczep rogówki.

W 2004 roku Glennis przeszła zabieg przeszczepu. Lekarz powiedział jej przed operacją, że najprawdopodobniej odzyska przybliżoną korekcję w lewym oku nawet bez konieczności zakładania okularów czy szkieł kontaktowych.

– Jednak wszystko poszło nie tak – powiedziała mi Glennis. – Mało brakowało, a straciłabym oko. Operacja pogorszyła mi wzrok i przyprawiła mnie o jaskrę. Ponadto, już w innych okolicznościach, dostałam krwotoku do siatkówki w prawym oku i mam w nim teraz dodatkową ślepą plamkę.

Glennis straciła pracę, którą wykonywała przez dwadzieścia lat. Została też niemal oślepiona w wyniku nieudanej operacji i krwotoku do siatkówki. Nikt by jej nie winił, gdyby poddała się rezygnacji, gdyby stała się osobą sfrustrowaną i zgorzkniałą. Jednak Glennis czuła się jeszcze bardziej zmotywowana do aktywnego realizowania swych pasji.

– Nie myślę o sobie przez pryzmat niepełnosprawności. Staram się raczej skupić na tym, co mogę osiągnąć. A to, że jestem osobą niedowidzącą, pomaga mi być lepszym fotografem – tłumaczy Glennis.

Artystka nie dostrzega już subtelnych szczegółów, ale zamiast załamywać ręce, czuje się wdzięczna, że nie musi zamartwiać się o drobiazgi.

– Zanim zaczęłam niedowidzieć, koncentrowałam się na każdym kosmyku włosów i na różnych detalach ciała fotografowanej osoby. Moje prace wyglądały sztucznie, ponieważ zanadto skupiałam się na aspekcie kompozycyjnym. Teraz fotografuję bardziej spontanicznie. Czuję ujęcie, widzę kadr i robię zdjęcie. Polegam w większym stopniu na instynkcie i wchodzę w bliższy kontakt z ludźmi i z otoczeniem.

Glennis twierdzi, że jej fotografie mają teraz liczne skazy, ale równocześnie są bardziej frapujące i dojrzałe artystycznie.

– Pewna dziewczyna na widok tego, jak ją sportretowałam, rozpłakała się, ponieważ poczuła, że tak trafnie uchwyciłam jej osobowość – mówi Glennis. – Dawniej moje zdjęcia nie poruszały nikogo emocjonalnie.

Odkąd Glennis straciła znaczną część zdolności widzenia, zdobyła dziesięć międzynarodowych nagród za fotografię portretową i krajobrazową. Jedno z jej zdjęć zostało wybrane na wystawę prezentującą zaledwie sto jedenaście fotografii spośród szesnastu tysięcy zgłoszonych do konkursu. Prace Glennis były pokazywane na czterech ekspozycjach w Centrum Fotografii Artystycznej w Fort Collins w stanie Colorado.

Jako osoba niedowidząca Glennis ostatecznie i tak straciłaby pracę w dziale kadr. Obecnie podąża drogą przetartą przez wielu wspaniałych artystów, na przykład Moneta czy Beethovena, którzy tworzyli arcydzieła pomimo niepełnosprawności. Co więcej, niepełnosprawność motywowała ich do wytyczania nowych szlaków i poszukiwania nowych środków wyrazu.

Jak powiedziała mi Glennis, jej ulubionym wersetem biblijnym jest teraz zdanie, że „postępujemy według wiary, a nie dzięki widzeniu".

– Ta myśl dokładnie opisuje moje obecne życie. Oczywiście musiałam się przystosować. Martwię się też, że mogę stracić resztki wzroku. Czasami bardzo się boję. Ale wiem, że nie ma dla mnie żadnej podręcznikowej rady.

Glennis podąża teraz nowym szlakiem. Jednak zamiast myśleć o swoim doświadczeniu w kategoriach życiowego nieszczęścia, stara się docenić dobro, które z niego wypływa.

– Dawniej byłam osobą nadmiernie kontrolującą. Teraz próbuję żyć z dnia na dzień i cieszyć się każdą chwilą – tłumaczy Glennis. – Jestem wdzięczna za to, że mam dach nad głową, że żyję i że świeci słońce. Nie martwię się o jutro, bo i tak nigdy nie wiemy, co przyniesie kolejny dzień.

Glennis to niezwykła kobieta, która docenia i wykorzystuje nadarzające się okazje. Jest dla mnie źródłem inspiracji. Mam nadzieję, że jej przykład zachęca Cię do poszukiwania swojej szansy, do mądrego wybierania właściwych okazji, a także do odważnego działania, gdy serce mówi „tak".

11

Obłędne reguły

Zakończyliśmy właśnie pierwszą połowę intensywnego tournée po Indonezji, które obejmowało łącznie trzydzieści pięć wystąpień w pięciu miastach w ciągu dziewięciu dni. Normalnie byłbym wykończony, ale podczas niektórych wyjazdów przyzwyczajam się do działania na wysokich obrotach i nie potrafię już spokojnie usiedzieć na miejscu. Gdy wylatywaliśmy z Dżakarty do Semarangu, czułem taki właśnie przypływ energii.

Podróżowało ze mną pięć osób, w tym mój opiekun Vaughan – wielki, silny facet, a przy tym niespożyty kawalarz. Przy wejściu na pokład wpadł w oko stewardessom, więc wymieniliśmy z nimi kilka żartów. Wpuszczono nas przed innymi pasażerami. W samolocie zwykle schodzę z wózka inwalidzkiego, by łatwiej dostać się na swoje miejsce. Vaughan szedł tuż za mną. Nagle poczułem nieodpartą chęć zrealizowania pewnego szalonego pomysłu, który chciałem już parokrotnie wprowadzić w życie przy innych okazjach.

– Vaughan, szybko, zanim zjawią się inni pasażerowie! Podnieś mnie i sprawdź, czy zmieszczę się w schowku bagażowym!

Obiecywaliśmy sobie często z Vaughanem, że kiedyś spróbujemy. Kilka dni wcześniej poprosiłem go, by przy odprawie przeniósł mnie przez metalową ramę służącą do sprawdzania dopuszczalnego rozmiaru bagażu podręcznego. Zmieściłem się bez trudu, więc dostałem nowe przezwisko – „podręczNick".

Schowek bagażowy znajdował się tuż pod sufitem i nie byłem pewien, czy ktokolwiek uniesie tak wysoko trzydzieści parę kilogramów żywej wagi, ale Vaughan poradził sobie z łatwością. Delikatnie wsunął mnie do schowka, jakbym nie nazywał się Vujicic, tylko Vuitton.

– W porządku – powiedziałem. – Teraz zamknij klapę i zaczekajmy na pozostałych pasażerów.

Vaughan wsunął mi poduszkę pod głowę i zatrzasnął klapę. Obserwując nasze wybryki, stewardessy pękały ze śmiechu. Zresztą wszyscy rżeliśmy jak gimnazjaliści, dlatego nie byłem pewien, czy uda nam się zrobić komuś kawał. Jednak po chwili na pokład zaczęły wchodzić inne osoby, które nie domyślały się, że przyczyną ogólnej wesołości jest ukryty „pasażer na gapę". Pewien starszy dżentelmen podszedł bliżej, uniósł swoją torbę w kierunku schowka i otworzył klapę. W tym momencie zobaczył mnie i o mało nie wyskoczył ze skóry. Wychyliłem głowę i powiedziałem:

– Proszę pana, nie słyszałem, żeby pan pukał!

Na szczęście okazało się, że mężczyzna ma duże poczucie humoru. Wszyscy zaśmiewaliśmy się do łez. Zanim pozwolono mi opuścić schowek, musiałem jeszcze pozować do zdjęć z ofiarą naszego żartu, z innymi pasażerami i ze stewardessami. Vaughan pogroził, że zostawi mnie na górze, parodiując oficjalne ostrzeżenie: „w czasie lotu przedmioty pozostawione w schowku mogą się przemieścić".

Śmiech to zdrowie

W poprzednich dziesięciu rozdziałach starałem się przedstawić wskazówki dotyczące odkrywania celu oraz pielęgnowania nadziei, wiary w siebie, pozytywnej postawy, odwagi i wytrwałości. Opisałem też znaczenie właściwego podejścia do zmian, budowania więzi międzyludzkich i korzystania z okazji, które mogą przybliżyć Cię do realizacji marzeń.

Teraz jednak chciałbym Cię zachęcić, byś czasem pozwolił sobie na odrobinę szaleństwa, na realizację zwariowanego pomysłu, na obłędne wygłupy.

Jestem zresztą autorem zestawu tak zwanych „Obłędnych reguł", które na każdego mieszkańca naszej planety nakładają obowiązek, by co najmniej raz dziennie zrobił coś obłędnie śmiesznego – niezależnie od tego, czy będzie to narażenie się na śmieszność przez konsekwentne dążenie do spełnienia wielkiego marzenia, czy może tylko odprężające wygłupy z przyjaciółmi.

Wymyślając „Obłędne reguły", inspirowałem się jednym ze swych ulubionych cytatów: „Niedoskonałość jest piękna, w obłędzie kryje się geniusz i lepiej narazić się na śmieszność niż zionąć nudą".

Marilyn Monroe, której przypisuje się autorstwo tej intrygującej sentencji, nie jest dla mnie żadnym autorytetem, ale akurat w tej krótkiej myśli udało jej się uchwycić pewną prawdę. Zgadzam się, że niedoskonałość jest piękna, a w obłędzie może kryć się geniusz – przynajmniej w takim sensie, że ktoś, kto odważnie podejmuje ryzyko, jest przez jednych uznawany za szalonego, a przez innych za genialnego. Zgadzam się również, że lepiej narazić się na śmieszność niż zionąć nudą.

Nawet jeśli wykorzystasz wszystkie wskazówki zawarte w poprzednich rozdziałach, ale nie zechcesz podjąć ryzyka ani pogodzić się z tym, że niektórzy zakwestionują Twój geniusz i nazwą Cię wariatem – najprawdopodobniej nie osiągniesz wszystkiego, o czym marzysz. Nie trać poczucia humoru. Pozwól sobie czasem na odrobinę luzu, na żart z samego siebie czy na chwilę rozrywki, która umili Twoją wędrówkę.

Podobnie jak inni ludzie, popełniam często ogromy błąd, wybierając tryb życia przeładowany pracą, pilnymi terminami i sprawami do załatwienia. Przez wiele lat z uporem dążyłem to tego, by osiągnąć sukces jako ewangelizator i mówca motywacyjny. Chcąc rozwijać swoje kompetencje, przyjmowałem każde zaproszenie i łapałem każdą okazję. Ciągle byłem w trasie. Jednak po ośmiu latach nieprzerwanych występów postanowiłem, że od tej pory będę podchodził do nowych zaproszeń bardziej selektywnie. Czułem, że potrzebuję odzyskać równowagę.

Łatwo wpadamy w pułapkę myślenia w kategoriach „kiedyś".

Kiedyś zarobię tyle pieniędzy, ile potrzebuję, by w pełni cieszyć się życiem.

Kiedyś zamierzam spędzać więcej czasu z rodziną.

Kiedyś znajdę czas na odpoczynek i zajęcie się swoim hobby.

Przedstawiając „Obłędne reguły", zachęcam Cię do nieskrępowanego działania na dwóch frontach jednocześnie – i to nie „kiedyś", lecz tu i teraz.

Pierwszy front to „obłędne ryzyko" – znajdź w sobie odwagę, by na przekór malkontentom realizować marzenia. Niektórzy stwierdzą wówczas, że zachowujesz się jak obłąkany. Powinieneś im odpowiedzieć: „Ależ oczywiście!". Gdy zaczniesz robić to, co kochasz, ludzie niepodzielający Twojej wizji i pasji uznają Cię za wariata. Nie pozwól, by ich krytyka okradła Cię z marzeń. Staraj się wtedy dążyć do celu z jeszcze większym uporem.

Front numer dwa to „obłędna radość" – zarezerwuj czas na to, by cieszyć się życiem i towarzystwem ukochanych osób. Śmiej się, wygłupiaj i kochaj – zarażaj innych radością. Traktuj życie poważnie, ale znajdź też czas na zabawę i rozrywkę.

Obłędne ryzyko

Helen Keller, która w dzieciństwie straciła wzrok i słuch, a mimo to została znaną działaczką i pisarką, stwierdziła kiedyś, że nie ma czegoś takiego jak bezpieczne życie: „Taki stan nie występuje w naturze. Życie albo jest odważną przygodą, albo nie ma go wcale". Ryzyko nie jest zatem tylko częścią życia. Ryzyko *jest* życiem. Życiem rozgrywającym się gdzieś pomiędzy Twoim oswojonym kącikiem a wymarzonym miejscem docelowym. To strefa wysokiego napięcia, w której odkrywasz, kim jesteś. Karl Wallenda, założyciel legendarnego klanu linoskoczków, trafnie uchwycił tę zasadę: „Życie to chodzenie po linie; cała reszta to tylko czekanie".

Każda osoba zajmująca się akrobatycznymi skokami spadochronowymi lub lotniarstwem wie, że pierwszy krok w kierunku krawędzi jest przerażający, ale trzeba go wykonać, jeśli chce się latać. Spójrzmy prawdzie w oczy – każdy dzień może być naszym ostatnim na tym świecie, więc nawet podniesienie się z łóżka jest jak rzut kostką. Nie może zostać zwycięzcą ktoś, kto nie jest gotowy zmierzyć się z porażką. Nie da się nawet stać w miejscu, nie ryzykując upadku.

Moja codzienna egzystencja od samego początku wiązała się z ryzykiem. Nikt nie wiedział, czy w przyszłości dam sobie radę z najprostszymi czynnościami. Rodzice mieli podwójny kłopot, ponieważ ich bezrękie i beznogie dziecko było w dodatku poszukiwaczem przygód. Nieustannie doprowadzałem do niebezpiecznych sytuacji, ponieważ nie potrafiłem usiedzieć na miejscu. Jeździłem na deskorolce. Grałem w piłkę. Pływałem. Surfowałem. Rzucałem się na wszystkie strony jak rakieta, która straciła sterowność. To był obłęd!

Dać nura

Jesienią 2009 roku postanowiłem spróbować czegoś, czego dawniej mi zakazywano, tłumacząc, że to dla mnie zbyt niebezpieczne zajęcie – nauczyłem się nurkować z akwalungiem w oceanie. Jak się pewnie domyślasz, zabawa była obłędna! Czułem się zupełnie tak, jakbym latał, tyle że lądowanie było łagodniejsze. Po raz pierwszy miałem okazję nurkować już kilka lat wcześniej, ale wtedy instruktor pozwolił mi tylko popływać w basenie. Sądzę zresztą, że bardziej niż o moje bezpieczeństwo martwił się o swoje ubezpieczenie. Pewnie obawiał się, że w razie czego będzie musiał wyjaśnić stosownym władzom, jak to się stało, że jego nietypowo wyglądający podopieczny został porwany przez rekina poszukującego niewielkiej przekąski.

Tym razem instruktor wykazał się większą otwartością. Miał na imię Felipe i uczył nurkowania na niewielkiej wyspie u wybrzeży Kolumbii. Wybrałem się tam na zaproszenie właścicieli cudownego kurortu Punta Faro na wyspie Mucura, na terenie parku narodowego położonego w pobliżu Cartageny. Gdy zgłosiłem się na lekcję nurkowania, Felipe spytał tylko:

– Czy umiesz pływać?

Udowodniłem, że jestem wilkiem morskim, a wtedy Felipe udzielił mi krótkiego kursu nurkowania z akwalungiem. Opracowaliśmy też od razu kilka sygnałów do komunikowania się pod wodą – poruszając barkami i głową, mogłem pokazać instruktorowi, że potrzebuję pomocy. Następnie Felipe zabrał mnie na rundę próbną tuż przy plaży. Poćwiczyliśmy przez chwilę, wypróbowaliśmy umówione sygnały i sprawdziliśmy sprzęt.

– W porządku. Wydaje mi się, że jesteś gotowy na rafę – zakomunikował Felipe.

Chwycił mnie w pasie i zanurkowaliśmy razem w stronę rafy, otoczeni przez olśniewającą feerię życia morskiego. Następnie Felipe puścił mnie swobodnie, pozwalając mi na samodzielne badanie rafy. Potrzebowałem jego pomocy tylko raz, gdy ze szczeliny koralowej wyłoniła się nagle półtorametrowa murena. Czytałem wcześniej, że te mięsożerne ryby mają ostre zęby pokryte groźnymi bakteriami, więc dałem znak Felipe, by odholował mnie w bezpieczniejszą część rafy. Nie chciałem skończyć w sushi.

To doświadczenie otworzyło przede mną zupełnie nowy świat. Ktoś mógłby spytać, czy było warte ryzyka. Bez wątpienia tak! Wyjście poza osobistą strefę bezpieczeństwa daje nam możliwość rozwoju potencjału i poszerzenia horyzontów.

Czy przychodzi Ci na myśl jakiś śmiały wyczyn, o którym od dawna marzysz? Namawiam Cię do spróbowania swoich sił. Popływaj z delfinami, poszybuj jak ptak, zdobądź górski szczyt. Dołącz do ekspedycji speleologicznej w jaskini. Weź przykład z Nicka V. i przeżyj obłędną przygodę!

Pamiętaj tylko, że istnieje różnica między ryzykiem „obłędnym", jak je tutaj nazywam, a ryzykiem głupim, niewartym zachodu. Nigdy nie podejmuj ryzyka, jeśli możesz więcej stracić niż zyskać. Ryzyko „obłędne" to wyzwanie, które sprawia wrażenie bardziej szalonego, niż jest w rzeczywistości, ponieważ:

1. Przygotowałeś się.
2. Zminimalizowałeś ryzyko na tyle, na ile to możliwe.

3. Masz plan awaryjny, na wypadek gdyby coś poszło nie tak.

Rodzaje ryzyka

O minimalizowaniu ryzyka usłyszałem po raz pierwszy na studiach, podczas zajęć z planowania finansowego i ekonomii. W świecie biznesu, tak jak w życiu, nie da się całkowicie wyeliminować ryzyka. Ale można nim zarządzać, upewniając się, w co zamierzamy wdepnąć, jeszcze zanim postawimy pierwszy krok.

Wyróżniam dwa rodzaje ryzyka: pierwszy wiąże się z podjęciem jakiegoś działania, a drugi – z jego zaniechaniem. To oznacza, że zawsze istnieje jakieś ryzyko, nawet jeśli postępujemy ostrożnie i jesteśmy zapobiegliwi. Powiedzmy, że jakaś dziewczyna wpadła Ci w oko i chciałbyś zaprosić ją na randkę. Dzwoniąc do niej, podejmujesz ryzyko. Może Ci odmówić. Ale zastanów się, co będzie, jeśli nie spróbujesz? Przypuśćmy, że ta cudowna osoba powie „tak", że zbudujecie udany związek i będziecie żyli długo i szczęśliwie. Ale jeśli nie zdecydujesz się na podjęcie działania, być może stracisz szansę na spotkanie miłości swego życia. Czy nie warto spróbować, Przyjacielu?

Od czasu do czasu coś Ci nie wyjdzie. Poznasz smak porażki. Jednak prawdziwy powód do chluby ma nie ten, kto nigdy nie przegrywa, lecz ten, kto po doznanej porażce podnosi się i uparcie prze do przodu.

Warto nauczyć się oceniać szansę powodzenia, biorąc pod uwagę możliwe konsekwencje rozważanego posunięcia. Nie jesteś w stanie kontrolować wszystkiego, co dzieje się w Twoim życiu, więc skoncentruj się na tym, co zależy od Ciebie. Umiejętnie oceń stojące przed Tobą w danej sytuacji możliwości i wybierz tę, którą uznasz za najlepszą. Czasami serce podpowie Ci, byś zaryzykował, nawet jeśli racjonalna analiza prowadzi do wniosku, że szanse powodzenia są niewielkie. Być może się uda, być może nie. Ale wątpię, byś kiedykolwiek obejrzał się za siebie, żałując, że spróbowałeś.

Oprócz prowadzenia działalności charytatywnej i ewangelizacyjnej jestem też przedsiębiorcą. Na przestrzeni lat prowadziłem kilka firm i zarządzałem nieruchomościami. Przeczytałem wiele książek o biznesie i w każdej z nich znajduje się rozdział dotyczący ryzyka. Wbrew powszechnym wyobrażeniom przedsiębiorca nie jest szalonym ryzykantem. Biznesmeni nie są wcale skorzy do podejmowania ryzyka – potrafią za to umiejętnie kontrolować i minimalizować ryzyko, a jednocześnie rozumieją, że w ostateczności nie da się go całkowicie wyeliminować przy podejmowaniu decyzji.

Obłędne reguły

Opracowałem zestaw reguł, które pomogą Ci umiejętnie radzić sobie z różnymi rodzajami ryzyka – ale pamiętaj, że stosujesz te zasady na własne… no wiesz…

1. Zbadaj grunt

Stare afrykańskie przysłowie mówi, że nie sprawdza się głębokości rzeki obiema nogami. Kiedy zastanawiasz się nad rozpoczęciem nowego związku, przeprowadzką do innego miasta, zmianą pracy czy choćby nad nowym kolorem ściany w salonie – przed podjęciem decydującego kroku dobrze wybadaj grunt. Nie rób niczego pochopnie, dopóki nie zorientujesz się w sytuacji.

2. Polegaj na tym, co wiesz

To nie oznacza, że nie powinieneś zdobywać nowych doświadczeń czy nawiązywać nowych znajomości. Chodzi tylko o to, byś zwiększył szanse powodzenia, odrabiając swoje zadanie domowe. Uwzględnienie wszystkich za i przeciw pozwala podjąć przemyślaną decyzję. Jeśli nawet nie zdobędziesz wszystkich potrzebnych informacji, dowiesz się przynajmniej, czego jeszcze nie wiesz – co samo w sobie może okazać się bardzo pomocne.

3. Wybierz właściwy moment

W wielu przypadkach można znacząco zwiększyć prawdopodobieństwo powodzenia rozważanego posunięcia, jeśli poczekamy i wybierzemy właściwy moment na podjęcie działania. Czy rozsądny przedsiębiorca zdecydowałby się otworzyć nową lodziarnię w środku zimy? Pierwsza propozycja aktorska, którą otrzymałem, nie była trafiona, ale kilka miesięcy później zaoferowano mi idealną rolę, która dobrze zgrała się w czasie z innymi zobowiązaniami w moim terminarzu. Cierpliwość popłaca. Kiedy podejmujesz ważną decyzję, dobrze się zastanów. Zanim położysz się spać, zapisz na kartce plusy i minusy, a rano spojrzyj na notatki świeżym okiem – to zdumiewające, że następnego dnia dochodzi się nierzadko do zupełnie odmiennych wniosków. Zastanów się, czy jest to najdogodniejszy moment na wykonanie danego kroku, a jeśli trzeba – cierpliwie czekaj.

4. Zasięgnij rady

Czasami podejmujemy nadmierne ryzyko, ponieważ zakładamy, że inaczej się nie da i że musimy coś zrobić już, teraz, zaraz. Kiedy złapiesz się na tym, że zbyt pochopnie wkraczasz na niezbadany grunt, cofnij się o kilka kroków, zadzwoń do przyjaciela lub zaufanego mentora i poproś o pomoc w ocenie sytuacji. Nie daj się ponieść emocjom, lecz skorzystaj z mądrości doradców. Jeśli stawka jest wysoka, nie próbuję zgrywać samotnego jeźdźca, ale chętnie zasięgam rady mojego taty, dzwoniąc do niego do Australii, czy opinii wujka Batty, który mieszka bliżej i również chętnie służy pomocą.

5. Przygotuj się na nieprzewidziane konsekwencje

Nasze działania, zwłaszcza te nieszablonowe i nowatorskie, zawsze pociągają za sobą nieprzewidziane konsekwencje. Nie da się przewidzieć wszystkich skutków, ale warto przeanalizować sytuację z każdej z możliwych stron i przygotować się na niespodzianki. Na przykład kiedy opracowuję biznesplan, celowo przeszacowuję koszty i zakładam mniejszy zysk. Uwzględniam w ten sposób margines błędu, w razie gdyby planowane przedsięwzięcie nie powiodło się tak dobrze, jak na to liczę. A jeśli wszystko pójdzie jak najlepiej, dodatkowe wpływy będą zawsze mile widziane.

Obłędna radość

Kiedy jesteś na lotnisku i czekasz na swoją walizkę w kolejce przy karuzeli bagażowej, czy masz czasem ochotę wskoczyć na taśmę i zaliczyć kilka okrążeń? Lubię szalone wygłupy, więc kiedyś tak zrobiłem!

Byliśmy właśnie na lotnisku w jednym z afrykańskich miast z moim opiekunem Kylem. W pewnej chwili znudziło mi się czekanie na bagaż, więc powiedziałem Kyle'owi, że mam ochotę na przejażdżkę.

Opiekun spojrzał na mnie zaskoczony, ale nie zaprotestował. Podsadził mnie na taśmę i postawił obok dużej torby Samsonite. Ruszyłem w szaloną podróż pomiędzy plecakami, torbami i walizkami. Udawałem figurę woskową z okularami przeciwsłonecznymi na nosie. Zszokowani gapie nie byli pewni, czy jestem prawdziwą osobą, czy może tylko najprzystojniejszym workiem marynarskim świata.

W końcu dotarłem do niewielkiego otworu prowadzącego do rampy załadunkowej na zapleczu i przejechałem na drugą stronę, gdzie gromkim śmiechem przywitali mnie afrykańscy pracownicy obsługi bagażowej.

– Niech cię Bóg błogosławi! – zawołał jeden z mężczyzn.

Nagrodzili mnie brawami, ponieważ zrozumieli, że czasem nawet dorosły człowiek potrzebuje przejechać się na karuzeli. Uczmy się od dzieci – cieszą się każdą minutą życia. My też powinniśmy zrobić wszystko, żeby podtrzymać w sobie młodzieńczą radość. Jeśli Twoje życie jest zbyt przewidywalne, pozwól sobie na jakiś obłędny wygłup, który sprawiał Ci radość w dzieciństwie. Poskacz na trampolinie. Przejedź się na kucyku. Choć na chwilę odłóż dorosłość na bok. Od czasu do czasu daj sobie więcej luzu i zrób coś dla przyjemności. Ciesz się wszystkimi cudami tego świata, które Bóg darował nam w swojej dobroci.

Życie „obłędnie szczęśliwe" to życie na styku nadziei i możliwości, to radosne podejmowanie Bożych zadań i realizacja Jego zamiarów wobec nas. Druga część zestawu „Obłędnych reguł" odnosi się właśnie do obłędnej radości, do odważnych marzeń i nieskrępowanej aktywności – do życia pełną parą.

Kiedy przemawiam do publiczności, często staję na krawędzi podestu lub blatu, balansując ciałem zupełnie tak, jakbym za chwilę miał spaść. Mówię wtedy słuchaczom, że życie na krawędzi wcale nie jest takie złe, jeśli tylko wierzymy w siebie, a przede wszystkim w naszego Stwórcę. To nie są tylko puste słowa. Staram się dawać z siebie wszystko w każdej dziedzinie życia – kiedy pracuję czy kiedy się bawię. A „obłędnie szczęśliwy" czuję się wówczas, gdy praca i zabawa splatają się w jedno. Zachęcam Cię do poszukiwania tego rodzaju doświadczeń.

Kaskader

Kiedy przyjąłem swoją pierwszą rolę filmową w *Cyrku motyli*, nie spodziewałem się, że zagram również sceny kaskaderskie. Ale na dobrą sprawę, kto mógłby mnie zastąpić? Nie ma chyba zbyt wielu zawodowych kaskaderów bez rąk i nóg.

Chętnie przystałem na tę propozycję – skoro mój rodak Russell Crowe nie korzysta z pomocy dublera, dlaczego ja miałbym być gorszy? Z drugiej strony, Russell nie był nigdy podrzucany jak piłka plażowa przez siłacza George'a – czyli postać, którą w *Cyrku motyli* zagrał prawdziwy kaskader i aktor, Matt Allmen. W jednej z kluczowych scen filmu bohater, w którego wcielił się Matt, podnosi mnie i wrzuca do stawu. Matt denerwował się przed nakręceniem wspólnego ujęcia. Jak się okazało – słusznie.

Filmowaliśmy tę scenę w naturalnym zbiorniku uformowanym przez prawdziwy strumień w górach San Gabriel na Pustyni Kalifornijskiej. Woda była lodowata, ale nie to stanowiło nasze największe zmartwienie. Mieliśmy nakręcić scenę, w której przypadkowo wpadam do stawu i wszyscy boją się, że utonąłem. Oczywiście po chwili wynurzam się z wody i popisuję się umiejętnościami pływackimi. George tak bardzo cieszy się z mojego ocalenia, że podnosi mnie wysoko i ponownie wrzuca do wody, przez co nieomal tonę – tym razem już naprawdę.

Matt bał się, że zrobi mi krzywdę, ciskając mną za daleko lub za mocno. Przy kilku próbnych podejściach był niezwykle ostrożny, ponieważ zdawał sobie sprawę z tego, że woda w zbiorniku ma tylko półtora metra głębokości. Reżyser Joshua Weigel kazał mu wykonać bardziej zdecydowany wyrzut, więc przy kolejnej próbie wyleciałem z ramion Matta z prędkością torpedy! Bałem się, że uderzę o skaliste dno, dlatego skuliłem plecy – co prawdopodobnie mnie uratowało. Tym razem rozpaczliwa próba wynurzenia się w celu zaczerpnięcia powietrza nie była już elementem gry aktorskiej. Kiedy wypłynąłem na powierzchnię, wszyscy na planie odetchnęli z ulgą – a zwłaszcza Matt.

Jeszcze bardziej ryzykowne były jednak sceny występu cyrkowego, gdy grany przeze mnie bohater wykonuje skok z dużej wysokości. Ekipa techniczna musiała mnie wciągnąć w specjalnej uprzęży na wysokość trzeciego piętra. Przeżyłem parę chwil mrożących krew w żyłach, wisząc nad planem zdjęciowym zapięty raptem kilkoma pasami. Oczywiście czuwali nad nami profesjonalni koordynatorzy scen kaskaderskich, którzy zrobili wszystko, by zminimalizować ryzyko. Wykorzystano specjalne olinowanie i siatki zabezpieczające, więc nawet najbardziej przerażające momenty były jednocześnie niezwykle ekscytujące.

Umiarkowane ryzyko podejmowane od czasu do czasu potrafi dodać energii i wigoru – czy będzie to wspinaczka skalna, surfing czy jazda na snowboardzie. Nie bez powodu zarówno dzieci, jak i dorośli zaliczają zabawy zawierające element ryzyka do swych ulubionych rozrywek.

Zabawa na całego

Dr Stuart Brown, psychiatra i założyciel Narodowego Instytutu Zabawy, twierdzi, że instynkt zabawy jest głęboko wpisany w ludzką naturę, a jego zaniedbanie może być równie niebezpieczne jak niedosypianie. Na podstawie badań przeprowadzonych na seryjnych mordercach i więźniach skazanych na śmierć dr Brown ustalił, że w większości przypadków osoby te w dzieciństwie zostały pozbawione normalnych wzorców zabawy.

Zdaniem dr. Browna przeciwieństwem zabawy nie jest praca, lecz depresja, dlatego należałoby uznać zabawę za jedną z umiejętności niezbędnych do przeżycia. Ryzykowne igraszki i przepychanki pomagają dzieciom rozwijać umiejętności społeczne, poznawcze, emocjonalne i fizyczne. Dr Brown twierdzi też, że zamiast wydzielać osobny czas na rozrywkę, powinniśmy raczej integrować zabawę z pracą.

Znam ludzi, którzy swe najlepsze lata poświęcili na nieustanną gonitwę za uznaniem i bogactwem, a w podeszłym wieku zorientowali się, że dotarli do kresu drogi życiowej, która wcale nie dała im spodziewanej satysfakcji. Nie dopuść do tego, żeby coś podobnego przydarzyło się i Tobie. Zrób, co musisz, żeby się utrzymać, ale przede wszystkim rób to, co kochasz – tak często, jak tylko możesz.

Tak łatwo popadamy w rutynę i zajmujemy się wyłącznie walką o byt, zaniedbując inne sfery życia. Tymczasem równowaga życiowa nie jest jakimś odległym celem, który można bezkarnie odkładać na „kiedyś". Pozwólmy sobie już dzisiaj na relaks i wypoczynek, a także na „obłędną zabawę", która pochłonie nas do tego stopnia, że stracimy poczucie czasu i miejsca. Od zatracenia się w ulubionym zajęciu – czy będzie to gra w grę planszową, malowanie obrazu czy start w maratonie – jest już niedaleko do autentycznego poczucia szczęścia i spełnienia. Ja sam osiągam ten stan, gdy łowię ryby – wędkowanie to moja ulubiona forma rozrywki.

Miałem zaledwie sześć lat, gdy rodzice po raz pierwszy zabrali mnie na ryby. Mama przygotowała żyłkę i kukurydzę na przynętę. Wrzuciła przynętę do wody, a moim zadaniem było trzymanie żyłki palcami stóp. Okazało się, że jestem upartym wędkarzem, który potrafi cierpliwie czekać. Gdy po pewnym czasie moja pierwsza ryba chwyciła przynętę i zaczęła z nią uciekać, pociągnęła żyłkę, która szybko zaczęła przesuwać się między moimi palcami. Poczułem piekący ból, ale zamiast wypuścić zdobycz, wpadłem na genialny pomysł – usiadłem na żyłce. Teraz zabolała mnie z kolei tylna część ciała, ponieważ uciekająca ryba nadal ciągnęła żyłkę za sobą.

– Mam rybę! Boli mnie pupa. Ale mam rybę! – wrzeszczałem wniebogłosy.

Mama, tata i kuzyni przybiegli z pomocą. Wspólnymi siłami wywlekliśmy na brzeg prawdziwe monstrum – półmetrową rybę, niewiele mniejszą ode mnie. Była to największa sztuka spośród ryb złowionych tego dnia przez naszą rodzinę. Dla takiego okazu warto było trochę pocierpieć.

Od tamtej pory sam połknąłem haczyk i zostałem nałogowym wędkarzem. Ale nie łowię już na luźną żyłkę – opanowałem obsługę wędki i kołowrotka, aby uniknąć otarć naskórka. Jestem na tyle silny, że potrafię utrzymać wędkę między barkiem i brodą. W celu zarzucenia przynęty chwytam żyłkę w zęby, a potem w odpowiednim momencie ją wypuszczam. Łączę w ten sposób przyjemne z pożytecznym – wędkuję, a przy okazji nitkuję zęby!

Miłość do muzyki

Okazuje się, że osoba bez rąk i nóg może nie tylko łowić ryby, lecz także grać na perkusji, a nawet dyrygować orkiestrą. Wszyscy twierdzą, że mam świetne wyczucie rytmu. Już jako mały chłopiec opanowałem rzadką sztukę „perkusji śpiewnikowej". Podczas niedzielnego nabożeństwa układałem przed sobą rząd śpiewników o różnej grubości. Chór kościelny śpiewał pieśń, a ja w tym samym czasie wybijałem rytm stopą, uderzając o poszczególne śpiewniki. Wywodzę się zresztą z klanu zapalonych bębniarzy. Pierwszym perkusistą w naszym zespole kościelnym był mój kuzyn, Ian Pasula. Ja również przejawiałem naturalne wyczucie tempa, dlatego kilku wujków i przyjaciół z kościoła zrzuciło się na elektroniczną perkusję Rolanda. Korzystając z tego cuda techniki, zmieniam się w jednoosobową, „bezkończynową" orkiestrę perkusyjną. Zacząłem grę od werbla i bębna basowego, a z biegiem czasu dołączyłem do swego repertuaru także otwarte i zamknięte talerze perkusyjne.

Nadal grywam na zestawie perkusyjnym, ale mam teraz nowszą wersję, zmodernizowaną przy użyciu dodatkowego programu komputerowego, który przekształca zestaw w syntezator, a nawet w imitację gitary elektrycznej. Muzyka to balsam dla mojej duszy. Niezależnie od tego, czy gram, czy słucham, potrafię na wiele godzin zatracić się w pięknych dźwiękach.

Miłość do muzyki rozwijałem w sobie także przez działalność w szkolnym zespole jazzowym. Zaś niewątpliwym szczytem mych dotychczasowych osiągnięć muzycznych było wzięcie na swoje barki (całkiem dosłownie) odpowiedzialności za orkiestrę licealną składającą się z sześćdziesięciu osób. Nasza nauczycielka muzyki miała problemy zdrowotne i nie mogła prowadzić prób. Zaproponowałem, że zastąpię ją w roli dyrygenta. Dobrze znałem wszystkie utwory, więc stanąłem przed liczną grupą muzykujących uczniów i poprowadziłem ich, wymachując barkami. Podczas występu zagraliśmy obłędnie!

Obłędna konkluzja

Nie wiemy, co Bóg zaplanował dla nas na kolejny dzień, miesiąc czy rok, jednak każdy z nas może nadać swoim krokom niepowtarzalny kierunek. Możemy realizować swe życiowe cele, pasje i zainteresowania z obłędną radością i entuzjazmem. W tym rozdziale opowiedziałem o zwariowanych żartach w samolocie i na lotnisku, a także o przygodach w roli nurka i kaskadera, wędkarza, perkusisty i dyrygenta orkiestry. W związku z tym nasuwa mi się takie pytanie: skoro nawet ja, przy całej swej niedoskonałości i przy wszystkich moich ograniczeniach, mogę czerpać z życia tyle obłędnej radości, to jakie możliwości otwierają się przed Tobą?

Żyj na chwałę Boga i nie pozwól, by zmarnowała się choćby odrobina Twojej energii i niepowtarzalnej osobowości. Odważnie realizuj zwariowane pomysły i bądź obłędnie szczęśliwy!

12

Niech hojność będzie Twoją misją

Kiedy skończyłem dwadzieścia lat, wybrałem się do Republiki Południowej Afryki na dwutygodniowe tournée zorganizowane przez osobę, której na dobrą sprawę nie znałem. Mama i tata nie byli zachwyceni. Martwili się o moje zdrowie i bezpieczeństwo, a także o koszty wyprawy.

Zaproszenie wystosował John Pingo. John zobaczył jeden z moich pierwszych filmów i postanowił ściągnąć mnie do RPA, abym przemawiał do potrzebujących w najbiedniejszych rejonach kraju. Z własnej inicjatywy zaaranżował serię wystąpień w kościołach, szkołach i sierocińcach. Pisał, dzwonił i wysyłał e-maile, w których namawiał mnie gorąco, bym odwiedził Afrykę Południową. Swym uporem i entuzjazmem poruszył we mnie czułą strunę.

Kiedy dorastałem i martwiłem się o swoją przyszłość, ulgę przynosiły mi dwie czynności: modlitwa oraz wychodzenie z pomocą do innych ludzi. Im bardziej koncentrowałem się na swoich problemach i niedomaganiach, tym gorzej się czułem. Natomiast gdy zaczynałem troszczyć się o potrzeby drugiego człowieka, podnosiło mnie to na duchu i pomagało mi zrozumieć, że nikt z nas nie cierpi samotnie.

Nie przejmuj się, jeśli czujesz, że masz niewiele do zaoferowania – drobne gesty uprzejmości mogą znaczyć więcej niż duża darowizna na cele charytatywne. Jeśli pomożesz choć jednej osobie, Twoja życzliwość może uruchomić reakcję łańcuchową podobnych zachowań. Ludzie często odwzajemniają uprzejmość, a jeśli sami doświadczyli czegoś miłego, tym chętniej zachowują się podobnie. Wierzę, że taki wzorzec reakcji jest częścią natury darowanej nam przez Boga.

Jak wspomniałem wcześniej, jedna uprzejma uwaga koleżanki ze szkoły dodała mi pewności siebie w krytycznym momencie mojej młodości, gdy czułem się nieakceptowany i bezużyteczny. Uświadomiłem sobie wówczas, że mam coś wartościowego do zaoferowania. Dzięki tamtej rozmowie wstąpiłem na drogę, którą kroczę do dzisiaj, inspirując ludzi na całym świecie i głosząc przesłanie Bożej miłości. Jeden życzliwy gest został pomnożony tysiące razy.

Jeśli twierdzisz, że dałbyś z siebie więcej, gdybyś tylko miał większe możliwości, zachęcam Cię po prostu, byś angażował się na tyle, na ile możesz sobie pozwolić – już dzisiaj, a także każdego kolejnego dnia. Pieniądze nie są jedyną formą wkładu, jaki możesz wnieść. Dziel się wszystkim, co dostałeś od Boga. Jeśli masz smykałkę do prac stolarskich lub inne umiejętności techniczne, wykorzystaj je w swojej parafii, w miejscowym oddziale Habitat for Humanity lub w organizacji humanitarnej niosącej pomoc ofiarom kataklizmów. Istnieje wiele możliwości używania i pomnażania posiadanych talentów – bez względu na to, czy Twoją pasją jest szycie czy śpiewanie, księgowość czy naprawa samochodów.

Niezależnie od wieku i stanu posiadania wszyscy mamy do zaoferowania coś cennego – pewien licealista z Hongkongu przysłał mi niedawno list, który dobrze obrazuje tę prawdę:

Można powiedzieć, że miałem w życiu dużo szczęścia, ale przeżyłem też chwile, gdy czułem się bezwartościowy i bardzo się bałem. Przed rozpoczęciem nauki w liceum byłem przerażony, ponieważ nasłuchałem się o tym, jak starsi uczniowie dokuczają młodszym. Jednak już pierwszego dnia w nowej szkole na lekcji z przedmiotu „humanistyka w działaniu" nauczyciel zachęcił nas, byśmy myśleli o sobie nie jak o klasie, lecz rodzinie.

Na kolejnych zajęciach uczyliśmy się wielu nowych rzeczy. Zapoznawaliśmy się z ważnymi wydarzeniami w innych rejonach świata. Omawialiśmy ludobójstwo w Rwandzie w 1994 roku czy trwające obecnie czystki etniczne w Darfurze w zachodnim Sudanie. Cała klasa zaczęła odczuwać coś, czego nie czuliśmy wcześniej – pasję. Bardzo chcieliśmy zrozumieć sytuację mieszkańców Darfuru i jakoś im pomóc. Choć nikt nie spodziewa się wiele po czternastolatkach, wymyśliliśmy, w jaki sposób możemy pokazać światu, że nam zależy i że chcemy coś zmienić.

Przygotowaliśmy przedstawienie, które opowiada o losach Darfuru. Swoją pasją zaraziliśmy wielu innych ludzi. Dzięki temu udało nam się zebrać fundusze umożliwiające wysłanie do Darfuru paczek z podstawowymi artykułami żywnościowymi.

Wsłuchajmy się w mądre słowa tego młodego człowieka. Zapał do służenia innym ludziom jest być może największym darem, jaki możemy otrzymać od Boga. Wierzę, że mieszkańcy Darfuru, którzy skorzystali z przesłanej pomocy, byli wdzięczni za każdą, choćby najskromniejszą paczkę.

W swej niezwykłej mądrości Bóg tak to ułożył, że jeśli chcemy zrobić coś dla innych, nasza dostępność jest równie ważna jak talenty i możliwości. Kiedy wyciągamy pomocną dłoń do innych ludzi, Bóg działa za naszym pośrednictwem. Polegamy wówczas na Jego możliwościach. Jak uczy Biblia, „wszystko mogę dzięki temu, który mnie umacnia – dzięki Chrystusowi".

Wyświadczaj innym drobne uprzejmości, których sam byś sobie życzył. Kiedy stanie się to Twym codziennym nawykiem, doświadczysz uwolnienia od negatywnego wpływu własnych rozczarowań i zranień. Nie namawiam Cię do tego, by Twoją motywacją były korzyści, jakie możesz odnieść, ale wierzę, że dobre czyny są zawsze nagradzane. Jestem zwolennikiem bezwarunkowej szczodrości, ponieważ postępując w ten sposób, oddajemy Bogu szacunek i pomnażamy Jego błogosławieństwa. Zarazem wierzę też, że gdy wyświadczamy innym dobro, błogosławieństwo do nas wraca. A zatem jeśli nie masz przyjaciela, zostań czyimś przyjacielem. Jeśli masz gorszy dzień, przygotuj komuś miłą niespodziankę. Jeśli Twoje uczucia zostały zranione, zrób coś, by przyczynić się do uzdrowienia emocji innej osoby.

Nie zdajemy sobie sprawy, jak wielki wpływ możemy wywrzeć na ten świat nawet przez drobny gest życzliwości. Mała zmarszczka na wodzie przeradza się nierzadko w ogromną falę. Wspomniana wcześniej koleżanka zauważyła, że jest mi smutno, i powiedziała mi komplement. Chciała mnie tylko pocieszyć, ale jak się okazało, wprawiła w ruch ciąg wydarzeń, który pomógł mi w wyborze zawodu. Pośrednio przyczyniła się zatem do tego, że prowadzę dzisiaj działalność motywacyjną i ewangelizacyjną na całym świecie.

Nie martw się tym, że możesz pomóc innym ludziom tylko w ograniczonym zakresie – mimo wszystko angażuj się w ich życie i pamiętaj, że nawet najdrobniejsze przejawy dobroci kumulują się i pomnażają.

Prawdziwa pasja

Coraz poważniej myślałem o tym, by wybrać się do RPA. Nabierałem tym większego entuzjazmu, im więcej się nad tym zastanawiałem i im częściej kontaktował się ze mną John Pingo. Modliłem się w sprawie jego propozycji przez trzy tygodnie i poczułem Boże powołanie, by jechać. Chciałem głosić inspirujące przesłanie nadziei w różnych krajach, a zaproszenie z RPA wydawało się dogodną okazją do rozpoczęcia działalności na arenie międzynarodowej. Jednak nie wiedziałem zbyt wiele na temat tego kraju i nigdy nie podróżowałem tak daleko bez rodziców. Tata skontaktował się z przyjaciółmi mieszkającymi w RPA. Rozmowa z nimi nie podziałała na niego uspokajająco. Uprzedzili tatę, że poważnym problemem trapiącym ich społeczeństwo jest wysoka przestępczość, a podróżujący padają ofiarą ataków, napadów rabunkowych, a nawet morderstw.

– To nie jest bezpieczne miejsce, Nick – stwierdził ojciec. – I nawet nie znasz tego Johna Pingo, a chcesz mu pozwolić, by obwoził cię po całym kraju?

Moi rodzice mają niewiele siwych włosów – co jest cokolwiek zaskakujące, ponieważ byłem upartym młodym człowiekiem z głową pełną zwariowanych pomysłów. Jak większość rodziców, mama i tata są bardzo opiekuńczy, a mając na uwadze moją niepełnosprawność, tym bardziej martwili się o moje bezpieczeństwo. Jednak parłem do przodu, ponieważ zależało mi na tym, by rozwijać działalność ewangelizacyjną i motywacyjną, do której czułem się powołany.

Gdy po raz pierwszy przedstawiłem pomysł wyjazdu do RPA na forum rodziny, moi bliscy obawiali się początkowo o względy bezpieczeństwa i stabilność finansową. Właśnie kupiłem swój pierwszy dom, więc rodzice uważali, że powinienem spłacać kredyt, a nie hulać po świecie.

Zmartwili się jeszcze bardziej, gdy ujawniłem, że, po pierwsze, zamierzam przekazać ponad dwadzieścia tysięcy dolarów swoich oszczędności w formie darowizny na południowoafrykańskie sierocińce, a po drugie, zabieram ze sobą młodszego brata.

Kiedy dzisiaj próbuję ocenić tamte wydarzenia z perspektywy rodziców, potrafię lepiej zrozumieć, ile nerwów musiała ich kosztować cała ta sytuacja. Jednak byłem zdeterminowany. Jak uczy Biblia: „Jeśliby ktoś posiadał majętność tego świata i widział, że brat jego cierpi niedostatek, a zamknął przed nim swe serce, jak może trwać w nim miłość Boga?". Chciałem postępować zgodnie ze swoimi przekonaniami, służąc innym ludziom. Choć jestem niepełnosprawny, czuję się „usprawniony" przez swoją wiarę. Uznałem, że nadszedł czas, bym zaczął realizować swój życiowy cel.

Musiałem tylko przekonać rodziców, że nic mi nie grozi. Tymczasem nawet mój brat nie pałał entuzjazmem na myśl o wyjeździe. Na początku kategorycznie odmówił, powołując się na doniesienia o wysokim wskaźniku przestępczości w RPA. Namawiałem go uparcie, ale niezależnie zwerbowałem też dwóch kuzynów. Gdy okazało się w ostatniej chwili, że jeden z nich musi zrezygnować, Aaron poczuł się zobligowany, by mi towarzyszyć. Modliliśmy się całą rodziną w sprawie tego wyjazdu i ostatecznie mama i tata dali nam swoje błogosławieństwo. Nadal się martwili, ale ufali, że Bóg się nami zaopiekuje.

Służyć światu

Gdy po długim locie dotarliśmy do RPA, zgodnie z umową nasz gospodarz czekał na nas na lotnisku. Z jakiegoś powodu wyobrażałem sobie, że John Pingo jest dużo starszy – może nie w wieku moich rodziców, ale oceniałem go na co najmniej trzydzieści parę lat. Tymczasem okazało się, że ma raptem dziewiętnaście lat, a zatem jest o rok młodszy ode mnie!

Może to nie był taki dobry pomysł? – pomyślałem. Na szczęście okazało się, że John jest dojrzałym człowiekiem i sprawnym organizatorem. Pomógł mi dostrzec problem ubóstwa i uwrażliwił mnie na potrzeby ludzi z marginesu społecznego. John twierdzi, że obejrzał jeden z moich filmów i że historia mojego życia go zainspirowała. Uważam jednak, że jego droga jest równie niezwykła i że z godnym podziwu oddaniem praktykuje swą wiarę.

John wychował się na farmie w Wolnym Państwie Orania w Afryce Południowej. Gdy był młodszy, zadawał się ze złym towarzystwem, ale został później gorliwym chrześcijaninem. Założył też małą firmę przewozową. John dziękował Bogu za przemianę życia i za błogosławieństwa, których doświadczał.

Tak bardzo zależało mu na tym, bym zasiał ziarno wiary i inspiracji w jego kraju, że sprzedał swój samochód w celu zgromadzenia odpowiednich środków na pokrycie kosztów trasy objazdowej po kościołach, szkołach, sierocińcach i więzieniach. Pożyczył furgonetkę ciotki, którą obwoził mnie z jednego przemówienia na drugie w Cape Town, Pretorii, Johannesburgu i w innych miejscowościach.

Nasz grafik był bardzo napięty i często spaliśmy tylko kilka godzin na dobę. Ale dzięki temu wyjazdowi poznałem ludzi, miejsca i sytuacje, które na zawsze mnie zmieniły. Uświadomiłem sobie, co chcę robić do końca życia – chcę dzielić się przesłaniem zachęty i wiary z ludźmi na całym świecie.

Wychowywaliśmy się z bratem w Australii. Mieszkaliśmy też przez pewien czas w Kalifornii. Wydawało nam się, że niejedno już widzieliśmy. Jednak podczas tej podróży zrozumieliśmy, że musimy się jeszcze wiele nauczyć o życiu. Zaczęło to do nas docierać już na samym początku wyprawy, gdy opuściliśmy lotnisko i jechaliśmy przez Johannesburg. Na jednym ze skrzyżowań Aaron wyjrzał przez okno i zobaczył napis, który go przeraził: „Rejon rozbojów i grabieży".

Aaron spojrzał na naszego przewodnika.

– John, co to właściwie znaczy?

– To znaczy, że jesteśmy w dzielnicy, w której przestępcy rozbijają okna samochodu, kradną wszystko, co znajdą w środku, i uciekają – odpowiedział John.

Zablokowaliśmy drzwi i zaczęliśmy się niespokojnie rozglądać. Zauważyliśmy, że wielu ludzi mieszka w domach otoczonych wysokim betonowym murem, dodatkowo zwieńczonym drutem kolczastym. W pierwszych dniach spotkaliśmy też kilka osób, które zostały napadnięte lub okradzione. Ale w końcu przekonaliśmy się, że w RPA wcale nie jest bardziej niebezpiecznie niż w innych rejonach dotkniętych ubóstwem i przestępczością.

Powiem więcej – zakochaliśmy się w tym kraju i w jego mieszkańcach. Pomimo licznych problemów, biedy i innych trudności trapiących to społeczeństwo Południowoafrykańczycy są cudownymi ludźmi, pełnymi nadziei i niewiarygodnego optymizmu.

Byliśmy w kilku domach dziecka – to miejsca poruszające i inspirujące zarazem. Jeden z ośrodków, które odwiedziliśmy, specjalizuje się w ratowaniu dzieci porzucanych na ławkach w parku i w kubłach na śmieci. Większość wychowanków jest chora i niedożywiona. Spotkanie z nimi bardzo nami wstrząsnęło. Następnego dnia wróciliśmy z pizzą, napojami, zabawkami, piłkami i innymi prezentami. Dzieci były zachwycone.

Widzieliśmy też dzieci z otwartymi ranami zainfekowanymi przez bakterie. Widzieliśmy dorosłych umierających na AIDS, a także całe rodziny poszukujące jedzenia i czystej wody do picia. Kiedy zobaczyłem to wszystko z bliska, kiedy poczułem odór choroby i śmierci unoszący się nad konającymi ciałami, kiedy uświadomiłem sobie, że jedynym pocieszeniem, jakie mogę zaoferować tym ludziom, jest modlitwa – coś we mnie pękło. Nigdy wcześniej nie widziałem tyle bólu i biedy. Wszelkie trudności, których doświadczyłem, nikły w porównaniu z ogromem cierpienia przed mymi oczami. Targały mną ambiwalentne emocje: z jednej strony współczucie – które dopingowało do działania i ratowania tych, których dałoby się jeszcze uratować – a z drugiej strony gniew, że istnieje na świecie tyle cierpienia i że wydaje się ono niemożliwe do wyeliminowania.

Tata opowiadał nam często o dzieciństwie spędzonym w Serbii. Na kolację musiała mu wystarczyć kromka chleba i odrobina wody z cukrem. Jego ojciec, a mój dziadek, był fryzjerem. Pracował w państwowym zakładzie fryzjerskim, ale został zwolniony, gdy odmówił wstąpienia do partii komunistycznej. Choć założył własny salon, na każdym kroku spotykał się z szykanami ze strony komunistów. Dziadek był pacyfistą ze względów religijnych. Przeprowadzał się wraz z całą rodziną z miejsca na miejsce co najmniej raz w roku, by uniknąć poboru do wojska. W późniejszych latach zachorował na gruźlicę i nie mógł wykonywać wyuczonego zawodu, więc rolę jedynej żywicielki rodziny przejęła babcia – szwaczka.

Kiedy ujrzałem z bliska biedę i głód w RPA, opowieści ojca o życiu w ciężkich warunkach nabrały nowego wymiaru. Widziałem bezradność w oczach umierających matek i słyszałem, jak ich dzieci krzyczą z bólu z powodu pustego żołądka. Odwiedziliśmy slumsy, gdzie całe rodziny mieszkają w blaszanych komórkach docieplanych izolacją z gazet, bez dostępu do bieżącej wody. Przemawiałem też w więzieniu. Więźniowie wypełnili szczelnie całą kaplicę i zewnętrzny dziedziniec. Dowiedzieliśmy się, że wielu z nich od dawna czeka na swój proces, a jedynym przestępstwem niektórych są długi. Spotkałem na przykład więźnia odsiadującego dziesięcioletni wyrok za to, że był komuś winien równowartość dwustu dolarów amerykańskich.

Realny wpływ

Wybrałem się do Afryki Południowej jako zadufany w sobie młody człowiek z zamiarem wprowadzenia rewolucyjnych zmian w tej części świata. Ale to raczej Afryka odcisnęła na mnie swoje piętno.

Gdy zaczynamy sięgać wzrokiem dalej niż nasz prywatny świat i sprawy osobiste, by wyjść z pomocą do innych ludzi, nasze zaangażowanie zmienia nas samych. Stajemy się bardziej pokorni. Odkrywamy nowe źródła inspiracji. Jednak przede wszystkim zaczyna nam towarzyszyć wyraźne poczucie, że jesteśmy częścią jakieś większej sprawy i że mamy coś cennego do zaoferowania. Wszystko, co robimy, by uczynić życie drugiego człowieka lepszym, przydaje wartości naszej własnej egzystencji.

Po kilku dniach pobytu w RPA zaczynałem coraz lepiej rozumieć, dlaczego Johnowi Pingo tak bardzo zależało na tym, by pomóc mi w dotarciu z przesłaniem nadziei i wiary do różnych zakątków tego kraju. Zrozumiałem też, że w gruncie rzeczy prowadzę życie egocentryka, że jestem samolubnym chłopcem bez rąk i nóg, który nie dopuszcza do świadomości problemów i bolączek innych ludzi.

Od tamtej pory czuję się zupełnie inaczej, kiedy robię zakupy w supermarkecie. Nawet pobliski sklep osiedlowy oferuje taki dostatek artykułów żywnościowych, o jakim sieroty i mieszkańcy slumsów z RPA mogą tylko pomarzyć. Zresztą wspominam dzisiaj ten wyjazd, siedząc w klimatyzowanym gabinecie i popijając napój orzeźwiający. Korzystam z wielu udogodnień, które są luksusem w tamtej części świata.

Aaron mieszka teraz w Australii i uczy matematyki oraz fizyki w liceum. Do dzisiaj opowiada o tym, jak wielkie wrażenie zrobił na nim wyjazd do RPA. Doświadczenie to głęboko nas poruszyło. Obaj uważamy, że była to najciekawsza wyprawa naszego życia. Wróciliśmy do domu, zadając sobie ważne pytania: *Co możemy zrobić, żeby pomóc potrzebującym? W jakiej formie powinniśmy się zaangażować? Czy będziemy w stanie żyć dalej tak samo jak do tej pory, mając świadomość ogromu ludzkiego cierpienia w innych rejonach świata?*

Nie trzeba podróżować do odległych zakątków, by znaleźć kogoś, kto potrzebuje pomocy. Wyjazd do RPA uwrażliwił nas na los potrzebujących w naszym kraju i w społeczności lokalnej. Ty też z pewnością dostrzegasz w swoim środowisku różne problemy i potrzeby – udostępnij swój czas, talenty, pieniądze czy pośrednictwo w dotarciu do sieci znajomych i współpracowników. Różne formy praktycznej pomocy doceni każda parafia, każdy dom opieki, oddział Czerwonego Krzyża, schronisko dla bezdomnych czy kuchnia charytatywna.

Pierwszy wyjazd do RPA pozwolił mi rozwinąć działalność publiczną na szerszą skalę. Byłem tym tak podekscytowany, że ofiarowałem na cele dobroczynne znaczną część swoich oszczędności – dwadzieścia tysięcy dolarów. Jeszcze w trakcie pobytu w Afryce Południowej przeprowadziliśmy kwestę, dzięki której zebraliśmy drugie tyle. Nakupiliśmy mnóstwo prezentów dla dzieci z domów dziecka, a także artykuły żywnościowe, książki, koce, łóżka, telewizory i odtwarzacze DVD, które przekazaliśmy wybranym sierocińcom za pośrednictwem kilku organizacji charytatywnych.

Cuda się zdarzają

Jednym z najbardziej wzruszających i niezapomnianych momentów naszej południowoafrykańskiej podróży było moje przemówienie w pewnym kościele. Na spotkanie przyszło kilkuset chorych, niepełnosprawnych i umierających, którzy liczyli na cudowne uzdrowienie. Zwykle na początku wystąpienia żartuję sobie ze swego braku kończyn, by rozładować napiętą atmosferę, ale tym razem nikt się nie śmiał. Ci ludzie nie przyszli po to, by posłuchać żartów. Przyszli po uzdrowienie. Oczekiwali cudu.

Co wieczór zjawiają się w tym kościele ludzie z aparatami ortopedycznymi, osoby chodzące o kulach oraz niepełnosprawni na wózkach inwalidzkich. Tym razem do budynku kościelnego wniesiono na materacach także dwóch chorych na AIDS. Niektórzy obecni na spotkaniu musieli pokonać drogę do kościoła pieszo, idąc nawet przez kilka godzin. Przy wejściu zalegały stosy kul i wózków inwalidzkich pozostawionych – jak nam powiedziano – przez osoby uzdrowione.

Z pewnością każdy z nas chciałby posiadać moc uzdrawiania chorych i cierpiących. Ja sam modliłem się często o to, by wyrosły mi ręce i nogi, jednak Bóg nie uzdrowił mnie w cudowny sposób. Nie doświadczyła cudu także większość z osób, które spotkaliśmy w tym południowoafrykańskim kościele. Jednak to nie oznacza, że cuda się nie zdarzają.

Być może za cud zostanie kiedyś uznane moje życie – wziąwszy pod uwagę, że dotarłem z przesłaniem wiary i inspiracji do tylu milionów ludzi na całym świecie. Cudem jest w pewnym sensie już choćby i to, że australijski potomek serbskich imigrantów otwarcie wyznający chrześcijaństwo otrzymuje zaproszenia od przywódców politycznych z Kostaryki, Kolumbii, Egiptu czy Chin. Spotkałem się z Papieżem Szenudą III, głową kościoła koptyjskiego, z naczelnym imamem Szajchem Muhammadem Saidem Tantawim, a także z przywódcami mormońskimi.

Każdy z nas może prowadzić życie bez ograniczeń. Każdy ma coś wartościowego, czym może podzielić się z tym światem. Każdy może zrobić coś, by pomóc innym. Duże znaczenie ma nawet drobny gest życzliwości czy niewielka kwota ofiarowana na godny cel. Po tragicznym trzęsieniu ziemi na Haiti w 2010 roku Amerykański Czerwony Krzyż niemal natychmiast uruchomił program pozwalający ławo wspomóc akcję humanitarną. Wystarczyło przesłać wiadomość tekstową o treści „HAITI" na odpowiedni numer, by ofiarować dziesięć dolarów.

To stosunkowo niewielka kwota, a wysłanie wiadomości sms również nie wymaga wiele zachodu. Według danych Czerwonego Krzyża dziesięciodolarową darowiznę przekazało ponad trzy miliony użytkowników telefonów komórkowych. Dzięki temu zebrano imponującą kwotę trzydziestu dwóch milionów dolarów, która została wykorzystana do zorganizowania pomocy humanitarnej dla mieszkańców Haiti.

Rób to, co kochasz, z pożytkiem dla innych

Założona przeze mnie organizacja dobroczynna „Life Without Limbs" pomaga dzisiaj kilkunastu innym fundacjom i stowarzyszeniom. Do grona beneficjentów należy między innymi Fundacja Apostolskiego Kościoła Chrześcijańskiego, która posyła misjonarzy do wielu krajów na całym świecie, prowadzi sierocińce i angażuje się w inne formy działalności charytatywnej. Współpracujemy również ze stowarzyszeniem Joni i Przyjaciele, które zaopatruje potrzebujących w wózki inwalidzkie.

Jeśli masz jakieś hobby, zainteresowanie lub pasję, możesz realizować je z pożytkiem dla innych. Grasz w tenisa? Jeździsz na rowerze? Uwielbiasz taniec? Przekształć swe ulubione zajęcie w działalność filantropijną. Zorganizuj turniej tenisowy połączony z kwestą na rzecz wybranej organizacji kulturowo-oświatowej. Poprowadź wyścig rowerowy lub maraton tańca, którego celem będzie zbiórka środków dla miejscowej świetlicy młodzieżowej lub zakup ubrań dla dzieci w potrzebie.

Hilary Lister uwielbia żeglarstwo. Gdy skończyła trzydzieści siedem lat, postanowiła, że samotnie opłynie Wielką Brytanię. Czterdziestodniowy rejs został zaplanowany jako akcja charytatywna na rzecz fundacji prowadzonej przez Hilary, która pomaga w nauce żeglarstwa osobom niepełnosprawnym. Hilary wierzy, że jest to sport, który aktywizuje niepełnosprawnych i dodaje im pewności siebie.

Wiara Hilary w terapeutyczną moc żeglarstwa opiera się na jej własnym doświadczeniu. W wieku piętnastu lat w wyniku postępującego zaburzenia neurologicznego straciła panowanie nad rękami i nogami. Pomimo niepełnosprawności zdobyła dyplom Oxfordu i nauczyła się pływać przystosowaną dla niej żaglówką. Korzysta w tym celu z systemu sterowania opartego na wdechu i wydechu przez specjalne słomki. Jest pierwszą osobą z porażeniem czterokończynowym, która przeprawiła się przez Kanał La Manche i samotnie opłynęła Wielką Brytanię.

Historia Ester

Dwa lata po naszej niezwykłej wyprawie do Afryki Południowej otrzymałem propozycję wyjazdu do Indonezji. Zostałem zaproszony przez Hana-Hana z Perth w Australii. Han-Han jest z pochodzenia

Chińczykiem i sprawuje opiekę duszpasterską nad grupą kościołów indonezyjskich.

Zadzwoniłem do niego i odbyliśmy wielogodzinną rozmowę. Han-Han wyjaśnił, że jestem już dobrze znany w Indonezji dzięki filmom DVD i nagraniom dostępnym w Internecie. Zaproponował, że zorganizuje tournée, na którym co weekend będę miał okazję przemawiać do kilkudziesięciu tysięcy ludzi. Kiedy zrelacjonowałem ten pomysł rodzicom, pomodliliśmy się i postanowiliśmy, że pojadę.

Zawsze chętnie odwiedzam nowe kraje i poznaję nowych ludzi, ich kulturę i kuchnię. Jednak Han-Han przygotował wymagający grafik wystąpień. Martwiłem się, czy wszystko pójdzie zgodnie z planem. Zaniepokoiłem się jeszcze bardziej, gdy przydzielono mi opiekuna, który nie mówił po angielsku. Bariera językowa okazała się później ogromnym problemem. Kiedy nabawiłem się zatrucia pokarmowego, opiekun nie rozumiał języka, a ja z kolei nie byłem w stanie dopomóc mu gestykulacją, by wytłumaczyć, co mi dolega.

W dniu moich dwudziestych trzecich urodzin gospodarze zorganizowali huczne przyjęcie, jednak mój żołądek odmówił posłuszeństwa. Bolało mnie tak mocno, że modliłem się do Boga o ratunek. W trakcie modlitwy przyszedł mi na myśl obraz Jezusa wiszącego na krzyżu. W tym momencie ból ustąpił. Podziękowałem Bogu i przez resztę przyjęcia czułem się już wyśmienicie.

Kilka lat później Han-Han zaprosił mnie ponownie na kolejne tournée po Indonezji. Tym razem zabrałem ze sobą własnego opiekuna i piłem wyłącznie wodę butelkowaną, bez lodu. Indonezyjski biznesmen Pa Chokro zorganizował dla mnie wystąpienia na stadionach w pięciu miastach, na które przyszło łącznie kilkadziesiąt tysięcy widzów. Moje przemówienia były również transmitowane przez telewizję.

Pewnego niedzielnego poranka po trzech przemówieniach w jednym z kościołów zrobiliśmy sobie przerwę, ponieważ tego samego dnia w godzinach wieczornych miałem jeszcze w planie trzy wystąpienia. Byłem głodny i zmęczony. Wybraliśmy się do najbliższej chińskiej restauracji. Towarzyszyła nam grupa liderów kościelnych i sponsorów tournée.

Weszliśmy do środka. Nie był to elegancki lokal – na surowej, betonowej podłodze wątpliwej czystości stały proste drewniane stoły i krzesła. Gdy usiedliśmy, młoda pracownica jadłodajni podeszła do drzwi i oparła się o framugę. Rozpłakała się i zwróciła się bezpośrednio do mnie po indonezyjsku. Nie miałem pojęcia, o co jej chodzi, ale zrozumiałem, że wskazuje na mnie i że chciałaby mnie uścisnąć.

Towarzyszący nam biznesmeni i przywódcy lokalnej społeczności wydawali się wzruszeni jej słowami. Okazało się, że Ester – bo tak miała na imię – wychowała się w tekturowym baraku. Mieszkała tam z matką i dwojgiem rodzeństwa w pobliżu wysypiska śmieci. Codziennie przeczesywali je w poszukiwaniu jedzenia, a także plastiku, który mogliby sprzedać w punkcie skupu. Choć Ester wierzyła w Boga, popadła w depresję, gdy jej ojciec opuścił rodzinę. Zaczęła myśleć o samobójstwie, ponieważ uznała, że jej życie nie ma sensu.

Pewnego dnia Ester wybrała się na nabożeństwo, na którym pastor zaprezentował jeden z moich filmów DVD. Była to nielegalna płyta – jedna ze stu pięćdziesięciu tysięcy pirackich kopii filmu wyprodukowanych i sprzedawanych w Indonezji. Kiedy dowiedziałem się od Hana-Hana o skali tego procederu, powiedziałem mu, żeby się nie martwił, ale raczej dziękował Bogu. Zależy mi bardziej na osobach, do których mogę dotrzeć ze swoim przesłaniem, niż na zysku. A Bóg działa nawet za pośrednictwem pirackich płyt – o czym może zaświadczyć przykład Ester.

Ta młoda kobieta wyznała, że po obejrzeniu filmu poczuła się zmotywowana do porzucenia rozpaczy. Odzyskała nadzieję i wkrótce odkryła swój życiowy cel. Jak sama to ujęła, „skoro Nick może zaufać Bogu, ja też mogę". Modliła się o pracę i pościła w tej intencji przez sześć miesięcy. Znalazła zatrudnienie w chińskiej restauracji, do której trafiliśmy tego dnia wraz z moimi towarzyszami.

Przytuliłem Ester i spytałem ją o plany na przyszłość. Wyznała, że po zdobyciu odpowiedniego przygotowania w seminarium chciałaby zostać katechetką pracującą z dziećmi w szkółce niedzielnej. Nie wiedziała jednak, w jaki sposób mogłaby osiągnąć ten cel, biorąc pod uwagę trudną sytuację życiową. Zarabiała niewiele, pracowała po czternaście godzin na dobę i mieszkała w restauracji, sypiając na podłodze, ponieważ nie mogła sobie pozwolić na wynajęcie mieszkania.

Prawie spadłem z krzesła, kiedy o tym usłyszałem. Miałem wcześniej wątpliwości, czy miejsce to jest na tyle schludne, by dało się w nim bezpiecznie zjeść posiłek – a co dopiero nocować. Zachęciłem ją, by poszukała sobie innego lokum i by odważnie realizowała marzenie dotyczące pracy katechetycznej.

Wśród osób, które mi towarzyszyły, był pewien pastor. Gdy Ester wróciła do swoich obowiązków, pastor powiedział mi, że czesne w tutejszym seminarium biblijnym jest bardzo drogie i że trzeba czekać przez dwanaście miesięcy już tylko na to, by w ogóle dostać się na listę osób zakwalifikowanych do egzaminu wstępnego – a ten zdaje pomyślnie niewielu kandydatów.

W tym momencie postawiono przede mną talerz z parującym jedzeniem, ale straciłem apetyt. Nie mogłem przestać myśleć o tej biednej kobiecie sypiającej na brudnej podłodze. Kiedy moi towarzysze dziękowali Bogu za posiłek, ja modliłem się za Ester. Niemal natychmiast otrzymałem odpowiedź. Pastor zasugerował, że Ester mogłaby zamieszkać w budynku należącym do jego kościoła, pod warunkiem że wpłacę za nią kaucję. Spytałem, czy będzie ją stać na opłacenie czynszu. Pastor zapewnił, że Ester poradzi sobie z takim wydatkiem. Zgodziłem się.

Cieszyłem się, że już za chwilę powiem o tym Ester. Zanim kobieta wróciła do stołu, jeden z biznesmenów zaproponował, że wpłaci za nią kaucję. Odpowiedziałem, że doceniam jego gest, ale mimo wszystko chcę dorzucić swoją cegiełkę.

Po chwili odezwał się jeszcze jeden mężczyzna z towarzyszącej nam grupy.

– Jestem rektorem tego seminarium biblijnego – powiedział. – Pozwolę Ester na przystąpienie do egzaminu wstępnego w tym tygodniu. Jeśli go zaliczy, postaram się dla niej o stypendium socjalne.

Boży plan wobec Ester realizował się na moich oczach. Ester zdobyła maksymalną liczbę punktów na egzaminie i przyjęto ją na studia. Ukończyła je w listopadzie 2008 roku. Aktualnie jest dyrektorem ośrodka katechetycznego przy jednym z największych indonezyjskich kościołów. Planuje też założenie sierocińca w swojej miejscowości.

Na kartach tej książki wielokrotnie podkreślałem, jak ważne jest odkrycie swego życiowego celu. Historia Ester doskonale to obrazuje. Ester nie miała w życiu niczego oprócz poczucia celu i wiary w Boga. To jednak wystarczyło do wytworzenia silnego pola magnetycznego, które przyciągnęło ku niej mnie i całą grupę innych osób gotowych wesprzeć ją w realizacji marzeń.

Moc celu i wiary

Przykład Ester dobrze ilustruje, jak wielkie znaczenie ma wyraźne poczucie celu, niezachwiana nadzieja na lepsze życie, wiara w Boga, samoakceptacja, pozytywna postawa, odwaga, elastyczność, gotowość podjęcia ryzyka oraz umiejętność nawiązywania kontaktu z innymi. Uważam jej historię za niezwykle inspirującą. Mam nadzieję, że myślisz podobnie.

Kiedy pisałem tę książkę, moim celem było rozpalenie wiary i nadziei w Twoim sercu, zainspirowanie Cię do życia bez ograniczeń. Być może nie jest Ci lekko. Być może zmagasz się z poważnymi problemami zdrowotnymi, kłopotami finansowymi czy konfliktami w relacjach. Jednak pokonasz wszelkie przeszkody, jeśli tylko zachowasz poczucie celu, wiarę w swoją przyszłość oraz determinację, by nigdy się nie poddawać. Tak właśnie postąpiła Ester. I Ciebie też gorąco do tego namawiam.

W dzieciństwie brak kończyn wydawał mi się przeszkodą nie do pokonania. Jednak gdy nauczyłem się chodzić Bożymi ścieżkami, niepełnosprawność okazała się pod wieloma względami błogosławieństwem. Jeśli i Ty przeżywasz trudne doświadczenia, pamiętaj, że Bóg okazuje swoją moc w naszej słabości.

To On złożył w moim sercu pasję do dzielenia się wiarą. Zrozumiałem, że moim życiowym zadaniem jest przekształcanie własnych zmagań w lekcje, które wywyższają Boga i inspirują innych ludzi. W ten sposób Bóg uczynił mnie błogosławieństwem dla innych. Ty też możesz stać się błogosławieństwem dla ludzi wokół Ciebie. Pamiętaj, że niezależnie od tego, co ofiarujesz, zostanie to wielokrotnie pomnożone. Pamiętaj, że Bóg Cię kocha – i współdziała we wszystkim ku dobremu z tymi, którzy Go kochają.

Chrześcijanie mówią często, że są „dłońmi i stopami Chrystusa" na ziemi. Gdybym miał to rozumieć dosłownie, poczułbym się wykluczony. Ale interpretuję tę zasadę duchowo i staram się służyć Chrystusowi, docierając do jak najliczniejszej rzeszy ludzi przez swój przykład i świadectwo. Moim celem jest ukazanie miłości Chrystusa do nas wszystkich. On dał nam życie właśnie po to, byśmy dzielili się dobrem ze sobą nawzajem. Mam nadzieję, że historie przedstawione w tej książce oraz wnioski, które z nich płyną, zainspirują Cię do odkrycia swego życiowego celu i pomogą Ci zyskać nadzieję, wiarę, miłość do siebie, pozytywną postawę, odwagę, wytrwałość, właściwe podejście do zmian, otwartość na okazje, gotowość podejmowania ryzyka oraz życzliwe usposobienie wobec innych ludzi.

Bądźmy w kontakcie. Jeśli chcesz podzielić się swoją historią lub uwagami na temat tej książki, zapraszam Cię do odwiedzenia mojej strony internetowej pod adresem NickVujicic.com, a także LifeWithoutLimbs.org i AttitudeIsAltitude.com.

Zapamiętaj jedno: Bóg ma dla Ciebie wspaniały cel! Z Jego pomocą możesz pokonać wszelkie przeciwności i prowadzić życie bez ograniczeń!

Z miłością i wiarą,
Nick

Podziękowania

Dziękuję BOGU: Ojcu, Synowi i Duchowi Świętemu.

Dziękuję Mamie i Tacie – moim filarom, którym staram się przynieść powód do chluby. Bardzo Was kocham i dziękuję za wszystko! Dziękuję Aaronowi – memu bratu, najlepszemu przyjacielowi i podporze – oraz bratowej Michelle. Dziękuję ukochanej siostrze Michelle – która motywuje mnie do bezkompromisowej uczciwości i do nieustannego podnoszenia sobie poprzeczki.

Książkę tę dedykuję dziadkom Vujicicom, świętej pamięci Vladimirowi i Nadzie – którzy zachęcali mnie do pielęgnowania wiary i dbania o dyscyplinę; babci Anice Radojevic – którą poznam lepiej w niebie; dziewięćdziesięciotrzyletniemu dziadkowi Dragoljubowi Radojevicowi i jego żonie Anie – którzy nauczyli mnie, że nie wolno niczego dodawać do Ewangelii ani niczego z niej ujmować.

Serdeczne pozdrowienia i podziękowania składam wszystkim wujkom i ciociom, kuzynom w pierwszej, drugiej i trzeciej linii oraz pozostałym członkom rodziny. Książkę tę dedykuję także pamięci: Bosko Zunica, Roya Zunica, Martina Poljaka, Joshuy Vujicica, Steve'a Nenadova oraz Barneya Nenadova.

Dziękuję członkom zarządu organizacji „Life Without Limbs" w USA: Batcie Vujicicowi, Davidowi Price'owi, Danielowi Markhamowi oraz Donowi McMasterowi, a także ich żonom i rodzinom. Dziękuję również członkom zarządu oddziału „Life Without Limbs" w Hongkongu: Ignatiusowi Ho i George'owi Miksie oraz ich rodzinom. Dziękuję międzynarodowym koordynatorom i wolontariuszom naszej organizacji. Dziękuję Apostolskiemu Kościołowi Chrześcijańskiemu. Serdecznie dziękuję fundacji Joni i Przyjaciele – zawsze można na Was liczyć. Dziękuję swojemu zespołowi w firmie „Attitude is Altitude", a także mentorom i coachom, którzy zawsze we mnie wierzyli.

Dziękuję Janowi Millerowi i Nenie Madonii z Dupree Miller & Associates – agentom literackim, którzy okazali mi ogromną cierpliwość i zaufanie. Dziękuję redaktorowi Wesowi Smithowi, który pomógł mi spisać i uporządkować materiał do książki. Dziękuję całemu zespołowi wydawnictwa Crown Publishing Group. W szczególności dziękuję Michaelowi Palgonowi, Trace Murphy i Karin Schulze.

Serdecznie dziękuję przyjaciołom, którzy mnie wspierali i modlili się o mnie w trakcie pisania tej książki. A wszystkim jej czytelnikom dziękuję za wszelką pomoc w propagowaniu przesłania nadziei wśród Waszych krewnych i przyjaciół. Wielkie dzięki!